暨南大学“十二五”规划教材

中国社会发展导论

ZHONGGUO SHEHUI
FAZHAN DAOLUN

本教材由国务院侨务办公室立项

主　编　程京武
副主编　卢　宁
参编者（以姓氏笔画为序）
杜应娟　李　静　张龙平　郭海宏

暨南大学出版社
JINAN UNIVERSITY PRESS
中国·广州

图书在版编目（CIP）数据

中国社会发展导论/程京武主编．—广州：暨南大学出版社，2011.4（2024.3 重印）
ISBN 978-7-81135-790-5

Ⅰ.①中…　Ⅱ.①程…　Ⅲ.①社会发展—研究—中国　Ⅳ.①D668

中国版本图书馆 CIP 数据核字(2011)第 052087 号

中国社会发展导论
ZHONGGUO SHEHUI FAZHAN DAOLUN
主编：程京武

出 版 人：阳　翼
责任编辑：李　艺
责任校对：黄彩晴
责任印制：周一丹　郑玉婷

出版发行：暨南大学出版社（511443）
电　　话：总编室（8620）37332601
营销部（8620）37332680　37332681　37332682　37332683
传　　真：（8620）37332660（办公室）　37332684（营销部）
网　　址：http：//www.jnupress.com
排　　版：广州市新晨文化发展有限公司
印　　刷：广东虎彩云印刷有限公司
开　　本：787mm×1092mm　1/16
印　　张：15.875
字　　数：376 千
版　　次：2011 年 4 月第 1 版
印　　次：2024 年 3 月第 7 次
定　　价：38.00 元

弘扬人文精神　培育公民意识

（代序）

蒋述卓

德国著名哲学家雅斯贝尔斯说："当社会发生根本变革时，教育也要随之而变；而变革的尝试首先是对教育本质问题的追问。"[①] 教育的本质是什么？《大学》开宗明义进行了阐述："大学之道，在明明德，在亲民，在止于至善。"也就是说，大学的本质在于培养健全人格，改良社会风气，提升人性境界，正是这种强烈的人文意识和人文精神积淀成中国大学的传统。

暨南大学在100多年的办学历程中，恪守"忠信笃敬"之校训，注重以中华民族优秀的传统道德文化培养造就人才，积累了优秀的办学传统、先进的办学理念、鲜明的办学特色、深厚的文化底蕴、独特的精神品格，这些都是必须继承和发扬的宝贵精神财富。著名的历史学家、教育家周谷城先生曾经提到20世纪30年代在暨南大学教书的情形："……另外还教'中国通史'，当时学校的学生，不论文、理、法、商，各院的学生都要学中国通史。"[②] 故人已去，物是人非，但学校历百年积攒下的精神仍在。我们的先辈有如此好的做法，我们当然没有理由放弃。

目前，暨南大学已经进入内涵发展的新阶段，尤其需要通过弘扬人文精神来引领学校发展。弘扬大学人文精神最直接的途径，便是强化人文教育。2010年秋，暨南大学以培养"政治上有影响、社会上有地位、经济上有实力、学术上有造诣"的人才为目标导向，成立了具有厚重知识底蕴和丰富文化氛围的四海书院，旨在进一步强化学校人文教育，创新港澳台侨生培养模式。学校不但在政策层面上通过体制来保证形成独特的大学文化和共有的价值观念，而且还通过课程体系的构建来实现人文教育理念，力图把学生培养成既关心脚下的事情，又善于"仰望星空"的人才。

对于我们这个国家和民族来说，寥廓而深邃的"星空"，就是"五四"新文化

---

① 雅斯贝尔斯著，邹进译：《什么是教育》，上海：三联书店1991年版。

② 柳丽华、曹守亮：《试论中国近现代史上的通识教育》，《山东大学学报》，2002年第5期，第95页。

运动的科学民主，就是和平崛起的中国模式。中国社会的发展凝聚着无数一生“关注星空”人的智慧、心血和追求，他们是中华民族复兴路上的先驱和脊梁。今天，承载着国家未来和民族希望的大学生，责无旁贷地要传承“仰望星空”的接力棒，中华民族的复兴之梦才可能成为现实。当然，正如温家宝总理所说，一个民族只是关心脚下的事情，那是没有未来的；但一个民族不关心脚下的事情，也是没有未来的。人的全面发展既要“仰望星空”，也要“脚踏实地”。“学会做人，学会思考，学会知识和技能，做一个关心世界和国家命运的人。”① 在当代中国，“最为重要的就是要懂得国情”，国情是“星空”之下最坚实的土地。

如何建构一个由理念设计到人文知识传播进而培养学生的健全人格、公民意识的课程体系，把受教育者作为一个主体性的、完整的人，而施以全面的国情教育，这是实现学校文化自觉的关键。在不断研究和探索中我们形成了共识：以“多元一体，和而不同”思想为基点，以国家意识、文化认同和公民人格为内涵，通过在理智上形成共识，在情感上产生共鸣，在意志上达成共同追求的文化自觉，来培养学生的民族精神和爱国情怀。为此，我们从三个维度设计了国情教育课程体系。

首先，从“精神成人”的角度，培养学生“独立之人格、自由之思想”的潜质。人文教育从终极意义来说，体现着“怎样做人？做怎样的人？”这一根本问题。一个年满18岁的大学生，从生理和法律的层面讲算是长大成人了，然而他的社会责任感、独立的判断能力、心理的承受能力还有待于在大学教育中进一步形成。教育作为一种实现“人之觉醒”的重要方式，对学生的真正作用就在于启迪心智，唤醒心灵，生成健康向上的精神世界。

其次，从“文化认同”的角度，培养学生文化意义上的道德情怀。中国的历史文化传统是中华民族的“根”与“魂”，文化认同是实现民族认同、增强民族凝聚力的基础。没有自身的文化传统积淀，始终是文化的矮子，是无根的浮萍，更缺乏与世界对话的基石。只有在对自身文化有正确认识的基础上，实现文化自觉，方能提高和完善学生的文化素养和处世能力，才能帮助学生在多元文化背景下，承担起传承我国自身文化的历史使命。

再次，从“公民意识”的角度，培养学生法理意义上的公民素养。公民意识是社会成员对国家主体地位的确认，对公民资格及其相应的责、权、利的认知和价值取向。作为“民族精神家园的守护者和民族文化自觉的最后阵地”，培养国家、社会所需要的合格的现代公民，即有积极的生活态度，有政治参与热情，有

---

① 《仰望星空》序言，见2007年9月4日《人民日报》。

民主法治素养，能与其他公民和社会组织合作的公民，正是大学精神的本质体现。暨南大学作为对外文化交流的重要窗口和港澳台侨人才培养的重要基地，培养造就一大批理性、积极而又负责任的公民对祖国的归属感和民族认同感，是学校的神圣使命。

正是基于上述三大理念，在中国国情教育的实践中，我们不断创新，逐步形成了以学生精神成人为中心，以中国传统文化和现当代历史课堂教育为主线，以中国文化之旅、寻根之旅等实践拓展为依托，以培养学生精神成人、文化认同和公民意识为主要内容的综合国情教育模式。此次《中国社会发展导论》的问世便是充分发掘我校传统教育资源，以文化自觉的角度来活化教育内容和方法，拓展课程教学视野，不断进行教学改革的成果。

《中国社会发展导论》教材融国家意识、知识传授、能力培养、素质教育于一体。以文化自觉为理念，从历史传承的角度向学生讲述中国的过去，讲清中国的现在，讲明中国的将来。全书从国情篇、时代篇和发展篇来阐述中国社会的发展进程，构成了独特的研究体系。一是从纵向的角度，把中国的政治、经济、文化和社会放到历史的长河中去诉说和比较，以阐明中国社会发展的源流和趋向；二是从横向的角度，在经济全球化、文化多元化背景下概括中国的政治、经济、文化和社会发展状况；三是在纵横比较梳理的基础上，提出了对中国未来发展的战略思考。该书既体现了鲜明的时代特色，又展现了丰富的人文底蕴；既以民族文化为立足点，又以人类先进文明为参照物，对中国社会发展进行了宏观的历史观照和微观的现实分析，力求在客观事实与理论分析的结合上，解释中国社会发展演进嬗变的必然，揭示中国现代化建设的必然和中华民族复兴的可能，以培养学生对国家和民族的情感，增强民族自信心和民族自豪感。

《中国社会发展导论》的问世，凝聚了我校社会科学部中青年教师的协作精神、科学态度和文化传承的使命感。面对多元文化的共时态，社会科学部近年来致力于探索在大学生人文精神教育这个巨系统工程中，建立起文化育人的长效机制。把人文教育教学的主导性和多样性、科学性和价值性结合起来，形成了多元和主导辩证、显性和隐形结合、理论与实践融通的人文教育模式，该教材正是这一改革成果的真实体现。我坚信本教材的问世，将会给我校人文精神教育带来新的气象，也为我们的同行探索国史国情教育提供一个新的范本。愿人文精神教育在暨南园发扬光大。

是为序！

目 录

下编　发展篇

上编

国情篇

我荣幸地从中华民族一员的资格，而成为世界公民。我是中国人民的儿子。我深情地爱着我的祖国和人民。

——邓小平

第一章

开天辟地　九州一统

——中国社会的自然人文状况

东渐于海，西被于流沙。朔南暨，声教讫于四海。

——《尚书·禹贡》

中华开国五千年，神州轩辕（黄帝）自古传。创造指南针，平定蚩尤乱。世界文明，唯有我先。

——孙中山

目标导向

本章通过展现中国的自然地理和人文发展的历史渊源，引导学生认识祖国美丽的河山、了解中华源远流长的文化，进而提高学生对国家的认同感，培养学生维护祖国统一、保护祖国领土完整的神圣责任感，激发学生的爱国之情、兴国之志，以及热爱中华文化的情怀。

要点提示

中国的大河流域孕育了整个东亚文明。中国历史上流传着著名的盘古开天地和女娲造人、女娲补天等神话，体现了自然地理和人类文明发展的双重轨迹。中国优越的地理位置和辽阔的领土孕育了灿烂的古代中华文化。地理位置的优越、国家的统一、众多的人口、民族的融合、以农业为基础的自然经济的发展与繁荣、中华文化的包容性等，使得中华文化源远流长延续至今。

中国位于亚洲的东部，土地辽阔，人口众多，是世界上文明发源最早的国家之一，有将近四千年的文字可考历史，创造了灿烂的古代文明。

人类是从哪里来的呢

中国有句俗语：自从盘古开天地，三皇五帝到如今。盘古，是中国历史传说中开天辟地的祖先：传说天地还没有分开的时候，就像一个鸡蛋，盘古就生在中间。经过18 000年的变化，这个鸡蛋样的东西被盘古用脚劈开了，清纯的阳气比较轻，就浮上去成了天，混浊的阴气比较重，就沉下去凝结为地。以后才有三皇和五帝时代。①

传说在天地开辟之初，大地上并没有人类，是女娲把黄土捏成团造成了许多男女，安排男女婚配，就有了人类。为了拯救人类，女娲还炼五色石补天。

这些只是神话传说，到底中国最早的人类是从哪里来的呢？

第一节 人类文明的发祥地

中国是人类文明的重要发祥地之一。中华文明历史悠久，源远流长。中国是世界上少有的历史文化从未间断、一直延续至今的国家。早在约八百万年以前，在云南的开远、禄丰等地已经生活着古猿。此后，经过漫长时间的进化，产生了不同时期的原始人，如元谋

① 怡安选编：《盘古开天》，北京：中国社会出版社2010年版。

人、蓝田人、北京人、山顶洞人等，以及氏族部落，同时经历了原始人群、母系氏族和父系氏族几个阶段。

一、中国境内的远古居民

中国境内的远古居民，已知的主要有最早人类云南元谋人、会制造和使用工具并会保存火种的北京人、会打制石器和人工取火的山顶洞人。

元谋人牙齿化石

云南元谋人

元谋人发现于云南省元谋县，距今约 170 万年，它的发现揭开了人类历史的新篇章。我国科学家在云南元谋县发现了两枚门齿化石和一些粗糙的石器，以及大量炭屑。经专家鉴定，这是远古人类的牙齿和遗物，证明他们会制造石器和使用火。能否制造工具是人与动物的根本区别。

北京人头盖骨复原像

北京人

我国科学家在北京西南周口店的山洞里发现了完整的头盖骨化石，这就是北京人。他们距今大约 70 ~ 20 万年，处于原始人群阶段，原始人群是早期的人类社会。北京人虽然还保留着猿的某些特征，比如额骨低平，但是能够直立行走，手脚分工明显，能够制造和使用工具。

山顶洞人头部复原像

山顶洞人

我国境内的原始人类活动遗址分布很广，是远古人类遗址最多的国家。我国科学家在北京人生活过的周口店龙骨山顶部的山洞里发现了一群远古人类，将之称为山顶洞人。山顶洞人按血统关系组成比较固定的集团，依靠集体力量与大自然作斗争，开始过着氏族公社的生活。山顶洞人距今约 18 000 年，他们的模样与现代人基本相同。

随着时间的推移，远古居民逐渐开始了原始的农耕生活。以陕西西安附近半坡遗址为代表，反映了黄河流域的原始农耕文化图景。距今约五六千年前，由于黄河中下游地区气候温暖，土地肥沃，适宜旱地作物如黍、粟等的生长，这里的原始居民逐渐学会了种植黍、粟等庄稼和喂养家畜。他们能制造彩陶，陶器上出现了飞鸟、奔鹿等形象，还刻画了一些符号，有学者认为这是我国早期文字的雏形。

浙江余姚河姆渡遗址，反映了长江流域的原始农耕文化图景。距今约七千年前，长江中下游地区气候湿润，土地肥沃，适宜水稻生长，远古居民逐渐学会了在野生稻的基础上种植水稻。我国是世界上最早种植水稻的国家。河姆渡居民已经使用磨制石器，用耒耜耕地。半坡居民和河姆渡居民时期是母系氏族公社的繁荣时期。农耕和畜牧是当时主要的生产活动。

半坡房屋复原图

河姆渡居民的干栏式房屋

到距今四五千年前，由于农业和畜牧业的发展，男子的作用不断加强，逐渐代替了妇女在生产和生活中的支配地位。生产的发展使产品有了剩余，氏族公社内开始出现私有财产和贫富差异。人们以父亲的血统来确定亲属关系，母系氏族社会过渡到了父系氏族社会。

二、华夏之祖的形成

（一）炎帝、黄帝战胜蚩尤部落——华夏族形成的基础

距今约四五千年前，在黄河流域分布着许多部落，但炎帝部落和黄帝部落最为强大。炎帝，姜姓，是居住在黄河的支流陕西渭水流域的一个部落联盟的首领。黄帝，姬姓，号轩辕氏、有熊氏，出生于黄河的支流渭河的上游，后来也成为一个部落联盟的首领。黄帝和炎帝其时已是父系氏族公社时代。传说他们都是“有熊国君”少典氏的后裔。他们世代互通婚姻，关系密切。后来由西北发展到中原。蚩尤为九黎部落联盟的首领，九黎原住在中国东部（今山东、安徽一带）。传说蚩尤英勇善战，威震天下，率兵西进豫东，进攻炎帝部落。炎帝部落无法抵挡，节节败退，逃到了涿鹿（今河北涿鹿），与迁徙到这里的黄帝部落联合起来，结成炎黄联盟。炎黄联盟与东方的蚩尤部落大战于涿鹿之野。黄帝命令部下制造指南车，辨明方向，结果蚩尤被杀，九黎部落被打败之后，一部分加入炎黄两部落，一部分南下，同苗蛮部落杂居。黄帝被推举为中原的部落联盟首领。这一系列的战争打破了原有氏族之间狭隘的界限，促进了相互间的交流和融合。

涿鹿之战

传说，涿鹿（今河北涿鹿东南）之战非常激烈。蚩尤请来了雨师、风伯施展法术，突然间来了狂风大雨，黄帝、炎帝的部下失去了方向。黄帝命令部下制造指南车，辨明了方向，才打败了蚩尤。

（二）黄帝——“人文初祖”、“华夏始祖”

黄帝又称轩辕黄帝。《史记·五帝本纪》说黄帝“姓公孙，名曰轩辕”，其国号为“有熊”。《易·系辞》、《世本·作篇》等各种文献都盛称黄帝时期有许多发明创造。

传说黄帝在战争中发明了一种车战法。打仗时，将士都站在战车上；停战时，将战车连接起来，围成一圈，指挥员立在中间，只留一个空当作出入的门，可以起到保护指挥员的作用。古人把有布幕的战车叫做“轩”，两辆战车之间的空当称为“辕”。因此发明这种车战法的黄帝，就又称为轩辕氏了。

相传，黄帝还建造宫室，制作衣裳，发明舟车，教人挖井，为后世衣食住行的改善奠定了基础。黄帝的妻子嫘祖发明了养蚕缫丝，他的属下仓颉发明了文字，伶伦编出了乐谱等，后人便尊称黄帝为“人文初祖”、“华夏始祖”。至今，中国人和海外华人常自称为“炎黄子孙”。

考古材料表明，在黄帝活动过的中原地区，河南洛阳和河南汤阴发现的古井距今四千多年，恰与黄帝时代相符；山西夏县发现了四千年以前切割整齐的半个蚕茧；大汶口陶器上也曾发现了一些象形符号，更接近史书上所述的仓颉初创的文字。

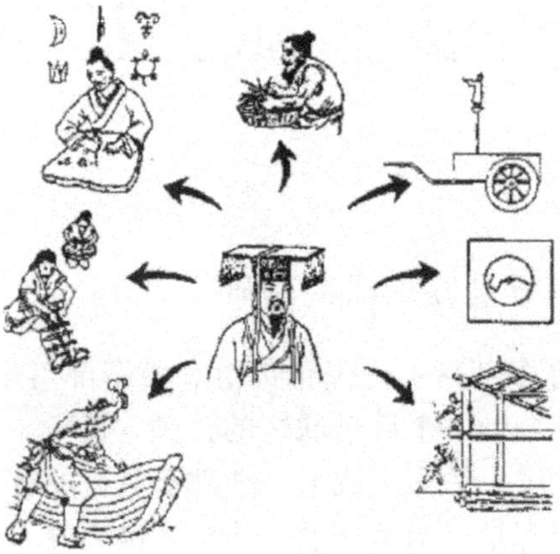

传说黄帝对中华文明的贡献

黄　帝

黄帝不仅为人类文明的进步作出了巨大贡献，成为华夏始祖，而且在以后几千年的历史中，对中华民族的形成和巩固都有不可替代的作用。中华文明上下五千年，是从黄帝算起的。每年清明时节，各地民众和港澳台同胞、海外侨胞、华人华裔华商社团代表，纷纷前往黄帝陵（今陕西黄陵县）敬拜，表达对黄帝的景仰之情。

黄帝及其后代不断地发展壮大，之后，又相继出现尧、舜、禹三个杰出的部落联盟领袖，逐渐形成华夏民族。

尧、舜、禹都有高尚的品质。根据《韩非子》记载，尧虽然是部落联盟首领，但他住在用参差不齐的茅草盖就的房子里，穿的是粗麻布衣服，吃的是粗米饭，喝的是野菜汤等。他对百姓非常关心。《史记》记载了关于舜的谦让品德。舜非常孝顺，宽厚待人，并以身作则地谦让。舜所劳作的地方，人们受他的影响，也都养成了谦让的风气。舜所住的地方吸引了很多人集聚，成为大都会。禹以治水成名，与群众同甘共苦，三过家门而不入。

尧、舜、禹都是通过"禅让"制成为领袖的。尧年老的时候，部落联盟会议推举舜，因为舜很能干。舜继位后，挑选贤人，治理民事，用禹治水就是其中一例。舜老的时候，也召集部落召开联盟会议，禹治水有功，被大家推举为后继人。当时的禅让制实质上是一种民主推选部落联盟首领的制度。

公元前2070年，禹建立了中国历史上第一个奴隶制王朝"夏"，标志着国家的产生，原始社会结束，奴隶社会开始。

华夏一词的由来

《左传》襄公二十六年有"楚失华夏"之说，这是关于"华夏"一词的最早记载。有考古学家认为"华"即花，原是中国中原地区仰韶文化的玫瑰花的"一种标志"，后来和燕山脚下龙图腾标志的部族相结合，形成中华文化的共同体，因此由"华山玫瑰燕山龙"演变发展为"夏商周及晋文公"之说。"夏"即为历史上夏朝的先人之称，《大百科全书》说是"黄帝族后裔中的一支进入今山西南部，创造了夏文化"，称为夏族，"建立了中国第一个王朝夏代"。大约从春秋时代起，我国古籍上开始将"华"与"夏"连用，合称"华夏"族。

（参见李高田：《太华圣境华夏之根》，《渭南时报》，2008年7月25日。）

三、中华文化的发祥地

（一）黄河文明的起源

中华文化最重要的发祥地是黄河流域的中下游地区，即中原地区，是今日之西安—洛阳—开封一带的史前文化区，这就是黄河流域的文明发祥地，中华文明以此为代表，又称黄河文明。从炎黄、蚩尤的传说到二里头文化所发掘出的夏文明，从夏商周以至北宋，历代大小王朝在黄河流域建都的时间长达三千年以上，黄河流域在相当长的时期内是中华民族政治、经济、文化的中心。

二里头宫殿复原图

二里头文化遗址

河南省偃师市二里头村位于伊、洛二水之间，距离洛阳市约18千米，遗址距今约3800—3550年，相当于中国历史上的夏、商王朝时期。考古研究表明，这里是公元前二千纪前半叶中国乃至东亚地区最大的聚落，它拥有目前所知中国最早的宫殿建筑群、最早的青铜礼器群及青铜冶铸作坊，是迄今为止可确认的我国最早的王国都城遗址。

（参见洛阳网"偃师二里头遗址"。）

在新石器时代，广阔的黄土高原和华北平原曾是林茂草肥、自然生态环境良好的区域，气候温暖，雨量充沛，可供人类居住和农作。据土壤专家研究，黄土是一种具有很强自肥能力的土壤，适于种植粟和谷子这类耐旱作物。特别是中原东部的华北平原，这片由黄河泛滥冲击而成的平原，土质肥沃疏松，易于开垦耕种，土壤含有丰富的腐殖质和多种植物生长所需要的各种元素，是一片适宜种植麦、黍、粟等的沃土。黄河中下游一带便成为华夏先民生存和繁衍的最适宜地区，因而中原地区最早成为中国古文化的中心。

黄河文明的形成期大约在公元前4000—前2000年之间，前后经历了两千年之久。在黄河流域具代表性的考古学文化有仰韶文化、中原龙山文化、大汶口文化。据文献记载，黄帝、炎帝、虞舜时期各部落主要在黄河中下游地区繁衍、生息、发展，创造了灿烂的早期黄河文明。这时的黄河文明处于大交融的形成时期。在这一时期，中华大地上出现了许多地区性文明，有星罗棋布般的各具地域特色的多个文化中心，如山东龙山文化、马家窑文化等；在东北有代表性的考古学文化是红山文化。各个地区性文明都发展到了相当高的水平。黄河文明既经历了自身长期的发展演变，又充分吸收、融合了各地区性文明精华，向更高层次发展。黄河文明恰如中流砥柱，朝气蓬勃，终于成为早期中华文明的主流。

仰韶文化

仰韶文化

仰韶文化是黄河中游地区重要的新石器时代文化。仰韶文化于1921年在河南省三门峡市渑池县仰韶村被发现，所以被称为仰韶文化，它的持续时间大约在公元前5000—前3000年。

大汶口文化

大汶口文化

大汶口文化（约公元前4300—前2500年）是新石器时代后期父系氏族社会的典型文化形态。以泰山地区为中心，因首先发现于大汶口，人们遂把以大汶口遗址为代表的文化遗存，命名为“大汶口文化”。在大汶口文化的后期墓葬中，出现了夫妻合葬和夫妻带小孩的合葬，它标志着只知其母不知其父的母系氏族社会的结束，开始或已经进入了父系氏族社会。

（二）中华文化的其他发祥地

长江流域也是中华文化的重要发祥地之一。据考古专家考证，长江流域是中华新旧石器文化遗址发掘数量仅次于黄河流域的地区，长江为孕育中华文明作出了巨大的贡献。在长江流域有代表性的考古学文化有大溪文化、良渚文化等。当黄河流域因战乱频繁使大批文人学士和劳动力为了避难举家南迁，以及由于黄河流域垦伐过度、气候转向干冷等原因导致农业渐趋衰落之后，经济中心开始南移，长江流域就成为人们粮食、衣被等生活物资的主要供应区。可以说，长江与黄河共同哺育了古老的中华文明。

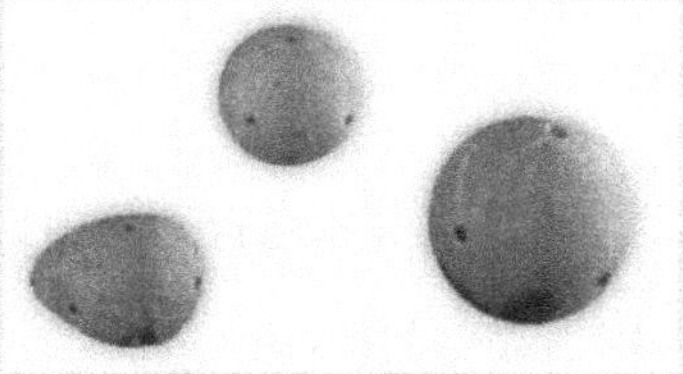
大溪文化红陶球

大溪文化

大溪文化指中国长江中游地区的新石器时代文化，因四川省巫山县大溪遗址而得名。其分布东起鄂中南，西至川东，南抵洞庭湖北岸，北达汉水中游沿岸，主要集中在长江中游西段的两岸地区。据放射性碳素断代并经校正的年代约为公元前4400—前3300年。大溪文化的发现揭示了长江中游的一种以红陶为主并含彩陶的地区性文化遗存。

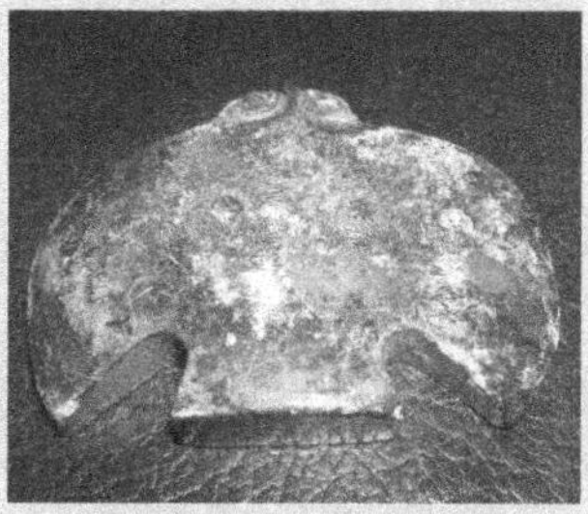
新石器——良渚玉枭

良渚文化

良渚位于杭州城北18公里处余杭市良渚镇。良渚文化是一支分布在太湖流域的古文化，距今约5300—4000年。考古研究表明，其农业已率先进入犁耕稻作时代；手工业趋于专业化，琢玉工业尤为发达。大型玉礼器的出现揭开了中国礼制社会的序幕。

云贵高原、岭南珠江流域、闽南滨海地带、台湾、海南岛等，更增添了中华文明回旋区间的广阔性和多样性。中华文化延绵不断，与这种广阔性和多样性有着密不可分的关系。

第二节 中国社会的自然地理环境

自然地理环境是人类赖以生存和发展的物质基础，当然也是人类意识形成的基础。随着生产力的提高和生产方式的多样化，人们开始能动地利用自然地理环境，生产力越发达，人类对自然地理环境的利用程度也越深，但这一切都是以自然地理环境所提供的条件为前提的。

中华文化是在中国大地的自然环境和人文地理环境的特殊土壤中产生并发展起来的。中华民族栖息在北半球的东亚大陆，太平洋西岸。中国的领土广大，腹地纵深，为中华文化的滋生繁衍提供了广阔的天地。

一、优越的地理位置

从南北半球看，中国位于北半球；从东西半球看，中国位于东半球；从世界大洲和大洋位置关系看，中国位于亚洲东部，太平洋西岸。中国有辽阔的领土和漫长的海岸线以及广阔的水域，是一个海陆兼备的国家。

中国国土辽阔。中国陆地面积有960万平方千米[①]，与整个欧洲的面积差不多，仅次于俄罗斯和加拿大，居世界第三位。

中国领土东西横贯经度约62°，东西宽达5 200千米，东西时差4个多小时，领土最东端在东经约135°的乌苏里江和黑龙江的合流处，最西端在帕米尔高原乌孜别里山口（东经73°40′）。乌苏里江旭日东升的时候，帕米尔高原依然是满天星斗。

中国领土南北跨纬度很广，近50°，大部分位于中纬度地区，属于北温带，南部少数地区位于北回归线以南的热带，没有寒带。只有在高山地区才有类似寒带的终年冰雪带。南北距离约为5 500千米，领土最北边是黑龙江省漠河以北，黑龙江主航道的中心线（北纬53°30′），最南端是北纬4°附近南沙群岛的曾母暗沙。当黑龙江大地还是冰天雪地时，江南田野已是春耕大忙景象，南海诸岛更是一派盛夏风光。

中国既有辽阔的陆地国土，也有广袤的领海。中国东部和南部大陆海岸线达1. 8万多千米，中国内海和边海的水域面积有470多万平方千米，还有160万平方千米的大陆架。海洋面积及其之下的地方都是中国的国土。中国濒临的海洋，从北到南依次为渤海、黄海、东海和南海，它们与太平洋连成一片。台湾岛东岸直接濒临太平洋。沿海分布有台湾岛、海南岛、舟山群岛和南海诸岛，海域分布有大小岛屿7 600多个，面积在500平方米以上的岛屿有6 500多个，其中台湾岛最大，面积为35 798平方千米。中国南海有四个群岛，即东沙群岛、西沙群岛、中沙群岛、南沙群岛。

中国领空为领土和领海以上的空域，共约1 430万平方千米。

我国疆界绵长，陆上国界线长达20 000多千米。我国同14个国家接壤，与6个国家海上相邻，东北与朝鲜为邻；东北、西北与俄罗斯、哈萨克斯坦、吉尔吉斯斯坦、塔吉克斯坦接壤；北面是蒙古人民共和国；南接越南、老挝、缅甸；西部与阿富汗、巴基斯坦相接；西南毗邻印度、尼泊尔、不丹。

同中国隔海相望的国家：东面为韩国、日本，东南面为菲律宾，南面为马来西亚、文莱、印度尼西亚。

二、复杂的地形地貌

（一）地势西高东低

在中国辽阔的土地上，有雄伟的高原、起伏的山峦、广阔的平原、低缓的丘陵，还有四周群山环抱、中间低平的大小盆地。陆地上的五种基本地形类型在中国均有分布，这为中国工农业的发展提供了多种多样的条件。

中国地势西高东低，呈现四级阶梯。从高空俯瞰中国大地，地势变化不是由西向东逐渐降低，而是像阶梯一样，自西向东逐渐下降。在中国的西南部，雄踞着被称为“世界屋

① http：//www. gov. cn/test/2005 -07/27/content_ 17405. htm.

脊”的青藏高原，平均海拔在4 000米以上，构成了中国地形的第一阶梯。高原上的喜马拉雅山主峰珠穆朗玛峰高达8 844.43米，是世界第一高峰。越过青藏高原东部的横断山脉和北部的昆仑山及祁连山，地势急剧下降，由内蒙古高原、黄土高原、云贵高原和准噶尔盆地、塔里木盆地、柴达木盆地、四川盆地构成第二阶梯，平均海拔1 000～2 000米。跨过第二阶梯东缘的大兴安岭、太行山、巫山和雪峰山，向东直达太平洋沿岸是第三阶梯，此阶梯地势下降到1 000米至500米以下，自北向南分布着东北平原、华北平原、长江中下游平原，平原的边缘镶嵌着低山和丘陵。再向东为中国大陆架和岛屿带，也就是第四级阶梯，水深大都不足200米。中国的大陆架非常宽广。

中国这种自西向东呈阶梯状分布的地势状况会对其他地理要素，如气候、河流、交通等产生影响。中国地势西高东低，有利于海上的湿润气流向内陆推进，为中国广大地区带来了丰沛的降水。中国的大江大河大多发源于第一级阶梯，自西向东奔流入海。在阶梯与阶梯的交界处，水能资源丰富，有利于修建水利工程。自西向东的河流沟通了中国东西部的交通，但是高大山脉成了中国东西交通的巨大障碍。

（二）地形复杂多样

中国自然地理的一个重要特点是地形复杂多样。广袤雄伟的高原、纵横交错的山地、群山环抱的盆地、逶迤起伏的丘陵、一望无际的平原等各种地貌俱全，相互交织，景象万千。中国是多山的国家，其中山地占陆地总面积的33%，高原占26%，盆地占19%，丘陵占10%，平原占12%。中国山地面积特别广大。以海拔高度为标量算，如果把广义的山地（包括山地、丘陵和高原都算在内）称为山区，那么全国2/3以上的面积均为山区。这些山地和高原多集中在西部地区。平原和丘陵主要分布在东部，各种地形具有不同的海拔高度、面积和坡度。复杂多样的地形为社会经济的全面发展提供了有利条件，但也有交通不便、水源渗漏、水土流失、风沙侵蚀、农田相对较少等不利因素。

在中国的西南部雄踞着被称为“世界屋脊”的青藏高原，平均海拔在4 000米以上，是世界上地势最高的大高原，其周围有喜马拉雅山脉、昆仑山脉、祁连山脉、横断山脉围绕，也是东亚和南亚许多河流的发源地。它东西长2 700千米，南北宽1 400千米，面积为250万平方千米，占全国面积的1/4以上。青藏高原上分布着许多长达一两千千米以上的大山脉，把整个高原分割成许多盆地和宽谷。高原上冰川众多，海拔5 000米以上的山脉终年积雪，具有冰缘地貌特征，它是高原地区的典型，是大自然奇特的实验室。它具有独特的高原气候和丰富的水力资源、地热资源和其他矿产资源，特有的高原气候和地形使其拥有特有的自然植被和动物。

内蒙古高原在中国北部，西起甘肃、新疆和祁连山麓，东到大兴安岭，包括内蒙古自治区大部和甘肃、宁夏、河北的一部分。这一地区气候干旱，地表河流少，保持着宽阔的地貌，平坦的高原上覆盖着一望无际的草原，肥美的草原构成了天然牧场的基础。

黄土高原位于内蒙古高原南面，北起长城，南连秦岭，西抵祁连山，东到太行山，海拔在1 000～2 000米之间，面积为60万平方千米。高原上绝大部分地面被黄土覆盖，平均厚度达50～80米，是世界上最典型的黄土地形区域。其中沟壑纵横，地貌多样，但由于夏季暴雨冲刷，加上植被稀薄，造成水土流失严重。

云贵高原在云南和贵州两省境内，包括云南东部和贵州大部，其地势西高东低，海拔从2 000米降至1 000米，其间地面崎岖，河谷、山地、平原、丘陵、盆地交错。云贵高原中南部是世界上熔岩地形最典型的地区。

中国的山脉按其走向主要有四大体系：这些山脉东西走向和东北—西南走向的比较多，南北走向和西北—东南走向的比较少。①东西走向比较多。从北往南：天山、阴山、燕山为第一线；昆仑山、秦岭、大别山为第二线；喜马拉雅山、南岭山为第三线。②南北走向：贺兰山、六盘山、横断山等。③西北—东南走向：阿尔泰山、祁连山等。④东北—西南走向：大兴安岭、太行山、巫山、雪峰山、长白山、武夷山、台湾山脉等。这些山脉将中国分隔成许多网格，四大高原、四大盆地和三大平原就分布在这些网格中。

中国有众多的盆地，著名的有四个：准噶尔盆地、塔里木盆地、四川盆地和柴达木盆地。

中国的平原主要分布在东部地区，全国最大的平原有东北平原、华北平原和长江中下游平原。东北平原面积为35万平方千米，是中国最大的平原。它由三江平原、松嫩平原和辽河平原组成。南北长约1 000千米，东西宽400千米，大部分海拔在200米以下。东北平原是中国最大的粮食生产基地。

华北平原面积为31万平方千米，由黄河、淮河、海河冲击而成，包括海河平原和黄淮平原，海拔多在50米以下。华北平原地势平坦，土地肥沃，河湖众多，有利于农业生产。

长江中下游平原主要由两湖平原、鄱阳湖平原、苏皖平原和长江三角洲平原组成，面积为16万平方千米。其间河汊纵横，湖泊密布，气候温湿，雨水充沛，是中国的“鱼米之乡”。

长江以南，云贵高原以东到东海的广大地区，是中国丘陵分布广泛的地区，这一广大的丘陵地带被称为东南丘陵。

这种地势形成了中国的四大地理区域和三大自然区，并出现了三大经济带。

三、多样的气候水文

（一）气候复杂多样

中国南北跨纬度很大，冬季太阳直射点在南半球，我国北方正午太阳高度比南方低，太阳高度角小，阳光斜射。再加上北方昼长比南方短，自然北方获得的太阳光热就比南方少。另外，还有冬季风的影响，我国冬季风为西北风。南北气温有一定差别。1月0℃等温线大致沿秦岭—淮河一线分布，向西沿青藏高原的东南边缘延伸分布。在这条线以北，1月平均气温在0℃以下，在这条线以南，1月平均气温在0℃以上。黑龙江最北部1月平均气温在-32℃以下，海南省1月平均气温在16℃以上，我国南北气温相差悬殊。中国北方的漠河镇与海南岛海口市的1月平均气温相差将近50℃。我国冬季气温的分布特点是南温北冷，南北温差大。

在夏天，除青藏高原外，中国大多数地方普遍高温，7月平均气温大多在20℃以上。根据气温的差异，中国可以划分为五个温度带，即寒温带、中温带、暖温带、亚热带、热带。另外，青藏高原有一个高原气候区。

因为处于五个不同的温度带，加上地形高低差别巨大，于是形成了复杂多样的气候。南海诸岛全年长夏；桂粤闽台常年无冬；黑龙江北部终年无夏；而长江中下游地区则四季分明。

中国陆地水资源总量有2.8万亿立方米，居世界第六位。年均降水量为648毫米，但是降水量各地差异很大。年降水量分布的总趋势是从东南沿海向西北内陆递减。在东南沿海一带，年降水量多在1 600毫米以上，秦岭—淮河一线大体在800毫米降水量线上。

我国根据一个地区的降水量与蒸发量的对比关系又划分了四个干湿地区。湿润区与半湿润区的分界线是800毫米等降水量线，半湿润区与半干旱区的分界线是400毫米等降水量，半干旱区与干旱区的分界线是200毫米降水量线。

（二）大陆性季风显著

中国位于世界上最大的亚欧大陆的东部，世界最大的大洋——太平洋的西岸，海陆的热力差异与纬度位置使我国深受季风的影响，形成典型的季风气候。冬季大陆气温低，形成高气压，风从大陆吹向海洋，风向偏北。夏季大陆气温高，形成低气压，风从海洋吹向大陆，风向偏南。这种一年中随季节变化而有规律、风向相反变换的风称为季风。冬季盛刮西北风，夏季常吹偏南风。大部分地区冬季寒冷干燥，夏季暖热多雨。由于季风的周期性活动，形成了雨热周期、四季分明的气候特征，加上地形等多种因素的影响，寒潮、气旋、梅雨、台风等成为常见的天气气候类型。由于季风气候的影响，我国东部地区的降水主要是由夏季风带来的。夏季风既有来自太平洋的东南季风，也有来自印度洋的西南季风，特点是湿、暖。夏季风每年4、5月份到达东南沿海，形成雨带；5、6月份到达长江中下游地区，7、8月份向北移动；到9、10月份开始逐渐退回海洋。因此大多数地区降雨集中在5~10月，尤其是7、8、9三个月。冬季风则干、冷。

中国大部分地区属于大陆性气候，就全国范围来说，大陆性气候的程度由西向东，由北向南逐渐减弱。大陆性气候的特征是温度变幅大，降雨量小。夏季，中国大部分地区是世界同纬度除沙漠地区以外最暖热的地方；冬季，中国又是世界上同纬度上最冷的地方。

唐代诗人王之涣有一句诗写道："羌笛何须怨杨柳，春风不度玉门关。"受地形因素的影响，大兴安岭—阴山—贺兰山—巴颜喀拉山—冈底斯山把我国划分为季风区与非季风区。西北地区很难受夏季风的影响。

（三）河流湖泊众多

1. 河流

中国是一个河流丰富的国度，流域面积在100平方千米以上的河流有5万多条，流域面积超过1 000平方千米的有1 500多条。河流年平均径流量为2.7亿立方米，受地形的影响，我国河流大多自西向东流。诗句"君不见黄河之水天上来，奔流到海不复返"、"百川东到海，何时复西归"、"一江春水向东流"就是对河流自西向东流向的表达。

河流分为外流河与内流河。内流区指的是最终没有流入海洋的河流所流经的区域。外流区指的是最终流入海洋的河流所流经的区域。注入海洋的外流河比较多，水量超过全国河流总水量的95%，流域面积约占中国陆地总面积的64%。长江、黄河、黑龙江、珠江、辽河、海河、淮河等向东流入太平洋；新疆的额尔齐斯河则向北流出国境注入北冰洋；西藏的雅鲁藏布江向东流出国境再向南注入印度洋，河流流经长504.6千米、深6 009米的世界第一大峡谷——雅鲁藏布江大峡谷。流入内陆湖或消失于沙漠、盐滩之中的内流河，流域面积约占中国陆地总面积的36%。内、外流区的分界线是大兴安岭—阴山—贺兰山—巴颜喀拉山—冈底斯山。这条线也与季风区和非季风区的分界线相一致。

长江是中国第一大河，也是亚洲最长的河流，仅次于非洲的尼罗河和南美洲的亚马逊河，是世界第三大河。全长6 300千米，干流先后流经青海、四川、西藏、云南、重庆、湖北、湖南、江西、安徽、江苏、上海共11个省、自治区、市，注入东海。发源于青海省西南部、青藏高原唐古拉山主峰格拉丹冬雪山，源头称沱沱河，到玉树称为通天河，到宜宾称金沙江，从宜宾开始往东称为长江。沿途汇集许多支流，形成庞大的水系。全流域面积为180多万平方千米，约占全国总面积的1/5，年入海水量约10 000亿立方米，占全国河流总入海水量的1/3以上。它流经中国青藏高原、横断山区、云贵高原、四川盆地、长江中下游平原，流域绝大部分处于湿润地区。其上游穿行于高山深谷之间，蕴藏着丰富的水力资源。长江也是中国东西水上运输的大动脉，天然河道优越，有“黄金水道”和“水能宝库”之称。长江中下游地区气候温暖湿润、雨量充沛、土地肥沃，是中国工农业发达的地区。

黄河是中国第二大河，全长5 500千米，呈巨大的“几”字形。发源于青海省中部，青藏高原巴颜喀喇山北麓，流经青海、四川、甘肃、宁夏、内蒙古、山西、陕西、河南、山东共9个省、自治区，流域面积为75万平方千米，流经中国青藏高原、内蒙古高原、黄土高原、华北平原，以及干旱、半干旱、半湿润区，最后注入渤海。黄河从源头到内蒙古自治区河口一段为上游，从河口到河南省孟津为中游，孟津至渤海为下游。从兰州到内蒙古河段，大致是由西南流向东北，从内蒙古的磴口到托克托，黄河又变成从西向东流。由于它们的纬度差，当南方开始解冻时，北方仍在封河。此时就形成了凌汛。凌汛时，极易造成决堤。黄河中上游多在高山、高原的峡谷中穿行，河道落差大，蕴藏着丰富的水能资源。黄河中游进入黄土高原峡谷之中，河水冲刷大量黄土，使黄河成为世界著名的“泥河”。河水经过黄土高原流入下游平原地区，由于河道变宽，流速变慢，大量泥沙沉积于河底，使下游河床逐渐抬高，河床一般高出堤外地面几米，有的地段竟高出10米以上，河流如悬在空中，故有“悬河”之称。黄河流域牧场丰美，矿藏丰富，是中华民族的母亲河，是中华文明的发祥地。但历史上黄河多次决口也给人民带来深重灾难。近几十年来，在政府的领导下，中游地区加强了黄土高原的水土保持，大大减少了入河泥沙，黄河下游地区也加固了大堤，黄河历史上的水患得到有效的治理。国家还在黄河上兴建了多个水电站和水利枢纽工程，使黄河水能资源的利用和防洪能力得到极大的提高。近几年来对黄河干流水量统一调度，实施了科学调控，加强了对水资源的有效利用。

黑龙江是中国北部的大河，全长4 350千米，其中有3 101千米流经中国境内。

珠江是中国南方最大的河流，其干流西江发源于云南东部。珠江流经云南、贵州、广西、广东入南海，全长2 210千米。流域在中国境内44.25万平方千米，主要有西江、北江、东江三大支流水系，北江与东江基本上都在广东境内，三江水系在珠江三角洲汇集，形成纵横交错、港汊纷杂的网状水系。

新疆南部的塔里木河是中国最长的内流河，全长2 100千米，流域面积为35万平方千米，河水主要来自天山、昆仑山等高山的冰雪融水。10月以后，中下游河道经常断流。

除天然河流外，中国还有许多人工开凿的运河，其中京杭大运河是中国和世界上开凿最早的也是最长的人工河。它始凿于公元五世纪，北起北京，南抵中国东部的浙江杭州，流经京津两市和冀、鲁、苏、浙4省，沟通海河、黄河、淮河、长江、钱塘江五大水系，全长1 801千米，是贯通南北的大动脉，是中国历史上与万里长城齐名的伟大工程。从开凿至今已有两千多年的历史，对沟通中国南北交通曾起过重大的作用，但过去由于不加修缮，许多河段已断航。新中国成立后，对运河进行了整治，目前江苏、浙江两省境内的河段，仍是重要的水上运输线。同时，运河还发挥灌溉、防洪、排涝等综合作用。在“南水北调”东线工程中，运河又被用作长江水源北上的输水渠道。

2. 湖泊

中国湖泊众多，共有湖泊24 800多个，湖泊总面积达71 230万平方千米，其中面积在1平方千米以上的天然湖泊就有2 800多个。面积在1 000平方千米以上的有10多个。位于内流区的湖泊为内流湖，位于外流区的湖泊为外流湖，内流湖多为咸水湖，外流湖多为淡水湖。

主要湖泊简表

湖　名	所在省区	面积（平方千米）	湖面高程（米）	湖水咸淡
青海湖	青　海	4 583	3 196	咸
呼伦湖	内蒙古	2 315	545. 5	咸
纳木错	西　藏	1 940	4 718	咸
鄱阳湖	江　西	3 583	21	淡
洞庭湖	湖　南	2 740	33. 5	淡
太　湖	江　苏	2 425	3. 1	淡
洪泽湖	江　苏	1 960	12. 3	淡
巢　湖	安　徽	820	5. 0	淡

湖泊数量虽然很多，但在地区分布上很不均匀。总的来说，东部季风区，特别是长江中下游地区，分布着中国最大的淡水湖群。这些外流区域的湖泊都与外流河相通，湖水能流进也能排出，含盐分少，称为淡水湖，也称排水湖。著名的淡水湖有鄱阳湖（我国最大淡水湖）、洞庭湖、太湖、洪泽湖、巢湖，它们是中国五大淡水湖。西部以青藏高原湖泊较为集中，青藏高原湖区是世界上最大的高原湖泊群分布区，全区湖泊约占全国湖泊面积的一半，仅西藏自治区就有湖泊1 000多个，这些湖泊大都是咸水湖和微咸水湖。这些内流区域的湖泊大多为内流河的归宿，湖水只能流进，不能流出，又因蒸发旺盛，盐分较多形成咸水湖，也称非排水湖，如中国最大的湖泊青海湖以及海拔较高的纳木错湖等。星罗棋布的湖泊与银光闪烁的冰川相辉映，形成青藏高原的自然景观。

第三节 中国社会的人文地理环境

人文地理环境是指人类为求生存和发展而在地球表面上进行的各种活动的分布和组合，如疆域、政区、人口、民族、经济（农业、手工业、商业）、城市、交通、文化等。人类是引起以上各类地理分布及变化的主要载体，民族又是人类中具有特色的群体，于是人口的增长、分布和迁徙，民族分布和融合，成为历史人文地理中十分重要的部分。

一、中国的行政区划

行政区划是国家为便于行政管理而分级划分的区域。因此，行政区划亦称行政区域。

中国古代行政区划是中央集权出现后的产物。秦统一六国，废分封，行郡县，使郡县二级制得到正式的实行。郡县的划分，顾及到自然、经济等相关因素，在很大程度上综合反映了中国的人文地理面貌。从东汉开始至魏晋南北朝，实行的是州、郡、县三级制，至隋唐五代，都府制代替了州、郡、县三级制，至两宋，开始实行道路制，至元代实行行省制，由行省、路、县三级政区组成。至明代，省级行政制度日趋完善。至清代，实行省、府、县的三级行政区划，而边疆地区则实行不同于内地的行政区划。至民国时期，增设四特区，即热河、察哈尔、绥远、川边四地。在南京政府时期，行政区划为省、行政督察区、县三级。

纵观中国古代的行政区划变化，可以看出在两千多年间，中国行政体系经历过几次重大的变化。其表现为以下特点：随着时间的推移，行政区划层级呈下降趋势；历史时期的行政区划以三级制为主；地方首长多由中央派出官转变而来。

中华人民共和国成立后，随着经济建设的发展，本着有利于社会主义现代化建设，有利于行政管理，有利于民族团结，有利于巩固国防的目的，对省级行政区以及各级行政区进行了必要的调整和变更。1982 年 12 月 4 日第五届全国人民代表大会第五次会议通过的《中华人民共和国宪法》第三十条规定：“中华人民共和国的行政区域划分如下：（一）全国分为省、自治区、直辖市；（二）省、自治区分为自治州、县、自治县、市；（三）县、自治县分为乡、民族乡、镇。直辖市和较大的市分为区、县。自治州分为县、自治县、市。自治区、自治州、自治县都是民族自治地方。”第三十一条规定：“国家在必要时得设立特别行政区。”

中国的行政区域基本上划分[①]为三级，即省（自治区、直辖市）、县（自治县、市）、乡（民族乡、镇）。但在经济比较发达的地区，为促进城乡结合和工农结合，打破条块分割，充分发挥城乡两个方面的积极性，实行市管县的行政体制。实行市管县的地方，就是在省、县之间增加一级政区，实行四级制。另外，在有些自治区，下辖自治州，州以下有县，也是四级制。这就使中国现行行政区划和地方行政建制层次形成了三级和四级并存的体制。

① 中国的行政区划概述，http：//www. gov. cn/test/2009 -04/17/content_ 1288030. htm.

目前中国有34个省级行政区，包括23个省、5个自治区、4个直辖市、2个特别行政区。在历史上和习惯上，各省级行政区都有简称。省级人民政府驻地称省会（首府或者行政中心），中央人民政府所在地是首都。北京是中国的首都。

中国省级行政单位是中央人民政府直接管辖的最高一级地方行政区域，目前有省、自治区、直辖市、特别行政区。省是中国国家地方一级行政区域，始于元朝，至今已有六七百年的历史。自治区是中国少数民族聚居地方实行民族区域自治而建立的相当于省的行政区域。新中国成立后共建立了5个自治区：内蒙古自治区、新疆维吾尔自治区、广西壮族自治区、宁夏回族自治区、西藏自治区。直辖市即中央直辖市，由国务院直接管辖，是人口比较集中，在政治、经济、文化等方面具有特别重要地位的大城市。至1997年3月设立重庆直辖市为止，中国共设有4个中央直辖市：北京、天津、上海、重庆。特别行政区——为“一国两制”的实施，宪法第三十一条专门规定国家在必要时可以设立特别行政区。特别行政区与省、自治区、直辖市同属直辖于中央人民政府的地方行政区域。至1999年12月澳门回归为止，中国共设立2个特别行政区。[①] 中国政府已于1997年7月1日对香港恢复行使主权，成立了香港特别行政区；于1999年12月20日对澳门恢复行使主权，成立了澳门特别行政区。

中国行政区划简表

省（自治区、直辖市）	简　称	行政中心	省（自治区、直辖市）	简　称	行政中心
北京市	京	北京（首都）	湖南省	湘	长　沙
天津市	津	天　津	广东省	粤	广　州
河北省	冀	石家庄	广西壮族自治区	桂	南　宁
山西省	晋	太　原	海南省	琼	海　口
内蒙古自治区	内蒙古	呼和浩特	重庆市	渝	重　庆
黑龙江	黑	哈尔滨	四川省	川或蜀	成　都
吉林省	吉	长　春	贵州省	黔或贵	贵　阳
辽宁省	辽	沈　阳	云南省	滇或云	昆　明
上海市	沪	上　海	西藏自治区	藏	拉　萨
江苏省	苏	南　京	陕西省	陕或秦	西　安
浙江省	浙	杭　州	甘肃省	甘或陇	兰　州
安徽省	皖	合　肥	青海省	青	西　宁
福建省	闽	福　州	宁夏回族自治区	宁	银　川
江西省	赣	南　昌	新疆维吾尔自治区	新	乌鲁木齐
山东省	鲁	济　南	台湾省	台	台　北
河南省	豫	郑　州	香港特别行政区	港	香　港
湖北省	鄂	武　汉	澳门特别行政区	澳	澳　门

① 中国的行政区划——省级行政单位，http：//www. gov. cn/test/2009—04/17/content_ 1288035. htm.

乡镇是中国最基层的行政单位。自治区、自治州、自治县是少数民族聚居地区的民族自治地方，它们都是祖国不可分割的部分。此外，为了便于行政管理和经济建设，为了加强民族团结，国家可根据需要对行政区划作必要的调整和变更。

二、中国的人口状况

（一）人口现状

中国是世界上人口最多的国家。2010 年 9 月中国大陆人口统计为 13.36 亿，占世界人口的 20%、亚洲人口的 33%。

1. 中国人口的发展历程

人口发展与社会经济的发展是密不可分的。人口增长有其自身的规律和巨大惯性，在历史发展过程中由多种客观因素造成。在中国历史上，人口发展经历过三大台阶。

（1）西汉时期是中国人口第一个倍增期。

中国进入封建社会以前，人口长期停滞在 1 000 多万。西汉结束了春秋战国长达 500 多年的战乱，公元 2 年人口猛增至 5 959 万，这是中国人口的第一个倍增期。

（2）清前期到道光时期是中国人口第二个倍增期。

西汉以后中国人口起落徘徊，直到明朝初年缓升到 6 600 万。清朝前期百多年社会安定，人口飞速增长，清乾隆年间突破 1 亿大关，到清道光年间，100 年内人口猛增到 4 亿。1851 年，竟然达到 4.32 亿，登上历史上第二个大台阶。1851—1949 年间，由于近百年的内忧外患、社会动荡和自然灾害，人口从 4.32 亿增加到 5.46 亿，年均增长率仅 3‰左右。但是到 1949 年以前，人口总数已经突破 5 亿大关，奠定了当代中国人口的庞大基数和规模。

（3）20 世纪的后 50 年，是中国人口第三个倍增期。

中华人民共和国成立以后，由于建立了社会主义制度，结束了战乱，控制了灾荒，改善了医疗卫生条件，人口死亡率下降，人口平均寿命延长，与此同时，却忽视了人口总量控制，致使这 20 多年人口猛增到 9 亿多。20 世纪 70 年代以后，国家实行计划生育政策，使人口高出生率逐步得到有效遏制，但人口基数大使人口增长率依然很高。因此，20 世纪的后 50 年，成为中国人口发展史上的第三个大台阶。中国最终成为世界人口第一大国。

2. 中国人口发展的历史成因

中国发展为世界人口大国，其成因复杂。

（1）中国人口规模大是历史留下的沉重遗产。

人口绝对数目巨大是经过历史上三次人口发展大台阶形成的，是中国历史上长时期政治、经济、军事、文化、社会诸方面因素综合作用的结果。

（2）中国人口发展的巨大惯性，来源于自给自足的小农经济。

自给自足的小农经济以家庭为基本经济单位，劳动生产率比较低，增加劳动力特别是增加男劳动力成为发展生产、增加收入的主要手段。多子女、多劳力是家庭谋生和富足的必要条件。反映到文化上，“多子多福”的观念根深蒂固。另外，列强入侵、战乱与灾荒、疾病与饥饿等导致高死亡率，促使人们追求高出生率，以达到“多子多福”的目的。因此，在自给自足的以家庭为经济单位的经济形态没有改变之前，中国人口增长惯性始终强有力地存在着。

（3）中华人民共和国成立以后，人口增长空前加快。

中华人民共和国成立后，社会安定，经济发展，人民的生活水平及医疗卫生条件不断得到改善。人口非正常死亡急剧减少，死亡率迅速下降。1949 年死亡率为 20‰，1952 年为 17‰，1953 年为 14‰，1957 年为 10.8‰；同时，人口平均寿命大大延长。从人口平均预期寿命的变化来看，1949 年仅为 35 岁，1957 年达到 57 岁。这样，在出生率大体不变的情况下，人口自然增长率大幅度提高。1949 年中国人口为 5.4 亿多，到 20 世纪 70 年代初期人口总数已经达到 9 亿多。

新中国成立以来人口高速增长带来的压力，使人们认识到控制人口已迫在眉睫。20 世纪 70 年代初中国政府开始实行计划生育，1978 年以后计划生育成为我国的一项基本国策，并陆续制定和完善了明确的计划生育政策，使人口高出生、高增长的势头得到迅速控制。由于总人口基数庞大，中国人口净增的绝对数仍相当可观。进入 20 世纪 90 年代后，随着计划生育工作的不断加强和完善，高出生率得到控制，并持续稳步下降。1998 年人口自然增长率首次降到 10‰以下，从 2000 年开始，年净增人口低于 1 000 万，中国人口进入平稳增长阶段。

计划生育的主要内容及目的是：提倡晚婚、晚育，少生、优生，从而有计划地控制人口。《中华人民共和国宪法》明文规定：“国家推行计划生育，使人口的增长同经济和社会发展计划相适应。”宪法还规定：“夫妻双方有实行计划生育的义务。”而《婚姻法》则将计划生育作为一个基本原则确立在总则之中。对一个国家或一个地区而言，计划生育就是在全国或整个地区范围内，对人口发展进行有计划的调节，使人口的增长同社会和经济的发展相适应。对一个汉族家庭或一对汉族育龄夫妇而言，则是有计划地安排生育子女。

3. 人口再生产类型的转变情况

人口再生产类型是与社会生产力发展的一定阶段相适应的人口出生率、死亡率和自然增长率三者相结合而形成的人口再生产的特征。中国人口再生产类型从 1949 年到现在，发生了两次转变。

（1）1949—1970 年代初期，第一次重大的转变——由高出生、高死亡、低自然增长阶段进入了高出生、低死亡、高自然增长的阶段。

新中国成立前，中国的人口再生产类型处于高出生、高死亡、低自然增长阶段。新中国成立后，由于人民生活水平不断提高，医疗卫生事业不断发展，许多恶性传染病得到控制，人口死亡率迅速下降。同时，社会的安定也给生育提供了较好的环境，除三年自然灾害外，人口出生率一直居高不下。1949 年，全国人口出生率为 36‰，到 20 世纪 70 年代初，人口出生率最高达到43.6‰，平均水平在36.8‰，人口年平均自然增长率达到27.5‰，1949—1957年的八年间，人口净增1.05亿，出现了新中国成立以后的“第一次人口生育高峰”。1962—1970年，年平均出生人口达到2 688万人，8年净增人口1.57亿，出现了新中国成立以后的“第二次人口生育高峰”。

（2）20世纪70年代初期至今，第二次重大转变——从高出生、低死亡、高自然增长阶段向低出生、低死亡、低自然增长阶段的转变。

进入20世纪70年代，随着计划生育工作的广泛开展和不断加强，出生率开始不断下降，死亡率继续稳定下降，人口再生产类型又出现了新的转变。这一阶段，人口死亡率一直处于较低水平，由1971年的7.3‰逐步降低到1977年的6.9‰以后，死亡率一直保持在7‰以下的水平。人口出生率由1971年的30.7‰，下降到1980年的18.2‰，进入20世纪90年代，出生率继续降低，1991年人口出生率为19.7‰，到2008年已降到12.1‰。自然增长率迅速下降，由1971年的23.4‰，下降到1980年的11.9‰。但是，由于20世纪60年代初“第二次人口生育高峰”中出生的人口陆续进入生育年龄，加之20世纪80年代初婚姻法的修改造成许多不到晚婚年龄的人口提前进入婚育行列，使得人口出生率出现回升。人口出生率由1981年的20.9‰，达到1987年23.3‰的峰值。1981—1990年净增1.43亿，平均年增长人口1 584万，1990年总人口达到11.43亿。这是新中国成立以后出现的“第三次人口生育高峰”。可以说从20世纪70年代初，中国人口就开始了向现代型的转变。到目前为止，中国人口已完成了向低出生、低死亡、低自然增长的第二次重大转变，进入到现代型的人口再生产类型。

中国三种人口再生产类型的变化是人口再生产由低级阶段向高级阶段的发展过程。虽然同样有人口低增长，但是两者存在质的不同，低级阶段的人口低增长原因是死亡率高，是被迫接受的严酷现实；高级阶段人口低增长则是由于出生率下降，是人类自觉行动的结果，是社会经济得到充分发展后人类对自身发展认识提高的结果，是人类社会进步的产物。从世界范围看，完成以上两种人口再生产类型转变的多是经济发达国家，其中大多用了近百年甚至数百年时间，而中国完成此两种人口再生产类型的转变只用了30多年，由此可以看出中国计划生育的巨大成就。

（二）中国人口与地理环境关系

1. 人口密度大，分布不均衡

中国人口在地域上的分布受到自然、经济、历史和社会等多种因素影响，明显特点是人口密度大并且分布不均衡。总的来说，经济比较发达的东南部人口稠密，西北部人口稀少。有一条“黑河—腾冲线”成为我国人口地理分界线。“黑河—腾冲线”以东，人口稠密；“黑河—腾冲线”以西，人口稀少。特别是人口在100万以上的特大城市的分布与我国400毫米等降水量线有密切关系。各个省、自治区、直辖市人口密度差异很大。以上特点，表现了中国自然地理和社会经济基础的重大地域差异。人口分布的不平衡加剧了城市与农村、沿海与内地、平原与山区的经济和文化发展的不平衡。

黑河—腾冲线（人口地理分界线）	占全国总面积（%）	占全国总人口（%）
黑河—腾冲线以东	43	94
黑河—腾冲线以西	57	6

2. 农村人口多、增长快、控制难

多次全国人口普查显示，农村人口占全国总人口的比重大大超过城镇人口。现在，中国经济文化比较发达的城镇，人口增长得到了有效的控制，而经济文化欠发达的农村和少数民族地区，人口控制的难度依然很大。近年来，社会主义市场经济迅速发展，劳动力人口的流动已成必然。目前，对流动人口的计划生育管理成为计生工作中的一个难题。

3. 人口素质也有地理分布上的区别

人口素质也就是人口质量。人口素质是指在一定的社会生产力水平、一定的社会制度和一定的社会历史发展阶段上，人们的思想道德水平、科学文化水平、劳动技能和身体健康状况的总和。城乡之间、民族之间、地区之间的人口素质综合指标差别明显。这种区别主要表现在人口的受教育数量和程度上，体现在高、中、低文化程度人口所占的比重上。总的来说，中国人口素质表现不平衡。这是中国历史上社会、经济、政治、文化、民族传统、风俗习惯等多种因素综合作用的结果，是中国幅员辽阔、民族众多、城乡地区间经济政治文化发展不平衡的反映。

4. 人口与资源关系上，人均资源贫乏

从资源总量上看，中国是资源比较丰富、品种比较齐全的国家。可是中国的资源又比较短缺。从绝对意义上说，与世界人均占有量相比，人均耕地面积仅占1/3，人均森林面积不到1/6，人均草原面积不到1/2，人均矿产资源不到1/2。从相对意义上说，中国存在资源结构性短缺的问题，总体资源中除煤炭资源等相对丰富以外，其他较丰富的资源多为经济建设需求量较小的金属和非金属矿藏。从动态方面去观察，人口增长对资源的压力还来自每个人资源消耗量的增加。自然资源中非更生性资源消费（不可复得）下降，可更生性资源加速开发才能适应人口增长和经济发展的需要，而更生速度往往滞后的情况加上资源的绝对和相对短缺，更加剧了人口与资源的矛盾。因此，有效地控制人口数量增长，才能有助于保护和合理利用自然资源。

三、中国的民族状况

（一）中华民族发展的历史

中华民族有着悠久的历史。中国自秦汉以来基本上是一个统一的多民族国家。从遥远的古代起，中华各民族人民的祖先就劳动、生息、繁衍在这片土地上，共同为中华文明和建立统一的多民族国家而贡献自己的才智。

祖国广阔、富饶的土地，是中华各族人民共同开发的。从夏、商、周至秦汉时期，当汉族的先民华夏族开发黄河流域的时候，各少数民族先民也同时开发了周围的广大地区。生活在东北的东胡、肃慎、挹娄、夫余、乌桓等民族在东北三省的广大地区，北部的俨狁、狄、匈奴、鲜卑等民族在今蒙古草原和华北北部以及西北的一些地区，西北部的戎、羌、氐等族在今藏、青地区，西域的龟兹、于阗、鄯善等“城郭国”的各族在今新疆地区，南部的苗、濮、武陵、长沙以及东南部的百越等南方各族在今长江流域的广大地区，黎族和高山族的先民分别在海南岛和台湾，越人的一支在今港、澳地区，等等，各民族祖先在各个地区，以他们辛勤的劳动，为统一的多民族国家的建立打下了基础。

秦始皇统一中国，建立中央集权制国家（公元前221年），标志着我国统一的多民族国家历史的开始。在此后的两千年历史发展中，也有一部分少数民族或者在边疆地区建立政权，或者入主中原，成为统治民族，他们都为我们多民族国家的发展作出了贡献。例如，隋唐后，经五代十国到宋、辽、金，我国经历割据，形成各民族政权对峙的局面，此后，蒙古族的元朝实现了国家的统一。元、明、清时期，国家的统一和中华民族的凝聚力得到进一步发展。纵观中国的历史，经历了兴衰、消长、分合、融合等复杂过程，中国各民族维系在了一个统一的大家庭中。中华民族就成为中国各民族的统称。

（二）中国各民族分布情况

目前已经确认中国境内共有56个民族。汉族是中国人口最多的一个民族。因汉族以外的其他民族人口数量少，所以统称为少数民族。据2000年全国第五次人口普查公报的统计，中国大陆境内31个省、自治区、直辖市的人口总数为126 583万人，其中汉族115 940万人，占全国人口的91.59%，少数民族10 643万人，占全国人口的8.41%。与1990年第四次人口普查相比，汉族人口增加了11 692万人，增长了11.22%，少数民族人口增加了1 523万人，增长了16.70%。汉族人口占总人口的比重由91.99%下降为91.59%，各少数民族人口的比重由8.01%上升为8.41%。

中华人民共和国成立以后，由于民族压迫制度的废除，生产发展，生活水平提高，医疗保健事业得到了很大的改善；同时国家对少数民族在计划生育上的要求也比汉族较宽松，因而从根本上扭转了过去少数民族人口下降的趋势，出现了人口兴旺、民族繁荣的景象。1990—2000年间，土家、羌、毛南、保安、高山、东乡等13个民族人口年均增长率都在2.00%以上，其中羌族和高山族分别高达4.26%和4.31%。藏、维吾尔、蒙古等8个百万人口以上的民族，人口年均增长率也在1.40%～2.00%之间，高于全国总人口年均增长率0.91%的水平。随着少数民族人口增长速度的加快，少数民族占全国总人口的比重也相应提高。在1964—1982年、1982—1990年和1990—2000年间，少数民族人口占全国总人口的比重由5.8%分别提高到6.7%、8.01%和8.41%。

少数民族占全国人口总数的比例虽小，但分布在全国总面积64%的地区。由于历史和地理等方面的原因，少数民族地区的人口密度与内地沿海汉族地区比较，差距悬殊。例如，少数民族聚居的西藏自治区人口密度每平方千米仅1.8人。

55个少数民族人口状况简表

人口数量/民族	民族个数	民族名称
百万人以上	18	朝鲜、满、蒙古、回、藏、维吾尔、壮、布依、侗、瑶、白、土家、苗、彝、哈尼、哈萨克、傣、黎
10万~百万人	15	纳西、景颇、傈僳、佤、畲、拉祜、水、东乡、柯尔克孜、达斡尔、仫佬、羌、土、仡佬、锡伯
1万~10万人	15	毛南、布朗、撒拉、阿昌、普米、塔吉克、乌孜别克、俄罗斯、鄂温克、德昂、保安、怒、裕固、京、基诺
1万人以下	7	门巴、独龙、塔塔尔、鄂伦春、赫哲、高山、珞巴（按实地普查区域的人数计算）
73.4万多人	未被确定	未被确定

总的来说，中国少数民族人口的分布有两个特点：

第一，小聚居和大杂居。汉族主要居住在中原和东南沿海各省（市），少数民族人口主要集中在西南、西北和东北各省、自治区。内蒙古、新疆、西藏、广西、宁夏5个自治区和30个自治州、120个自治县（旗）、1 200多个民族乡是少数民族聚居的地方。但在汉族的居住地和少数民族的居住地之间并没有明显的界线，在各汉族地区也居住着许多少数民族。在少数民族的聚居区有一定数量的汉族居民，其比例也相当高。例如，在内蒙古、广西、宁夏三个自治区中，汉族人口都超过了少数民族人口，在新疆，汉族人口占40%。近20年来，少数民族杂、散居人口增长快，民族杂散居的县市越来越多。

第二，分布范围广，但主要集中于西部及边疆地区。2000年人口普查数据表明，各民族平均分布在30个省区，有29个民族分布在全国所有的省区中。全国拥有56个民族的省区有11个，占中国大陆31个省区的35.5%。尽管少数民族分布范围很广，但其人口仍主要集中在西部及边疆地区。2000年人口普查显示，新疆、云南、贵州、广西4个省区的少数民族人口之和占全国少数民族人口的一半以上，再加上辽宁、吉林、内蒙古、四川、重庆、河北、湖北、湖南、西藏、青海、甘肃和宁夏，以上16个省区的少数民族人口占全国少数民族人口的91.32%。我国陆地边境线全长2万多千米，绝大部分是少数民族地区。

问题思考

1. 中华文化的发祥地在哪里？
2. 中国自然地理有哪些优越性？
3. 中华文化源远流长延续至今的原因是什么？
4. 中国行政区划有什么特点？
5. 中国为什么会成为世界第一人口大国？
6. 如何理解自古以来“中国是一个多民族国家”？

参考书目

1. 高雄飞：《当代中国概论》，广州：暨南大学出版社2004年版。

2. 李雪格：《探寻黄河文明》，北京：东方出版社2004年版。

3. 申士安：《中国地形》，北京：中国地图出版社2001年版。

4. 熊怡：《中国河流水文》，北京：科学出版社1998年版。

5. 课程教材研究所地理课程教材研究开发中心编著：《地理》（八年级上、下册），北京：人民教育出版社2002年版。

6. 课程教材研究所历史课程教材研究开发中心编著：《历史》（七年级下册），北京：人民教育出版社2001年版。

7. 翟文明、于海娣主编：《中华上下五千年·世界上下五千年大全集》，中国华侨出版社2010年版。

第二章

天道有常　周行不殆

——中国传统社会特征

君子务本，本立而道生。

——《论语》

无疑中华帝国已经超越他的自身的价值而具有巨大的意义，他们享有东方最聪明的民族这一盛誉，可见，他们对其他民族所起的典范作用表明，自有耶稣使徒以来，世界上大概还没有比这更伟大的事业值得耶稣使徒去从事。

——［德］莱布尼茨

目标导向

通过本章学习，了解中国传统社会的经济、政治和文化结构及其形成原因；帮助学生学会用联系的观点分析问题和解决问题；锻炼学生的历史联想和概括能力；培养学生的问题意识和人文素养；激发学生的爱国主义热情和民族自豪感。

要点提示

中国是历史悠久的文明古国，形成了成熟完备的社会结构。从经济结构上说，形成了一种既不同于游牧经济，也不同于工商业经济的农业型自然经济；从政治上说，先后形成了家国一体的血缘宗法制和君主专制中央集权官僚制度；从文化上说，形成了一元文化主导与多样文化发展的文化格局，由此形成了中国传统社会的有机结构。

中国是四大文明古国之一，五千年源远流长且从未被替代或中断。考察当代中国社会的发展，首先要研究历史悠久的中国传统社会的基本特征。学者在分析中国社会发展的“土壤”时谈到：“养育中国古代文化的土壤是一种区别于开放性的海洋环境的大陆环境；是一种既不同于游牧经济，也不同于工商业经济的农业型自然经济；是一种与古代希腊、罗马的城邦共和制、元首共和制、军事独裁制以及和印度种姓制均相出入的家国一体的宗法社会。”① 这一分析有见地地阐述了中国传统社会的特征。

第一节　中国传统社会的经济结构

经济活动所创造的能满足人类基本生存需要的物质财富，既是社会的组成部分，也是构成整个社会创造的基础。中国土地特有的自然环境孕育了中华民族以农耕为主体的经济形态。农业是中国数千年传统社会的主要经济基础，是人民大众的衣食之本，也是历代王朝的立国之本。古人把农耕与国家兴衰连在一起，还以“社稷”作为国家的代称，足见农业是国家之根本。

一、以农业为主体的经济形态

（一）多元交汇的农业体系

大河大陆型与大漠大陆型环境的共存对峙，决定了农业经济与游牧经济在中国历史上长期共存，既互相依赖又互相冲突的格局。大体以东起海滨、西及大漠的万里长城为分界

① 冯天瑜等：《中国古代文化的奥秘》，武汉：湖北人民出版社1986年版，第55页。

线，西北地区占压倒性优势的是从战国以后逐渐发展起来的游牧经济。游牧民族逐水草而居，在广阔的草原地带以放牧为主，过着迁徙不定的游牧生活。“天苍苍，野茫茫，风吹草低见牛羊”，就是他们生活的写照；东南地区气候温和，雨量适中，比较适合农耕发展的要求，在这里定居的农耕民族逐渐超越狩猎和采集经济阶段而形成以种植为基本方式的农耕经济。由于谷物生产是农业中最重要的环节，以至《汉书》的作者班固说：“辟土殖谷曰农。”

我国的农耕经济与游牧经济的界限并非绝对，而是随着环境的变化而产生波动并形成一种密切的互补关系。从经济上说，偏重于种植业的农区需要从牧区取得牲畜和畜产品，作为其经济的补充；种植业基础薄弱、经济比较单一的牧区则需要输出其富余的畜产品而输入其不足的农产品。两大经济区往往通过官方的或民间的、合法的或非法的贸易进行经济联系，当正常的贸易遇到障碍时就会诉之战争，战争也就成为经济交往的特殊方式。从地区上说，农耕经济单位一般都是既种粮又养畜；游牧民族周边也散布着一些从事农业的土著民族和农业区。农耕经济与游牧经济的交流与碰撞，是中国古代农业史的主要线索之一。在这过程中，农耕经济始终占据主导地位。

农业的产生是人类历史上具有划时代意义的大事，我国是世界上农业出现最早的国家之一。在我国的古史传说中有所谓制作耒耜、教民农作的“神农氏”。据说神农氏之前，人们吃的是爬虫走兽、果菜螺蚌，后来人口逐渐增加，迫切需要开辟新的食物来源。为此，神农氏遍尝百草、历尽艰辛，终于选择出可供人们食用的谷物，接着又观察天时地利，创制斧斤耒耜，教导人们种植谷物。这种传说是农业发生和确立的时代留下的史影。现代考古学家同样发现了成千上万的新石器时代原始农业的遗址，遍布在从岭南到漠北、从东海之滨到青藏高原的辽阔大地上，尤以黄河流域和长江流域最为密集。距今七八千年，原始农业已经相当发达了。

在农耕文化中，大致以秦岭—淮河为界，有北方的旱地农业和南方的水田农业两种主要类型。秦岭—淮河以北的黄河流域属暖温带干凉气候类型，以种植粟黍等耐旱作物为主，抗旱保墒是农业技术中心环节之一；秦岭—淮河以南及其南境，基本上属亚热带和暖温带类型，以种植水稻等喜湿作物为主，农田的排灌成为农业发展的重要条件。早在距今六七千年以前，黄河流域和长江流域就分别形成了以种植粟黍为主的旱地农业和以种植水稻为主的水田农业。

（二）精耕细作的农业技术

所谓精耕细作，从字面上理解就是在农业上进行精细的耕作，在中国古代农业生产中，则指一个综合的农业技术体系，即“农业上采取各种手段，大量的人力物力投入以取得最大限度产出的耕作方式”①。它包括改善农业生物生长的环境条件和提高农业生物自身生产能力这两方面。无论从生产工具、耕作技术，还是从配套的设施（如水利的兴修和灌溉技术）的进步方面，精耕细作的特点都表明中国古代农业比西方的粗放式经营要先进许多。

从生产工具和耕作技术的进步看：在我国商朝以前，我们的先民们进行农业生产的工具

---

① 来源于维基百科。

主要是石器、木器、蚌器。从商朝开始，不仅有了少量的青铜农业生产工具，而且还出现粪肥、草木灰和绿肥了。春秋中期以后，我国进入铁器时代；几乎与此同时，牛耕技术也出现了。战国至秦汉，铁农具和牛耕技术先后在黄河流域普及，促进了农业生产的全面发展。到两汉，铁农具从中原传到了西域和珠江流域，人们还发明了播种工具——耧车。东汉时，耕作技术已逐渐成熟，干旱地区开始推广“代田法”①。这样十分有利于抗旱保墒，提高产量。隋唐时人们又发明了以水为动力的灌溉工具——筒车和方便水田耕作的轻巧曲辕犁。

牛耕图

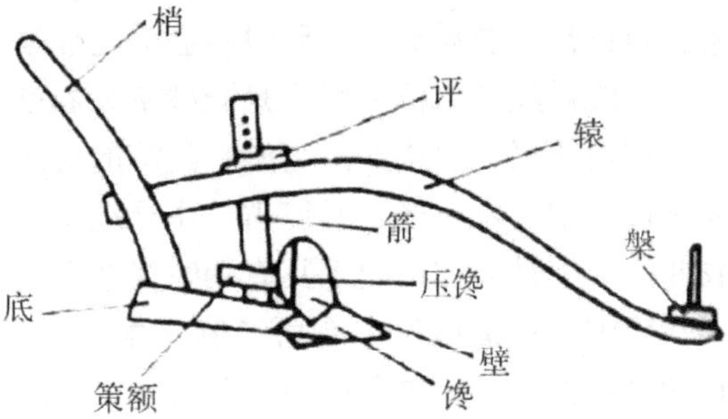

发明于唐代的曲辕犁

从水利的兴修和灌溉技术的进步看，在父系氏族公社的繁荣时期我国就出现了原始水利技术。商甲骨文中的井字就是沟渠纵横的象形，这说明商周时的农田水利已成体系。春秋战国时中原地区出现了利用杠杆原理把水从低处提往高处的灌溉工具——桔槔，以及著名的水利工程——蜀国李冰修的都江堰。两汉时，黄河流域关东地区又修建了著名的漕渠、六辅渠、白渠，汉武帝、汉明帝还治理了黄河；西北地区发明了利用地下水进行灌溉的坎儿井。隋炀帝修了连接南北的大运河。北宋王安石变法时实行农田水利法，修建了大量的灌溉渠道。

都江堰位于四川省都江堰市城西，是中国古代建设并使用至今的大型水利工程，被誉为“世界水利文化的鼻祖”。都江堰水利工程是由秦国蜀郡太守李冰及其子率众于公元前256年左右修建的，是全世界迄今为止年代最久、唯一留存、以无坝引水为特征的宏大水利工程，属全国重点文物保护单位。

从农作物种类的增加和地区推广的程度来看：在母系氏族公社繁荣时期，我们的先民

① 把同一田地分成高低相间的沟垄，逐年进行轮作的方法。

们即培植出了世界上最早的粟和水稻。商周时，我们后世所有的主要粮食作物“五谷（一般指稻、麦、黍、稷、豆）”就已全部培育出来了。秦汉时，从中亚、西域引进了棉花、葡萄、苜蓿、胡豆、胡麻、胡瓜、胡桃等水果和经济作物。隋唐时，茶成为生活必需品，政府收茶税也自此开始。明时，从国外引进了许多粮食、经济作物，特别是玉米、甘薯、马铃薯等高产粮食作物的引进，解决了许多贫瘠山区人口的吃饭问题；烟草、花生、油菜等经济作物也得到人民的普遍喜爱。

精耕细作的古代农业需要在单位面积的土地上投入大量的人力和物力，该生产模式需建立在比较集中的人口之上，因此它起源于春秋战国时期人口密度相对较高的黄河流域。而长江流域因为相对来说地广人稀，所以直至汉代还是“火耕而水耨”，随着两晋之际的北民南迁，南方得到初步开发。到南宋时期，南方正式超过北方，成为全国经济重心。所以，从本质上来讲，古代中国经济重心的南移，实际上是精耕细作农业生产模式的发展与扩大。到明清时期，我国传统的精耕细作的农业已发展到了极致，用不到世界十分之一的土地养活了世界四分之一的人口，创造了一个世界奇迹。

（三）中国古代手工业的发展

作为中国古代经济结构的重要组成部分，中国古代手工业产生并发展于中国古代农业的发展中，手工业的发展为多民族国家的巩固和发展进一步奠定了物质基础。

中国社会到了商代，进入有文字（甲骨文）记载的历史阶段，从春秋末期起，随着农业经济的发展、生产技术的提高、社会分工的扩大，手工业不仅从农业中分离出来成为独立的生产部门，而且各种手工业之间又有了分工。在古代手工业发展的过程中，其逐渐被官府重视，并开始为官府所垄断。早在商周时期就出现了“工商食官”制度，政府设有专门的机构和官员来管理和监督手工业生产。到春秋战国时期，社会变革，新的生产方式产生，在官营手工业继续发展的前提下，开始出现民营手工业和家庭手工业。此后官营手工业、民营手工业和家庭手工业就成为中国古代社会手工业生产的三种经营形态。

由于中国古代手工业存在着官营、民营和家庭手工业三种经营形态，所以手工业的发展既有国家强大的经济保障，又有民间活跃的竞争因素的促进，手工业发展的规模不断扩大。如唐代掌管官营手工业生产的少府监有工匠近两万人，掌管土木工程营建的将作监有工匠15 000多人；到明代前期时，官营手工业占用的工匠已多达30余万人，加上为之服务的民夫，人数更是多达180万人。[①] 民营手工业规模也不断扩大，尤其在明朝中期以后，民营手工业逐渐开始取代官营手工业的主导地位，成为推动手工业和商品经济发展的主要力量。

在规模不断扩大的同时，手工业的分工也日益细密。《盐铁论·散不足》中所说的“一杯盏用百人之力，一屏风就万人之功”可见分工细密的程度，也正是因为中国古代手工业有着巨大规模和分工协作的保证，所以古代中国手工业的先进技术和精湛工艺一直令世人叹为观止。古代中国手工业生产有着大量的发明创造，如造纸术、印刷术、指南针、火药四大发明；有长期领先于世界的各项技术，如西汉马王堆汉墓的彩绘帛画，其中出土的一件丝织单衣重量还不到一两；明朝前期能建造世界上最大的海船，为郑和下西洋的重要前提条件；冶

① 转引自“灿烂的中国文明”网站，http://cn.chiculture.net/.

金技术中的灌钢法使中国一直到16世纪之前炼钢技术始终处于世界领先地位。

二、以自然经济为主体的生产方式

（一）自然经济的含义

自然经济是以自给自足为生产目的的一种经济模式，是与以交换为目的、以赢利为宗旨的商品经济相对应的一种经济结构。它指生产是为了直接满足生产者个人的自身生存需要或为了经济单位的物质需求，而不是为了交换的经济形式。在自然经济条件下，社会是由许多成独立体系的经济单位组成的，如原始氏族公社、奴隶主贵族庄园、封建领主或地主庄园、宗族式农民家庭等。每一个这样的单位所从事的经济活动都在其内部进行，很少与外部发生联系。农业与家庭手工业相结合是自然经济的特点和基础，是存在于市场范围比较小的一种经济形态，该种经济形态占统治地位的持续时间涵盖了原始社会、封建社会以及早期的资本主义社会与半殖民地半封建社会。

自然经济是社会生产力水平低下和社会分工不发达的产物。在自然经济条件下，物质生产过程中人与人之间的关系，具有很大的狭隘性和单纯性。这种经济形式有的是以血缘关系为基础（如原始氏族社会），有的则是以直接的统治和服从关系为基础（如奴隶占有制度和封建制度）。不论它们彼此间存在着多么大的区别，它们的共同特点是：生产过程中人与人的关系十分简单明了，而不像在商品经济条件下那样，人与人的关系总是被物与物的关系掩盖着。生产力低下，生产规模十分狭小，同时各个经济单位又彼此处于分散、孤立的状态。

（二）中国自然经济的形成

中国封建社会广阔而坚实的基础主要是以个体农业和手工业相结合，以自给自足为生产目的的自然经济结构。毛泽东指出，在中国长达两千多年的封建社会中，“自给自足的自然经济占主要地位。农民不但生产自己需要的农产品，而且生产自己需要的大部分手工业产品。地主和贵族对于从农民剥削来的地租，也主要是自己享用，而不是用于交换。那时虽有交换的发展，但是在整个经济中不起决定的作用”。[①] 以土地所有制为划分标准，中国自然经济生产方式的形态，大体可以分为商周和秦汉以后两大阶段。[②]

商周时期是中国自然经济发展的第一个阶段。这一阶段，中国实行土地国有制，所谓“普天之下，莫非王土；率土之滨，莫非王臣”[③]。国王作为奴隶主的总代表，对全国土地拥有至高无上的权利，形成了土地国有制的制度安排。至西周时期，土地国有制得到了完备发展，形成了以土地国有制为基础，通过土地分封制度，形成领主所有制。土地不得自由买卖和私相授受。在土地生产方式层面则采取了“井田制”的集体劳作形式。据《孟

① 《毛泽东选集》（第二卷），北京：人民出版社1991年版，第661～662页。

② 冯天瑜等：《中国文化史》，上海：上海人民出版社1990年版，第16页。

③ 《诗·小雅·谷风之什·北山》。

子》记载："方里而井，井九百亩，其中为公田。八家皆私百亩，同养公田；公事毕，然后敢治私事。"[①] 这就是经济史上所说的"三代井田"时期。

秦汉以后，中国自然经济进入发展的第二个阶段。秦汉初期，虽然商鞅废井田带来了土地私有制的发展，但土地国家所有制占据了全国土地的绝大部分。自耕农的生产方式虽然在西汉时期占主导地位，但生产规模都不太大，私人土地没有出现兼并的情况。汉朝中后期，随着经济的恢复和发展，大土地私有制得到空前发展，至汉武帝时期，出现了西汉时期第一次土地兼并风潮，大土地私有制得到进一步的发展，出现了"富者田连阡陌，贫者无立锥之地"[②] 的局面。历朝统治者虽然采取了抑制土地兼并的措施，也取得了一定效果，但国有土地规模日趋萎缩，自耕农小土地所有制不断被吞噬，土地兼并日益激烈，地主大土地所有制则日益膨胀，逐渐在土地所有制结构中占据主导地位。可以说，这一时期，土地国有、私有并存，而私有渐居主导。两宋至明清时期，地主和自耕农所有的民田均占全国耕地的85%左右。与田产私有互为因果，在土地生产方式层面集体生产过渡到个体生产，与倡导农业生产家庭化相配合。秦汉以后，手工业也日益家庭化。单家独户经营、男耕女织的小农业占主导地位，构成自然经济结构主体。在民间广泛流传的"牛郎织女"的故事就是中国古代男耕女织小农经济的典型描写。[③]

男耕女织是中国自然经济的生动写照

中国农民一般说来是过着丰衣足食和心满意足的生活的……当收获完毕后，农家所有的人手，不分老少，都一齐去梳棉、纺纱和织布；他们就用这种家庭自制的料子……来缝制自己的衣服。……这个国家9/10的人都穿这种手织的衣料，其质地各不相同，从最粗的粗棉布到最细的本色布都有，全部是农家生产出来的。每一个富裕的家庭都有织布机，世界各国也许只有中国有这个特点。……农民不单单是一个农民，他既是一个庄稼汉又是工业生产者，他生产这样的布匹，除原料成本外，简直不费分文。

［资料来源：马克思：《对外贸易》，《马克思恩格斯选集》（第二卷），北京：人民出版社1975年版，第60页。］

自然经济在中国经过两千余年的发展，到清朝中期依然具有绝对的统治优势。这种经济结构形成完备的自给自足的封闭系统，拥有自发调节能力，对商品经济有顽强的抵抗力，成为制约生产力发展的因素。这种现象直接体现为中国的资本主义经济萌芽发展极为缓慢，而中国的商人对取得的利润并不愿采取扩大再生产的方式，反而购田置地，直接制约了商品经济的扩大，令中国的资本主义萌芽最终被殖民经济强大的商品倾销所扼杀。

① 《孟子·滕文公上》。

② （汉）荀悦：《汉纪·武帝纪四》。

③ 在冯友兰《中国哲学简史》中有类似提法。

三、以“重农抑商”为主的经济政策

重农抑商政策是中国古代历代王朝推行的基本经济政策，为维护王朝财政利益和王朝政治统治服务。这一政策包括重农政策和抑商政策，并将两者统一起来。重农是指重视农业生产，以农业为社会经济的“根本”，视农业为“本业”，又称为“重本”；抑商是指抑制民间私营工商业的发展与壮大，以民间私营工商业为社会经济的“支末”，视其为“末业”，又称为“抑末”。所以，重农抑商又称为重本抑末，重农抑商政策又称为重本抑末政策。重农抑商政策，把重农政策和抑商政策统一起来，主张要实现重农就必须抑商，或者说必须实施抑商才能实现重农，抑商服务于重农。

（一）重农抑商政策的产生

重农抑商政策产生于战国时期，最早提出者是法家的始祖李悝。李悝在魏国治国时提出“尽地力之教”、“平籴”两项重农的措施“行之魏国”，使魏国“国以富强”。在李悝看来，农业几乎是国家财富的唯一源泉，而工商业的发展会损害农业。所以，也可以说李悝是重农抑商的最早提出者。

作为一项完整的政策导向，商鞅变法中将重农抑商政策第一次明确提出，并大力付诸实施。秦国的商鞅实行重农抑商政策的具体措施包括：一是从身份上贬低商人的社会地位，以农业为本业，商业为末业，重本抑末；二是限制商人经营的范围，国家独占山泽之利，实行盐铁官营，管制粮食买卖；三是重关市之赋，重征商税。此后的封建统治者大多继承重农抑商的政策，重视农业生产，保护小农经济，以确保封建赋税和地租的征收，巩固封建统治。

到西汉时期重农抑商政策最为突出。汉高祖和武帝时一方面实行重农政策：①在土地问题上，采取抑制兼并的政策，防止农民大量破产，稳固农业生产基础；②为增加务农人口，鼓励生育，准许部分士兵复员还乡，又颁令释放奴婢，以提高农业生产；③轻徭薄赋，减收农民田租，规定十五税一，以刺激生产。另一方面，采取抑商政策：①压抑商贾在政治及社会上的地位，规定商人另立户籍，称为“市籍”，凡有市籍者，一律不准衣丝乘车、不得携带兵器、子孙不得任官；②凡商贾均要交纳加倍的人口税；③实行均输平法（为平抑物价、调节供需所采取的货物运销政策和商业经营政策）、算缗（向工商业者征税）、告缗（鼓励知情者揭发，查实后奖给揭发者所没收缗钱的一半）等经济措施。

（二）重农抑商政策产生的原因

重农抑商政策成为历代封建王朝一直奉行的基本经济指导思想和政策。它是封建社会自然经济的必然产物。一个国家或政权实行什么样的经济政策，归根到底是由其经济基础和统治阶级利益所决定的。其具体的原因有以下几点：

一是经济原因。中国封建社会的经济基础是自给自足的自然经济，这种经济的主要部门是农业。农业是古代决定性的生产部门，提供给人们最基本的生活资料。对于人们来说，拥有土地可以榨取巨额财富，且地租收入较稳定，是发家致富的最好手段；同时对封建国家而言，农业生产的状况直接关系到国家的兴衰存亡。因此，历代统治者都把农业当作根本性的大事来抓，在国家经济政策上向有利于农业发展的方向倾斜。

二是政治原因。通过发展农业，封建国家可以征收稳定的土地税来保证财政收入，还有利于社会稳定，将农民紧紧地束缚在土地上。统治者认为，发展工商业不如经营土地使生活有保障。并且日益发展的商业与农业争夺劳动力，还会加剧劳动力从土地上流失，出现影响农业生产甚至危及封建政权统治等种种社会问题。因此，重农抑商、以农立国就成为中国封建社会的传统治国主张。

三是文化原因。中国传统价值观念以道德、政治问题为主，对经济问题很少涉及，这也就是“劳心者治人，劳力者治于人”的含义。传统社会的士大夫轻视商人，一方面是生活在农业社会的人，无法了解商人对社会的价值；另一方面也是本着他们的价值取向所作出的道德判断。在他们看来，商人唯利是图，“为富不仁”，与重义轻利的价值观念是相违背的。

所以说，重农抑商政策的直接目的是确保赋役的征派和地租的征收，而根本目的是维护专制主义中央集权的经济基础，巩固封建统治，维护社会稳定。

（三）重农抑商政策的评价

重农抑商政策在不同时期，其历史作用是不同的。

从积极作用看：重农抑商政策有利于稳定封建统治秩序，巩固封建统治；保证了农业劳动力，促进了农业生产的发展。特别在封建社会初期，对农业及社会经济的发展起到了积极作用。例如，商鞅变法，积极推行重农抑商政策，鼓励发展农业生产，使秦的经济实力不断增强，为后来秦的统一奠定了雄厚的物质基础。西汉初期大力推行重农抑商政策，调动了农民生产的积极性，促进了汉初经济的恢复与发展，为汉武帝时期的全盛打下了良好的基础。同时，随着农业、手工业的发展，商业也兴盛起来。宋代，由于工商业的繁荣，商人地位逐渐提高；到了明朝中后期，由于生产力的发展和商品经济的活跃，中国出现了资本主义萌芽。

从消极作用看：重农抑商政策也导致地主官僚不断地兼并土地，使土地高度集中，农民破产流亡，影响了农业生产的发展，激化了阶级矛盾，造成农民起义不断爆发。地主官僚集团也因疯狂兼并土地而变得更加腐败。到了明清时期，中国资本主义萌芽已经出现，而统治阶级依然坚持“重农抑商”的政策，推行一系列不利于资本主义发展的措施。这些做法违反了经济发展的客观规律，导致了国家落后，也使其失去了最初的积极作用。因此，在封建社会的晚期，重农抑商政策对社会经济的发展具有明显的消极作用。

第二节　中国传统社会的政治结构

政治结构建构了人的社会等级和秩序，搭建了政治活动的框架，包括从事政治活动的组织、框架以及政治活动的规则和政治运行的内在机制等。在几千年传统社会中，由于独特的地理环境和生产方式，形成了一套完整的政治制度、政治架构和选官制度。

一、家国同构的宗法制度

在由原始社会向阶级社会的演变中，中国的早期国家夏、商、周三代继承了较多的部族统治方式，形成了以宗法制为核心的制度体系，用分封制作为治理国家的基本方式，用世卿世禄制作为选拔官吏的基本方式。

（一）宗法制度的含义

宗法制度是由氏族社会父系家长制演变而来的，是以血缘关系为基础，以远近亲疏为标准，标榜尊崇共同祖先，区分尊卑长幼来分配国家权力，确定宗族成员的权利和义务，以便建立世袭统治的一种制度。其特点是宗族组织和国家组织合而为一，宗法等级和政治等级完全一致。这种制度确立于夏朝，发展于商朝，完备于周朝，影响了后来的各封建王朝。

中国历史上，血缘关系在社会生活中占极其重要地位，由于特殊的地理条件与小农经济占主导地位，中国在进入文明社会后，没有像欧洲地中海沿岸国家那样破坏血缘民族组织，而是在新的历史条件下演化成以家族为本位的宗法制度。商周的国家组织原则是“亲贵合一”，即按照血缘关系和姻亲关系来确定社会等级，政权和族权合而为一，由贵族行使政治统治权。

（二）宗法制度的形成及内容

宗法制度作为一种庞大复杂却又井然有序的血缘——政治社会结构体系，带有浓厚的部族色彩，其基本内容包括嫡长子继承制、分封制、宗庙祭祀制。

一是嫡长子继承制。夏、商、周被史学家称作“三代”。夏、商两代的国家最高元首称“帝”。夏朝的帝位由儿子接任，偶尔也有传给兄弟接任的。商朝的帝位大多传给弟弟，最后由最年幼的弟弟再传给长兄的长子。公元前 11 世纪，周武王灭商建周，都城镐京，并改“帝”为“王”。根据宗法制，只有嫡长子才是继承王位或爵位的唯一合法者，庶子即使比嫡长子年长或更有才能，也无权继承，这就是“传嫡不传庶，传长不传贤”。“嫡长子继承制”是宗法制的主要精神，是一种以父系血缘关系为准绳的“遗产（包括统治权力、财富、封地）继承法”。

二是分封制。庶子虽然不能继承王位，但他们可以得到次于王位的其他爵位。为此，周王朝依据宗法制度的基本原则，又创设了“分封制”，其具体办法是：①周王朝的国王以都城镐京为中心，沿着渭水下游和黄河中游，划出一大片封地，建立由周王直接统治的中央特别行政区，此谓之“王畿”。②王畿以外的全国所有土地，划分为大小不等无数块，分封给各路诸侯。诸侯国像群星捧月似的，环绕拱卫着王畿。③除了中央直接分封各路诸侯外，各诸侯在自己和领地内再分。诸侯一般将中心地区留给自己直接统治，其余土地再分封给其嫡长子以外的亲属——卿大夫，此类封地称为“采邑”；卿大夫也将自己分得的采邑再分割给其嫡长子以外的亲属——士，称作“禄田”。于是，全国就形成了一个以王室为中心，向四周辐射，由四周拱卫的统一的等级分明的宗法分封政治结构。

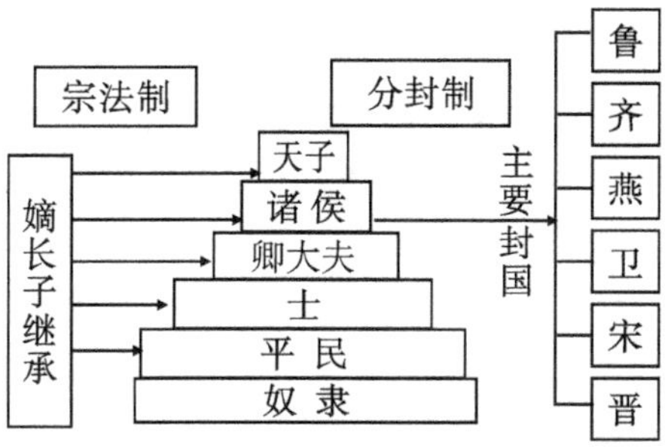

分封制图

大宗小宗示意图

二是宗庙祭祀制。宗法制度以血缘亲疏来辨别同宗子孙的尊卑等级关系，以维护宗族的团结，故十分强调“尊祖敬宗”。“宗”的本义是祭祀祖先的庙，只有属于同一家族的人，才可以到“宗”去祭祀祖先。不过在祭祀祖先时，必须依照血缘的亲疏远近来决定“大宗”和“小宗”，祭祖是大宗的特权，所谓“支子不祭，祭必告于宗子”（《礼记·曲礼下》）。一般最简单的分别，就是以始祖的嫡长子一脉相传的为“大宗”，其余的庶子便是“小宗”。以当时的制度来看，周天子的传承是“大宗”，其他的诸侯（含公、侯、伯、子、男等爵位）便是“小宗”；但是在这些诸侯世袭的领地中，继位的嫡长子在领地中便是“大宗”，其他的庶子就是“小宗”。以此类推，扩及每个等级之中。

（三）宗法制度的特点及实质

宗法制度最鲜明的特点是家国一体，即家族成员的组织结构与国家政权的组织结构融为一体。家国同构是指家与国家在组织结构方面的共通性，即家是国的原型，国是家的扩大。其组织系统和权力配置都是严格的父系家长制。在家庭家族内，父家长地位至尊，权力至大；在国家内，君主地位至尊，权力至大。孟子说“天下之本在国，国之本在家，家之本在身”①；《礼记》说“身修而家齐，家齐而国治，国治而天下平”；荀子说“君者，国之隆也。父者，家之隆也。隆一而治，二而乱”②。在这些言论中，都确立了中国传统社会制度中基本的两大系统：一是君统（政治制度）；一是宗统（家族制度）。并且君统与宗统合一，这也就是中国传统政治体制的关键所在。国是家的延伸，家是国的缩影，汉语“国家”一词就是其真实写照。宗法制与分封制、等级制交织在一起，使家庭制度政治化，国家结构烙上了家族结构的印记。

长期延续的宗法制度烙印在中国的传统文化中，体现为重视伦理道德，以忠孝为礼义观，形成了“内圣外王”的心态和修身齐家治国平天下的儒家人生理想与追求。我们常常说，“忠孝”这一概念，孝是伦理观念，忠是政治观念，从现象上看，两者并不相关，但实际上，两者存在着不可分割的联系，其桥梁便是纲常教义。中国封建的纲常教义就是三纲五常，即君为臣纲，父为子纲，夫为妻纲。从表面上来看，只有君臣关系是有关政治

① 《孟子·离娄上》。

② 《荀子·致土篇》。

的，而父子、夫妇关系则是有关家族的，彼此并无联系。但如果考虑到中国政治家国同构的特点，家族关系和政治关系是有本质联系的，我们就不难发现，纲常教义的奥妙就在于用伦理关系来沟通政治关系和家族关系。因此，孝于宗族长辈的家庭宗法伦理情感，可以转化成忠于国家朝廷的政治观念，由家而国，完成了情感转移。伦理政治的作用，就在于利用家国一体的结构，通过家庭这个载体，使个人与国家一致，并由此完成了中国伦理文化的建构。

二、君主专制中央集权官僚的政体

随着秦汉大一统封建帝国的建立，以君主专制为核心的中央集权官僚体制开始主宰中国古代的社会。在随后的王朝更替中，官僚体制越来越完善，形成了君主专制中央集权下的官僚政体。君主专制是一种决策方式，主要特征是皇帝个人专断独裁，集国家最高权力于一身。而中央集权是相对于地方分权而言，其特点是地方政府在政治、经济、军事等方面没有独立性，必须严格服从中央政府的命令。君主专制体现的是君臣关系；而中央集权体现的是中央和地方的关系。君主专制中央集权的中国封建社会政治结构具体表现为：

（一）建立了一套完整的从中央到地方的官僚组织结构

公元前221年，秦始皇在统一六国以后就着手建立和健全专制主义的中央集权制度，以巩固其对全国的统治。一是更改名号，把古代传说中的三皇、五帝的称号合而为一，号称“皇帝”。从此，皇帝便成为封建国家最高统治者的称号。二是在中央机关实行“三公九卿”制。三公是丞相、太尉、御史大夫，分管政务、军事和监察。三公之间互不统属，相互制约，直接对皇帝负责，使权力集中于皇帝一身。三公之下设九卿，具体是：奉常，掌管宗庙礼仪；卫尉，掌管皇宫保卫；郎中令，掌管宫廷警卫；太仆，掌管宫廷车马；典客，处理少数民族事务及外交；廷尉，负责司法；治粟内史，掌全国财政税收；宗正，管理皇室亲族内部事务；少府，掌管全国山河湖海税收和手工业制造。三公九卿均由皇帝任免，概不世袭。三是在地方行政机构上，秦始皇彻底废除了古代的分封制度，把战国时期已经实行的郡县制推行到全国。郡设郡守、郡尉和监御史，分别掌管政务、军事和监察。一郡之内辖若干县，县设县令或县长，此外还有县尉、县丞。一县之内再分为若干乡，乡之下有亭、里等，构成了一套严密的地方机构。

两汉中央官制基本承袭秦朝，而又稍作变动。汉武帝时改太尉为大司马，西汉末改丞相为大司徒，御史大夫为大司空，形成“三司”。在“三司”之上设太师、太傅、太保，作为大官的荣誉头衔。

隋文帝统一南北后，建立了一套比较完备的官制，确立了西汉以后长期发展形成的三省六部制，把原为丞相的权力分散于三省六部。这项新的措施，被唐朝沿袭并有所发展，三省的长官相当于宰相，为隋唐至明清的中央最高政府机构，从而使中央集权制度得以完善。

三省是指中书省、门下省和尚书省。中书省负责草拟政令，相当于如今的立法机构；门下省审核政令，相当于如今的司法机构；尚书省职责为执行政令，并辖吏、户、礼、兵、刑、工六部，相当于如今的行政机构，即政府。中书省长官为中书令二人；门下省长官为侍中二人；尚书省长官尚书令一人，副长官左、右仆射各一人。后来又因尚书令位高权大，自隋以来基本不设。尚书省下辖六部：吏部负责考核、任免四品以下官员；户部负责财政、国库；礼部负责贡举、祭祀、典礼；兵部负责军事；刑部负责司法、审计事务；工部负责工程建设。六部的长官都称为尚书。本来由一名宰相全权负责的事务，后分别由相互制约相互补助的三省来代替，就大大加强了皇权，避免了权臣专权局面的出现，有利于中央的稳定，实质上就是加强了中央集权。

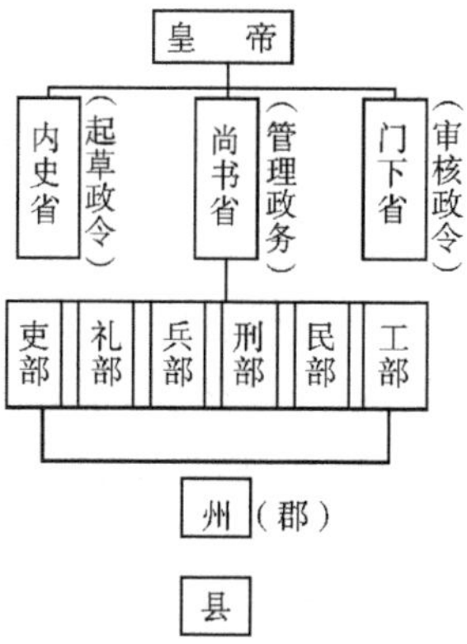

三省六部制示意图

元朝实现了全国性的大统一。为了加强封建统治和对辽阔疆域的管辖，在中央设中书省；地方实行行中书省制度。这既是元朝巩固统一的多民族国家的成功的尝试，同时又是加强中央集权的新举措，是对古代郡县制度的重大发展，对后世产生了深远影响。

（二）君主专制中央集权的发展与完善

秦朝创立的专制主义中央集权的政治制度，既包括皇帝对中央百官的控制，又包括对地方和各级官吏及百姓的控制，从而把专制主义的决策方式和中央集权的政治制度有机地结合在一起。在中国古代君主专制中央集权加强的过程中始终伴随着两大矛盾，即中央集权与地方分权的矛盾和君主专权与宰相分权的矛盾，君主专制中央集权的发展与完善主要从加强君主专制和强化中央集权两方面展开。

一方面是不断改革地方行政机制，加强中央对地方的严密管辖。西汉建立后，实行郡国并行制，导致了王国问题的出现，使专制主义中央集权的政治制度面临严峻的挑战。为解决王国问题，汉景帝在削藩的基础上平定了“七国之乱”，收回了王国官吏任免权。汉武帝时，又颁布了推恩令，以“多子分继财产制”代替嫡长子继承制，削夺王侯爵位，解除了王国的威胁。汉武帝又接受了董仲舒的建议，实行“罢黜百家，独尊儒术”，终于找到了一种最适合封建专制主义中央集权政治制度所需要的理论基础。从此，封建政治制度的政体基本定型，中央集权的制度得以巩固。北宋建立后，宋太祖吸取唐末五代以来藩镇割据的教训，接受赵普的建议，采取“杯酒释兵权”等举措，收回朝中大将和节度使的兵权，将地方的行政、军事、财政权力收归中央，防止了地方割据局面的出现，加强了中央集权。明朝建立后，为处理中央与地方的关系，在地方废行省，设三司，地方势力进一步削弱。

另一方面是不断改革中央行政机构，特别是削弱相权，加强皇帝对中央的控制。秦始皇统一六国后，确立丞相“掌丞天子，助理万机”。到西汉初期，丞相在一人之下万人之上，君相“坐而论道”。汉武帝之后，相权开始受到皇权的制约，通过多相并存、提高尚书台地位、形成内外朝等措施来加强皇权。隋唐确立的三省长官相当于宰相，相互牵制和制约，避免宰相专权。北宋沿袭唐代后期制度，设置中书门下省。明朝皇帝大权独揽，为处理君臣关系，在中央废丞相，实行内阁制，使中国传统社会的中央官制发生了最重要的变革。废除宰相制后，相权被分于六部，国柄则集于皇帝一身。明朝还遍设厂卫特务组织，实行八股取士，加强皇帝专制主义。清朝设六部，后增设军机处，政治权力全部掌握在皇帝手中。同时大兴文字狱，使君权空前加强，形成极端的君主专制统治，专制主义中央集权制达到顶峰。

（三）君主专制中央集权官僚制度的实质

集权官僚制下的政治，是以中央集权统治下的行政区划和委任官吏治理为特征。各级官吏只是代表皇帝行使权力区划，而非其领地。在集权官僚政治中，官吏的任用不是世袭，而是以荐举、科举等方式选拔。虽然选择范围仍在官僚地主阶级内部，但毕竟有了尚贤和竞争的机制，这是古代社会政治的进步。集权官僚制是国与家相对独立又内在统一的宗法制度，在集权官僚制下，宗法关系依然是社会关系和社会制度的内在根据。但仅在家族内部实行宪法，君权在国家权力体系中居于至高地位，即皇帝的意志就是法律，皇帝是国家财产的最终所有者，所谓“普天之下，莫非王土；率土之滨，莫非王臣”。皇帝对臣民有人生支配权，可以干预臣民的生活和思想，皇帝是意识形态的控制者。

这种政治统治与思想统治高度统一的专制制度，在中国古代长期稳定地发展，直接影响政治文化，使其产生固有的定式，形成以“圣王”为中心，政治与道德相率而行的传统。从治国方式来说，集权官僚制是一种“人治”与“法治”混合的治理形态。一方面，反映在政治体制的形式和内容上，是“法治”，它以法的形式规定了中国古代政治体制的构造，以完备的行政机构取代了“家即国”的原始形式。另一方面，反映在统治思想和方法上，是“人治”，它是一种维护“君势王权”的法治，其要旨是巩固尊卑等级秩序和君主专制。而君主专制基础上的人治，重点在于“治民”，这是古代政治与道德合一的前提之一。总之，官僚体制是中国封建社会的主要控制系统，其功能主要在于不断调节由经济、政治和社会结构组成的系统的均衡状态。

三、中国传统社会的选官制度

君主专制中央集权的政治结构，需要有一个与之相适应的官僚系统。“中兴以人才为本”，选官和用人是否得当，直接关系到社会兴衰。为了保证人才选拔，在我国漫长的封建社会，国家一方面大力发展教育，另一方面不断地探索和完善选官制度。春秋以前，官吏主要通过“世卿世禄”制度产生。秦在统一之前，“仕进之途，唯辟田与胜敌而已”，秦统一后，主要按军功论赏。到了汉代，朝廷为了适应专制主义中央集权封建国家统治的需要，在秦的基础上，建立和发展了一整套选举统治人才的选官制度。

（一）察举和征辟制

察举也就是荐举，是一种由下向上推选人才为官的制度。即由各级中央和地方官吏察访人才，举荐朝廷，并对被举荐者采用“策问”的方式进行考试的一种选官制度。汉代察举的标准，大致有四条，史称“四科取士”。一曰德行高妙，志节清白；二曰学通行修，经中博士；三曰明达法令，文中御史；四曰刚毅多略，明足以决。[①] 察举的标准虽仅有四

① 《后汉书·百官志》。

科，但察举的具体科目却有很多，主要有孝廉、茂才、贤良方正、文学（通常指经学）以及明经、明法、尤异、治剧、兵法、阴阳灾异等临时规定的特殊科目。汉代选官以“乡举里选”为依据，体现的是尊重乡里舆论对士人德才评判的权威性。但是，舆论评价一旦与仕途沉浮相联系，就容易被某些有权势、有影响的人物或社会集团所控制和利用。

征辟是一种自上而下选拔官吏的制度，主要有皇帝征聘与公府、州郡辟除两种方式。皇帝征聘是采取特征与聘召的方式，选拔某些有名望的品学兼优的人士，或备顾问，或委任政事。辟除是高级官员任用属吏的一种制度。汉代辟除官吏有两种情况：一种是三公府辟除，试用之后，由公府高第或由公卿荐举与察举，可出补朝廷官或外长州郡。一种是州郡辟除，由州郡佐吏因资历、功劳，或试用之后，以有才能被荐举或被察举，亦可升任朝廷官吏或任地方长吏。公府与州郡既有自行选官之权，为了发展个人势力，皆争相以此笼络士人；而士人为了做官，也不得不依托权门，这样便发展成为一种私恩的结合。

（二）九品中正制

在汉末军阀混战的冲击之下，乡里组织遭到破坏，“乡举里选”的传统做法难以为继。在此情况下，三国时的曹魏制定和推行了“九品中正制”。在朝官中推选有声望的人担任各州、郡的“中正官”，负责察访本地士人，依据其家世、资历和士人的行能评定上上、上中、上下、中上、中中、中下、下上、下中、下下共九个等级。郡中正品评郡内士子，定九品，呈送州；州中正审核士子评定，向吏部举荐。吏部依据中正的报告，按品级授官，品高则官高，品低则官低。

中正官的设置，既保留了汉代乡闾评议的传统，又改变了汉末名士请议左右乡议和地方大族操纵选举的局面，把品评与选官的权力收归中央。这对杜绝朋党、破除门阀起了一定的作用。特别是在实行初期，对加强曹魏政权起了一定的积极作用。但到魏晋之交，因大小中正官均被各个州郡的“著姓士族”所垄断，他们在评定品级时，偏袒士族人物，九品的划分已经背离了“不计门第”的原则。此后的三百年间，出现了“上品无寒门，下品无士族”的门阀士族垄断政权的局面，九品中正制成为保护士族世袭政治特权的官僚选拔制度。

（三）科举制

隋唐时期实现了国家的统一，为革新政治、巩固统治、加强中央集权，在选官上实行了科举制。隋文帝废除九品中正制，开始采用分科考试的方法选拔官员；隋炀帝时，始建进士科，因为是分科取士，所以名为“科举”。隋王朝开始用公开考试的方法来甄别人才的高下，从而量才录用，这是中国古代选官制度上的重大改革，为以后历代所沿用。

唐代科举有常举和制举两类。常举每年举行，贞观年间，增加考试科目，以进士、明经两科为主。考试的内容，进士着重于诗赋和时务策，明经则着重于儒家经典的记诵。武则天当政时，增加科举取士的人数，首创武举和殿试。考试及格者称为“及第”。录取数进士科为应试者的1%～2%，明经科为10%～20%。因为考生投送履历表，叫做“投状”，所以进士第一名称“状头”或“状元”。制举由皇帝临时立定名目，有贤良方正直言极谏科、文辞清丽科、博学通艺科、武足安边科、军谋越众科等百十余种。士人和官吏都可以参加考试。

考中以后，原来是官吏的立即升迁；原来不是官吏的，也立即由吏部给予官职。

北宋的科举制比唐朝有了进一步发展。考试分为乡试、省试、殿试三级，严格科举考试程序，举人经礼部考试后须经殿试才算合格，录取权由皇帝直接掌握，殿试成为定制；考试科目逐渐减少，进士科成为最主要的科目；实行糊名制，即将试卷上的姓名、籍贯密封，防止考官舞弊；录取名额比唐朝大大增加。

明朝沿袭了前代科举取士制度。为严厉控制士人的思想，科举试卷仅从儒家的四书、五经中命题，而且只准用程、朱理学的观点，不许发挥个人见解；答卷的文体有严格的规定，分八个部分，称为“八股文”。八股取士制度严重地束缚了人们的思想。20 世纪初，由于国内形势的剧变，封建科举制度已不适应时代的需要。1905 年，清政府废除了科举制度。

科举制实质上是社会经济发展、阶级关系变动的产物。它在中国实行了一千三百多年，虽有与生俱来的种种弊端，但仍能发现其中的合理性。一是打破门第观念，公开竞争，机会均等，在较广的范围内，依据国家需要选拔各地的优秀人才。广大庶族地主通过科举入士做官，给封建政权注入了生机和活力；选拔官吏从此有了文化知识水平的客观依据，有利于形成高素质的文官队伍。二是防止任人唯亲，加强中央集权。开放考试吸收了不少寒士进入政权，有益于扩大和巩固封建统治的政治基础，改变了封建前期世族门阀把持朝政的局面。三是具有学风导向性。读书、考试、做官三者联系，把权、位与学识结合起来，营造了中华民族刻苦勤奋读书的氛围，例如，唐以诗赋取士，促进了文学的繁荣。

当然，在封建专制统治下，科举制越来越禁锢着人们的思想，具有明显的消极作用。一是扼杀了读书人的创新精神。明清实行八股取士，从内容到形式严重束缚了应考者，使许多知识分子不讲实际学问，束缚了知识分子的思想；八股取士所带来的脱离实际的学风，对学术文化的发展产生了极为消极的影响。二是程序烦琐，束缚了人的发展。科举制度不利于知识创新，更不利于创新人才的培养；明清八股取士为封建统治者培养忠实的奴仆，严重桎梏了人才的成长，是统治者加强专制主义皇权统治的重要手段。

第三节　中国传统社会的文化结构

从“文化”的视角观察，中国传统文化是历史上遗留下来的以具体的确定的形式表现出来的文化实体；从“传统”的视角考察，中国传统文化是文化实体在其历史长河中涌动的“流”，是“人类历史的长河”。因此，了解中国传统文化的体系结构，需先了解中国传统文化形成中大浪淘沙的“过程”。

（一）中国传统文化的发展

第一阶段，中国文化的萌芽。文化的本质是人化或人类化。有了人，就开始有了历史，也开始有了文化。因此，中国文化的发生与中国人的起源实质上是联系在一起的。从黄帝逐鹿中原到传说中的大禹、夏启，中国文化在自身发展中迈出了巨大步伐。然而，无论是物态形式、制度形式，还是精神形式的文化尚处于原始状态，到殷商西周时期，中国文化的独特性才开始展现。商朝，甲骨文的出现，标志着中国进入了文明社会。

以殷为中心的商朝，在其浪漫的民族性格和以神秘性为特征的原始思维方式的支配下，尊神重巫，体现了神本文化特色。周人入主中原，实现了中国文化史上的维新运动。周人的维新，表现为宗法制度的建立和制礼作乐传统的确立。周提出的“天命靡常，唯德是辅”、“敬德保民”等重要思想，成为中国传统文化中的德治主义、民本主义等价值取向的圭臬。

公元前770—前221年的春秋战国是中国文化的雏形时期，其文化随社会生产力的发展走向空前繁荣，出现了为后世景仰的诸子蜂起、百家争鸣的学术盛况，奠定了中国文化基本格局的基础。先秦诸子百家影响较大者为儒、墨、道、法四家，这些学派各有其产生、发展、演变和分化的历史过程，但都从神秘化、理想化、宗教色彩浓厚的原始状态下解脱、升华出来，表现出鲜明的人文意识和历史深刻性。儒家学派从人的道德修养出发，着重发展了社会伦理思想；道家学者多为隐士和智者，主张回到自然；墨家与儒家并称“显学”，主张“尚贤”，主张“兼爱”；法家重人道，核心为治国耕战，创立了法术势相结合的完整的法治学说。春秋战国时期思想解放、百家争鸣的局面促使中国文化发展取得了重大的进步，标志着中国文化进入了一个崭新的阶段。

第二阶段，中国文化的奠基。春秋战国时期的“百家之学”在这一时期逐渐呈现融合的趋势，形成了为世人瞩目、独具一格的文化传统和文化模式。一是以汉代董仲舒为代表，以儒学为主，吸收阴阳五行、法家和道家学说的个别因素；二是以魏晋时期的玄学为代表，着重于儒道两家思想的融合。

从汉代开始，中国确立了中央集权的封建专制政体。与政治上的统一相适应，中国文化的基本方向也趋于统一。秦始皇利用国家政权的力量推行共同的文字，促进共同的经济生活，形成共同的心理状态和伦理规范，即所谓“书同文”、“车同轨”、“行同伦”。汉武帝时，为了适应封建大统一政治局面的需要，采纳硕儒董仲舒“罢黜百家，独尊儒术”的主张，从而在文化政策上为后来以儒为宗的文化模式提供了蓝本。

在魏晋时期，玄学控制了思想文化领域。玄学因研究阐发《老子》、《庄子》和《周易》这三本书的玄理而得名。《老子》论“有”、“无”是“同谓之玄”，《庄子》以“玄”为论，玄学以老庄学说解读《周易》，玄学派杂糅儒道，提出尚自然、笃名教。尚自然就是崇尚道教的“无为”，笃名教就是笃信儒家的三纲五常。这一时期的文化特点为定型化与程序化，其主要表现为儒家的宗法伦理和道德至上观念始终占据着社会的主导地位。

第三阶段，中国文化的成熟。传统的儒学以礼法、伦理思想为核心，唐时遭遇了异域思辨精密的佛学的严峻挑战。几经交锋，北宋诸子兼收并蓄，终于走出了一条贯通儒、佛、道的新路子。理学的创立是儒学发展的最高形态，也是中华传统文化从思辨角度看最为严谨的成果，大体经历了由周敦颐到程颢、程颐兄弟，最后由朱熹和陆九渊完成的过程。宋明时期，理学持续兴盛。理学是融儒、释、道为一体的新儒学，理学把中国文化重伦理的传统与宇宙生成论、认识论相结合，形成了思辨性极强的新的儒学形态。虽然，其本质仍是以伦理观为核心，但反映了学术思想的不断发展，又反映了中华文化的一脉相承，成为一个新的具有独立而完备的理论体系的思维成果，把中华民族的理论思维推进到了一个新的阶段，成为中国社会最后的思想支柱。

（二）中国传统文化的类型及其特点

中国传统文化多姿多彩，它是一种大陆型文化，是一种农业文化，是一种伦理政治宗法型文化，是多种文化融合的有机整体。从历史上看，中国古代社会始终没有离开宗法等级社会的结构，所以直接反映宗法社会本质及规律的宗法性传统宗教和儒学，在社会意识形态体系中居于主导地位。以祭天、祭祖、祭社稷为核心，以郊社宗庙制度为规制，以敬天尊祖为信仰的宗法性传统作为基础信仰存在于中国社会，而国家政治实际运作所依赖的主导意识形态则是以家族伦理为主体的以宗法等级礼教为规制的世俗化形态的儒家学说。

不少学者指出，在中国类型多样化的文化资源中，只有宗法性传统宗教与儒家意识形态是连体共生的，宗法性传统宗教的功能是既用宗教的神圣性来强化君主制度的权威，又监督统治集团的行为规范化，还可以用神道设立教化，给社会道德笼罩上了神秘灵光。儒学的主要功能是直接参与礼乐制度建设和社会道德建设，为文化的发展提供理论说明和理想模式，建立价值系统和评判标准。两者都以中国宗法家族伦理为核心，相立相融，共同维系社会的精神生活。[①] 这一格局自秦汉以来，没有发生质的变化。西汉末东汉初，佛教传入，开始了外来文化与本土文化的冲突和撞击，但中国文化以我为用，在选择中吸收其为中国传统文化的组成部分之一，也促使了中国传统文化的演变。

从中国宗教的传承、外来佛教的传入以及与儒学文化的融汇，可以清楚地看到我国古代文化演变的脉络：集政治、伦理、宗教等多要素于一体的传统文化，展现了民族一元文化主导与多样文化发展的格局，它既体现了统治者维护社会统治的意志，也满足了老百姓的精神信仰需要；既符合古代社会经济社会发展的实际，也适应古代对外开放的需要。佛教的传入与道教的发展对中国古代文化的影响与推动是多方面的，在这一过程中，主导文化和外来文化在中国古代经济与社会发展的基础上，进行交汇与渗透，从而既吸纳了外来文化因素，又发展了主导文化内涵。

（三）中国传统文化的结构

中国传统文化的结构是指以中国传统思想文化为代表的思想理论构成。按照学术界的传统观念，认为中国文化就是以儒家为代表的文化。新儒学代表人物牟宗三在《政道于治道》的新版序言中说："中国文化的核心内容，是以儒家为主流的。"也有学者以鲁迅先生所说"中国的根柢在道教"为依托，认为道教是中国文化的主干。也有学者认为，中国文化是儒道互补的主体结构。也有学者认为中国文化是以儒、道、释三家为主体。还有学者认为，从先秦开始，中国文化思想就是多元的。那么，如何认识中国传统文化的结构呢？

中国传统文化是一个庞大而复杂的系统，其中有一系列相反相成的成分和子系统。从民族的角度看，中国自古是一个多民族的国家，各民族文化自成系统，中国传统文化是一个包含多民族文化系统的大系统。汉民族文化系统在这一系统中居于主导地位，一方面表现在它是历次民族文化融合的核心，另一方面表现在它对各少数民族文化的强大影响力，使得汉民族文化成为多民族文化凝聚成的一个大系统的核心。从疆域来看，由于疆域辽

① 张践：《中国宗教与中国文化》，北京：中国社会科学出版社2005年版，第108～118页。

阔、地理环境的差异和其他种种历史因素，各个地区的文化又具有浓郁的地方色彩。但秦代统一了文字、度量衡和货币，汉代又确立了儒学在意识形态方面的统治地位，从这个意义上说，中国传统文化有历史悠久的大一统特色。在中国传统文化的统一性和地域多样性的相反相成中，统一性始终占主导地位。从文化表现形态看，中国传统文化有雅俗之分。雅文化是精英文化，集中体现在思想家、文学家的言论著作中，思想比较系统；俗文化是大众文化，流行于民间，思想比较实际。两者比较，占主导地位的是雅文化。从文化影响方式看，中国传统文化有隐显之分。儒家从汉代起取代了法家的地位，成为正统意识形态，法家以隐蔽的心照不宣的甚至“日用而不知”的方式起作用。由于一定的制度是一定思想的物化形态，两者是相互排斥又相互补充的，但在儒法的相反相成中，儒家占主导地位。从文化的地位来看，中国传统文化有庙堂与山林之分。儒家文化是庙堂文化，道家文化是山林文化。两者既相反又相成。①

在中国文化发展史中，中国传统文化是一个庞大而复杂的系统，但在相反相成的一系列文化中，儒家文化占据着主导地位。中国传统文化的基本精神主要体现在儒家学说中，中国文化与西方文化的基本差异也主要体现在儒家思想中。儒家思想、儒家文化虽然并不等于中国传统文化的全部，但确实最能代表中国文化。正如德国社会学家马克斯·韦伯认为，传统中国是个儒教国家，儒家思想是传统中国文化的基本价值系统，是古老中华文明之“魂”，是古代中国社会的立国之本。

问题思考

1. 简述中国传统社会农业经济的基本特征。
2. 简述宗法制度的内容及其特征。
3. 中国传统社会君主专制中央集权制度是如何强化的？
4. 如何评价科举制？
5. 中国传统文化思想是如何发展演变的？
6. 如何理解中国传统文化的一元主导与多样发展的特征？

参考书目

1. 冯友兰：《中国哲学简史》，北京：北京大学出版社 1996 年版。
2. 张岂之：《中国历史十五讲》，北京：北京大学出版社 2003 年版。
3. 韦政通：《中国的智慧》，长沙：岳麓书社 2003 年版。
4. 龚红月：《中国传统文化新论》，广州：暨南大学出版社 2008 年版。
5. 金元浦：《中国文化概论》，北京：首都师范大学出版社 2003 年版。
6.《高中历史》（实验教科书），北京：人民教育出版社 2008 年版。

① 参见张岱年：《中国文化论争》，北京：中国人民大学出版社 2006 年版，第 108 ~ 118 页。

第三章

西风东渐　千年局变

——近代中国社会转型

与外界完全隔绝曾是保存旧中国的首要条件，而当这种隔绝状态在英国的势力之下被暴力所打破的时候，接踵而来的必然是解体的过程。

——马克思

方今革命造端之始，开吾国数千年来未有之局，又适为科学昌明之时，知之则必能行之，知之则更易行之。

——孙中山

目标导向

本章通过展现近代中国社会在西风东渐的大背景之下，社会经济、政治、文化领域的转型，向学生介绍中国社会的发展是如何由传统向现代转变的，在引导学生认识近代中国社会转型的具体史实的基础上，进一步提高学生对现代社会生活的认同与理解。

本章提要

晚清以来，西学东渐，中国面临数千年未有之变局。在此时代背景下，中国社会结构，包括经济结构、政治结构、文化结构均经历了剧烈的转型，完成从传统到现代的过渡。

从经济层面来看，晚清以来在经历了外敌入侵的沉重打击之后，先进的中国人开始认识到西方的科学技术不再是"奇技淫巧"，而是先进生产力的象征，从而走上了通过引进西方的科学技术建设现代工业化国家的道路，中国的民族工商业迎来一个又一个春天。

从政治层面来看，林则徐、魏源等"第一批开眼看世界"的人，通过他们的眼睛看到了西方的政治制度，此后先进的中国人和一大批西方的传教士们系统地将西方的社会政治学说引进中国，在晚清末年营造了一股践行西方民主政治制度的风潮，然而戊戌维新和辛亥革命的失败让国人明白：西方的民主政治未必适合中国。1921 年中国共产党诞生，在其以后的革命生涯中逐渐找到了人民民主乃是中国政治生态的前进方向。

从文化层面来看，中国几千年来固守儒家传统，以儒立国，晚清以来封建秩序走向瓦解，作为其思想基础的儒学也为之所累。在西方文化思想的冲击之下，中国人的思想也日渐多元化，固守传统者有之，中体西用者有之，兼容并包者有之，全盘西化者亦有之，真可谓"百花齐放、百家争鸣"，中西文化交流在艰难的历程中逐渐由碰撞走向融合。

社会转型是一种社会质变，是指社会生活的各个领域、各个层面发生整体性的变革，包括社会的政治结构、经济结构和文化的变迁，其实质是传统体制获取现代功能，从一种稳定状态过渡到另一种稳定状态，使传统获得现代性的变迁过程。在质的飞跃到来之前，社会处于一种不显著的、潜在的变化过程之中，这一过程通常要持续较长的时间。这个时期被称作社会转型期。19 世纪中叶对中国来说，是一个意义重大的转折时期的开端。当时，面临着"五千年未有之变局"的古老中国，步入了前所未有的、与传统农业社会迥异的、现代性逐渐增长的历史发展阶段，中国以迥别于其他国家的特有方式开始了社会转型。①

第一节　近代中国社会的变革历程

中国近代历史始自 1840 年中英鸦片战争爆发，止于 1949 年南京国民党政权覆亡中华人

① 陈国庆：《中国近代社会转型研究》，北京：社会科学文献出版社 2005 年版，第 1 ~2 页。

民共和国成立，历经清王朝晚期、中华民国临时政府时期、北洋军阀时期和南京国民政府时期。一部中国近代史是在外敌入侵之下中国半殖民地半封建社会逐渐形成到瓦解的历史，也是在西力东渐之中中国人锐意进取、革新求变，由传统社会向现代社会转型的历史。

一、半殖民地半封建社会的形成与中国近代化的开始（1840—1901）

1840 年鸦片战争是近代中国历史的开端，战后签订的以《南京条约》为主的几个不平等条约，宣告中国的主权开始遭到破坏。1901 年《辛丑条约》的签订，是近代中国最为严重的一个不平等的条约，清政府已经完全成为“洋人的朝廷”，标志着半殖民地半封建社会的完全形成。而在此过程中，中国的自然经济逐渐解体，一些资本主义的因素逐步显现，以学习西方为标志的近代化拉开了帷幕。这一过程大致可以细化为以下三个阶段：

（一）近代中国的开端（1840—1864）

自鸦片战争到 1864 年太平天国运动失败，历史的发展自成一段落，这是中国初步沦为半殖民地半封建社会的时期，也是中国社会的积极力量对中国社会面临的急剧变化作出初步反应的时期。反映前一方面的重大事件有两次鸦片战争及期间签订的《南京条约》、《虎门条约》、《望厦条约》、《黄埔条约》、《天津条约》、《瑷珲条约》、《北京条约》；反映后一方面的重大事件，包括林则徐的虎门销烟、广州三元里人民抗英、魏源的《海国图志》著作和太平天国农民起义。与此相应，中国的社会、经济、政治、文化、对外关系方面也正在发生变化，传统的因素继续存在，现代的因素悄然勃兴。

林则徐

林则徐（1785—1850），汉族，福建侯官人（今福建省福州），字元抚，又字少穆、石麟，晚号俟村老人、俟村退叟、七十二峰退叟、瓶泉居士、栎社散人等。清朝后期政治家、思想家和诗人，中华民族抵御外辱过程中伟大的民族英雄，其主要功绩是虎门销烟。官至一品，曾任江苏巡抚、两广总督、湖广总督、陕甘总督和云贵总督，两次受命为钦差大臣。其因主张严禁鸦片、抵抗西方的侵略、维护中国主权和民族利益而深受全世界中国人的敬仰。

（二）早期近代化的尝试（1865—1895）

这是中国半殖民地半封建社会的初步成型期，也是中国朝野酝酿变法和改良的时期。反映前一方面的主要史实有中国边疆危机、中法越南战争、中日甲午战争以及《中法新约》、《马关条约》的签订；反映后一方面的主要史实有洋务新政和中国资本主义工业的产生，教案频发，改良主义思想主张的提出和革命活动的开始。在这个时期，中国的社会生活，特别是沿海沿江某些城市的社会生活发生了一些向着西方资本主义社会生活转变的现象。这个时期大约持续了30年，除了1894—1895年的甲午战争外，大体上是相对平静的时期。清政府高层腐朽，观念落后，失去了一次改良政治和发展经济的机遇。

（三）从戊戌维新到义和团（1895—1901）

这是中国半殖民地半封建社会的确立期，也是中国社会中的积极力量对所处环境作出强烈反应的时期，反映了社会各阶级对国家命运回答的深度和强度。反映前一方面的主要史实有帝国主义抢占租借地和瓜分势力范围及有关条约的签订，八国联军侵华及《辛丑条约》的签订；反映后一方面的主要史实有上层知识分子的戊戌维新运动和下层农民等的义和团反帝运动。戊戌维新运动通过新闻媒体和政治运动造成了广泛的社会动员效果，形成了近代中国历史上第一次有声有色的思想解放运动。

二、新旧民主主义革命的交替与中国近代化的初步发展（1901—1927）

1901年《辛丑条约》的签订标志着中国半殖民地半封建社会已经沉沦到谷底。在此情况下，无论是政府还是民间都在着手进行挽救中国危亡的努力，清政府主导的“清末新政”最终是一场骗局，而民间酝酿已久的革命终于在1911年取得成功。推翻帝制、建立共和，几代中国人的梦想成为现实，孙中山成为20世纪的首位伟人。

孙中山

孙中山（1866—1925），近代中国民主革命的先行者，毕业于香港西医书院，广东香山县（今中山市）人，中国国民党创始人，三民主义的倡导者。首举彻底反封建的旗帜，“起共和而终帝制”。1894年成立兴中会，开始革命生涯。1905年成立中国同盟会。1911年辛亥革命后被推举为中华民国临时大总统。1940年，国民党政府曾通令全国，尊称其为“中华民国国父”。1929年6月1日，根据其生前遗愿，将陵墓永久迁于南京紫金山中山陵。

然而，这一胜利的果实很快被军阀政治所代替，辛亥革命仍然未能救中国。而此时的中国，一个新的社会力量——工人阶级正在崛起，1921年中国共产党的成立更是标志着中国革命有了正确的革命道路和前进方向，新旧民主革命实现交替。在此阶段，无论是清末新政、辛亥革命后临时政府的法令、国共合作时期的相关措施都具有鼓励民族工商业者发展的积极意义，中国近代化事业仍有短暂发展。这一过程也大致可以细化为以下三个阶段：

（一）新政、立宪与辛亥革命（1901—1912）

在这一时期里，帝国主义放弃了瓜分中国的政策，清政府企图自救而失败，民族资产阶级的经济实力在成长，其政治代表人物发动辛亥革命推翻清朝统治，但谋求中国的新出路失败了，袁世凯取得政权，并在体制上部分回到清朝统治的局面。在这个时期，中国青年大规模地赴日本留学，在东京形成了中国新型知识分子的群体，西方社会科学知识被留日学生大量介绍到中国，引起了中国思想界空前的思想活跃。

（二）民国的初建（1912—1923）

民国的建立标志着崭新的民主共和体制由理想变为现实，这一阶段相继经历了南京临时政府时期、北洋军阀统治和军阀割据战争的大部分时期，是中国社会“沉沦”到“谷底”并转趋上升的时期。1915 年，袁世凯接受日本灭亡中国的“二十一条”并称帝，陈独秀创办《新青年》也在这一年。护国运动发生，袁世凯死亡。由于此前清政府新政的鼓励，由于辛亥革命后南京临时政府对国内发展资本主义生产的鼓励，更由于第一次世界大战造成的西方势力在中国的暂时后退，中国民族资本主义获得了空前的发展。中国民族资本主义经济势力继续增长，资产阶级及其政治代表的力量、无产阶级及其政治代表的力量迅速成长，并终于取代旧势力开始成为主导社会发展的力量。这是中国社会内部发展，开始呈现上升趋势的基本标志。在这个时期，新文化运动以及五四运动的发生，中国共产党成立和工人运动的开展，都极大地影响了此后中国历史的发展。有帝国主义背景的军阀混战，则是中国社会“沉沦”到“谷底”的基本标志。

（三）国共合作与国民革命（1924—1927）

从国民党第一次全国代表大会的召开到国民党“分共”、大革命失败，是国内两个政权对立的时期。国共合作发动国民大革命，轰轰烈烈的工人运动和农民运动，国民革命的高潮和北伐战争的胜利进展，北洋各派系的争权夺利以及旧军阀政府的垮台，明确地标志了中国社会的上升趋势。引导辛亥革命成功的孙中山的三民主义转变为“联俄、联共、扶助农工”的新三民主义，是这一时期思想理论界的重大变化。国共两党合作推动了中国社会的前进，国共合作的破裂导致内战，引起社会分化，延缓了中国社会的进步。

三、新民主主义革命的全面开展与中国近代化的曲折发展（1927—1949）

1927 年南京国民政府的建立标志着北洋军阀割据混战年代的结束，中华民国初步完成统一。这个时期，国民政府完成了北伐，张学良易帜，国民党政府谋求全国派系整合和国民经济建设；大革命失败对中国共产党造成了重大打击，南昌起义、秋收起义、广州起义之后形成了苏维埃政权，开始了中国共产党人对中国出路的新探索，出现了中共早期斗争的曲折局面，1931 年中华苏维埃政权的出现，是中国再次呈现两个政权对立的标志。此后，中国革命在以毛泽东为核心的第一代中共领导集体的带领下奋勇前进。

毛泽东（1893—1976），湖南湘潭人，字润之（原作咏芝，后改润芝），伟大的马克思主义者，无产阶级革命家、战略家和理论家，中国共产党、中国人民解放军和中华人民共和国的主要缔造者和领导人。他对马列主义的发展、军事理论的贡献以及他对共产党的理论贡献被称为毛泽东思想。毛泽东被视为现代世界历史中最重要的人物之一，美国《时代》杂志将他评为20世纪最具影响100人之一。

上个时期被旧的阶级矛盾掩盖着的新的民族矛盾，在这个时期突出地展现开来。日本实施大陆政策，施展局部侵略中国的政策，打破了中国实施现代化进程的努力，也改变了“兄弟阋于墙”的局面，十年内战时期的政治斗争结构发生了重大变化，西安事变是一个关键因素。

1937年日本全面侵华，妄图独霸中国，使中国完全殖民地化，想做西方列强在19世纪内想做而未做到的事。在广大沦陷区，先后出现过三个代表日本侵华利益的伪政权，即伪满、华北伪政权和汪伪政权。但时代变化了，日本的侵略引起中华民族的新觉醒，国共两党面对日寇侵略，共御外敌，经过八年抗战，赢得了对日作战的最后胜利。这是近代中国历史上反击外敌入侵取得的第一次胜利，它是标志中国社会向上发展趋势的典型事例。这一次民族革命的伟大胜利，对中国近代史的转折具有根本意义。要把握住近代中国社会的转折特征以及为20世纪下半叶政治格局的形成所作的准备。八年抗战，以1941年为中轴分为两个时期。1941年1月的皖南事变是抗战期间国共摩擦发展到高潮、险些导致关系破裂的事件，1941年12月的太平洋战争，改变了中国孤军奋战的局面。皖南事变以后，中国政局中的第三种势力开始发展起来。抗战政治、抗战经济、抗战军事、抗战文化、抗战中的社会变迁、抗战期间的思想斗争、抗战中的少数民族与边疆问题，都围绕着抗战这个主题生动活泼地呈现出来，并且为下一个历史时期的转变打下基础。

1945—1949年是中国两大政治势力为决定中国发展方向而决战的时期。中华人民共和国的成立标志着近代以来中国人受侵略、受欺侮的时代一去不复返了。中国人民争取到了民族的独立、国家的尊严，为中国的现代化争取到了真正起步条件。中国人把国家、民族的繁荣富强放在首要地位来考虑的时机到来了。①

第二节　近代中国社会的经济转型

在近代中国，经济的转型主要表现为传统经济结构逐步瓦解，资本主义近代工业从无到有的形成和发展。近代社会转型最主要地体现在使传统农业社会向近代工业社会过渡的

① 张海鹏：《近代中国历史进程概说》，《中国近代通史》（第一卷），南京：江苏人民出版社2005年版，第65～68页。

工业化过程中。因此，中国近代经济转型的本质特征是近代工业化。近代工业化是“人类使用非生物动力资源和高效工具进行自然资源的开发和各种生产技术的不断提高，这些技术不仅普遍地用于工业领域，而且广泛地用于农业和其他一切生产领域”① 的历史过程。在近代中国，这一过程大致经历了洋务运动—中国民族工业兴起的阶段、甲午战后—中国民族工业获得初步发展的阶段、辛亥革命后—中国民族工业的“短暂春天”、南京国民政府时期的曲折发展四个阶段。

一、中国近代工业化的兴起

中国近代工业化发轫于内忧外患的时代背景之下。面对西方列强的战争威胁，目睹外国资本企业的丰厚利润，困扰于农民战争的封建统治者以及商人买办，迈出了中国资本主义工业化的第一步。

开始于19世纪60年代的洋务运动可视为中国经济近代化的开端。洋务运动中洋务派官僚学习西方、致力于近代化的实践，它以“富国强兵”为目标，除开展新式外交、军事和教育外，还创办了资本主义的新式企业。这些新式企业主要是两类近代化工业：一类是以“自强”为目的的军事工业，制造枪炮舰船；一类是以“求富”为目标的民用工业，承担生产民用商品且为军事工业服务的任务。

洋务派创办的军事工业始于1861年曾国藩在安庆设立的军械所，它仿造洋枪洋炮，虽以手工业为主，未全面启用机器生产，但是开启了随之而来的李鸿章、左宗棠、张之洞等人创办中国近代军事工业的大门。自1865年至1897年，湘淮系官僚、各省督抚相继在全国各重要城市创办了大小共21个军火厂，其中规模最大的是江南机器制造总局。

江南机器制造总局

江南机器制造总局，简称江南制造局或江南制造总局，又称作上海机器局，是清朝洋务运动中成立的军事生产机构，为晚清中国最重要的军工厂，是清政府洋务派开设的规模最大的近代军事企业，是后来江南造船厂的前身。该机构成立于1865年9月20日的上海，由曾国藩规划，后由李鸿章实际负责，是李鸿章在上海创办的规模最大的洋务企业。它不断扩充，先后建有十几个分厂，雇用工兵2 800人，能够制造枪炮、弹药、轮船、机器，还设有翻译馆、广方言馆等文化教育机构。但是，它在管理上仍然存在着浓厚的衙门习气。

① 虞和平：《中国现代化历程》，南京：江苏人民出版社2002年版，第8页。

洋务派创办的军事工业虽然带有浓厚的封建性，但是他们通过引进西方先进的机器和技术，为以农业生产为基础的落后中国带来了西方先进的生产力。这在中国经济发展史上无疑具有重大意义。引进的先进生产力使中国传统手工生产相形见绌，由此带来的巨大震撼成为中国近代经济转型的巨大推动力。

中国近代工业化的基础极为薄弱，工业化进程的推进需要社会为之提供配套的制度安排和基础设施。19 世纪六七十年代的中国根本无力为近代工业提供基础设施，更无法形成工业化所需要的社会制度和社会环境。在创办军用企业的过程中，洋务派官僚遇到工业发展面临的一系列问题，诸如原料、燃料、交通运输、经费、技术人才等各方面的问题。洋务派官僚在创办军事工业的艰难处境中终于悟出了“必先富而后强”的道理，于是他们在同治末年提出“强”与“富”并重，“寓强于富”的方针，将近代化实践由军事工业推进到民用工业。这是洋务派实践近代化运动的自觉意识，具有进步意义。洋务派官僚创办民用工业的目的在于“求富”，而非建立一个近代化工业国家，因此民用工业的创办主要局限于为军用工业服务和提供保障的范围内。洋务派官僚于 19 世纪 70 年代创办的民用工业主要集中于采矿业、冶炼业、交通运输业、纺织工业等行业。

由洋务派发起和支持创办的新式企业，在资金来源和管理体制上有官办和官督商办两大类。官办，即全部由官府承办。官办企业属于官僚资本主义新式工业，具有封建性、买办性和一定程度的垄断性。官督商办则是由商人出资，政府官僚进行管理。它是中国近代工业发轫时期特殊环境的产物。郑观应在《盛世危言》中的一段话对此作了较好的诠释：“全恃官力，则巨费难筹，兼集商资，则众擎易举。然全归商办，则概或至阻挠；兼倚官威，则吏役又多需求。必官督商办，亦不得分外诛求；则上下相维，二弊俱去。”①

从官办到商办，表明洋务派在管理和经营的形式上有了新变化，这种变化应该给予肯定。但是，由于制度因素和受社会发展阶段的束缚，官督商办的民用工业与当时的军事工业面临相似的命运，企业不能进入有序良性运作，它们所产生的社会效益和经济效益均非常低下。以军事工业和民用工业的经营效果而言，没有实现其“自强、求富”的目的，洋务官僚煞费苦心的经营未能实现挽大厦于将倾的愿景。中国在甲午战争中的战败，表明洋务运动促进中国近代化的实践遇到挫折。主观愿望与客观效果的背离，证明中国近代化在发轫之际即处于困厄之中。

在中国近代工业发轫期兴起了一股对未来经济转型进程具有深刻影响和决定性意义的力量——中国民族资本主义工业。19 世纪 70 年代民族资本主义机器工业以商办企业的形式出现于中国近代化的进程中。19 世纪 70 年代创办了 20 多家企业，19 世纪 80 年代后逐渐增多，从 1872—1894 年，共创办 100 余家民族资本主义近代企业。甲午战前投入新式企业中的民族资本额也很快增加，到 1894 年，商办资本总额约计 610 万两。这些企业按部门分类主要有缫丝业、棉纺织业、面粉业、火柴业、造纸业、印刷业、船舶修造业、机器制造业、采矿业以及公用事业等，其中又以缫丝业、船舶和机器修造、火柴业最多。

这些处于中国近代工业化早期的民族资本主义工业多是出口加工、进口替代制造业和外国轮船修造业，这些行业主要是作为西方列强在华经济侵略需要的配套服务。因此，中

① 郑观应：《盛世危言》，《开矿》（上），郑州：中州古籍出版社 1998 年版，第 378 页。

国近代化工业一开始就受外资的掣肘而呈现出结构不合理的特点。

从企业的平均资本额度看，棉纺织业资本最大，每家企业的平均资本是 24 万两；船舶和机器修造业资本最小，每家企业的平均资本仅为 625 两。根据企业平均资本的大小，可以看出商办企业的规模有很大差异。其中轻工业企业约占商办企业总数的 86.1%，在中国近代工业化初期，民族资本主义工业主要集中于轻工业，而重工业的比重不大，因此中国民族资本主义工业的结构一开始就呈现出畸形化的趋势。

从企业与分布地区看，商办企业主要集中于东部沿海一带，其中以上海和广东地区最为密集，上海有 31 家，广东有 97 家，两地约占总数的 84.8%。中国的近代工业主要建立在通商口岸或靠近通商口岸的地方，这些地方为民族资本主义工业的创办提供了交通、原料、市场及劳动力等诸多便利条件。而这一特点也反映出中国近代工业化在起步时期就已经受到半殖民地社会性质的制约。

二、中国近代工业化的初步发展

中国近代工业化在起步时期虽然并不顺利，但此后，在不少有识之士的艰苦奋斗下，在与外国资本主义经济侵略的斗争中缓慢展开，并于 1895—1911 年间取得了难得的进展。

《马关条约》使外国列强在华投资设厂获得了合法权利，中国民族资本主义工业所处的环境变得更加恶劣。民族危机的加深迫使国人发出了“换回利权，提倡工商”以图自救的呼声。在这种新的形势下，清政府为寻求新的出路，提出“以筹饷练兵为急务，以恤商惠工为本源”的对策，转而倡导私人资本主义的发展。在清政府“恤商惠工”政策的影响下，中国兴起了民众投资兴办实业的热潮，商办企业得到了长足发展，从而成为中国近代工业发展的新方向。

从 1895—1911 年，中国出现了一股投资热潮，其中官方投资 2 544 万元，商办投资 12 242.9 万元，商办逐渐成为此阶段中国近代工业投资的主体，表明民族资本主义工业已成为中国近代工业化的主导力量。甲午战后与战前相比，从设厂数量和投资总额来说，后者都远远超过前者。甲午战前，洋务派创办的中小民用企业合计 40 家；甲午战后，官办和官商合办的民用工业数量达到了 89 家，为前者的两倍多。民族资本主义工业在甲午战前设厂总数为 151 家，而在甲午战后设厂总数猛增至 694 家，为前者的 4.6 倍。从投资总额看，整个战前各行业的企业平均资本额为 4 万两，甲午战后，商办企业的平均创办资本额为 17 万多两，比此前增长了 3 倍多。因此，在前一阶段工业化的基础上，甲午战后中国近代工业化有了较大的发展。

中国近代工业化的初步发展表现在两方面：一是官办工业的新发展。甲午战后，清政府将“振兴实业”作为自己摆脱生存危机的“切要之途”。因此，清政府在兴办企业指导思想上发生了变化，由原来的“师夷长技以制夷”转向“振兴实业”。清政府认识到实业具有造血功能，实业是国家富强的基础，亦是其维持生存的根本手段，因而在甲午战后，直接投资开设的官办企业出现了新动向。清政府对原有的主要局厂就行扩充，对不少企业大幅度增加经费，扩大生产规模，使其生产能力有了较大提高，使官办军事工业得到了初步发展。在新形势下，一部分军事工业为追求利润，也为自身生存发展，逐渐迈向市场，参与市场竞争，部分地生产民用产品，军事工业出现了民用化倾向。军事工业的民用化倾向表明经营体制在企业发展中的作用，对于推进中国近代工业化具有积极意义。甲午战后，面对财政支绌，清政府必须寻找新的财政来源。清政府希望利用民用企业为国家创造财源，以实现“求富”的愿望。因此，官办民用工业在甲午战后有了较大拓展。这表现在工矿企业数量增加，规模扩充，产业种类扩大。甲午战前的民用企业主要集中在矿、纺、轮、电几个领域，战后扩展到制革、印刷、火柴、卷烟、水泥、陶冶、公用事业等领域。同时，官办民用工业出现了商办趋势。二是商办工业的发展。清政府转变产业政策，鼓励民营企业的发展有利于推动中国近代工业化。1895 年清政府提出“振兴商务”，1898 年清政府颁布了《振兴工艺给奖章程》，鼓励私人兴办实业和开办学堂。从 1903 年起清政府制定了一系列私人投资置业的政策和工商法规。1903 年清政府设立商部，倡立商会，鼓励民族工商业的发展。甲午战争前后，清政府从“重农抑商”转而“恤商惠工”，有利于商办工业发展。以绅商为主体的民族资产阶级在“实业救国”的思想指导下，掀起了资本主义工业活动的热潮，其中涌现了像张謇这样的“状元资本家”。

“状元资本家”张謇

张謇（1853—1926），字季直，江苏海门人，祖籍江苏常熟，清末状元。中国近代实业家、政治家、教育家。1894 年慈禧太后六十大寿辰设恩科会试，考中状元，授翰林院修撰。1896 年创办南通大生纱厂。1904 年，清政府授予他三品官衔。1909 年被推为江苏咨议局议长。1910 年，发起国会请愿活动。1911 年任中央教育会长、江苏议会临时议会长、江苏两淮盐总理。1912 年起草退位诏书，在南京政府成立后，任实业总长；任北洋政府农商总长兼全国水利总长。1914 年兼任全国水利局总裁。后因目睹列强入侵，国事日非，毅然弃官，走上实业教育救国之路。

绅商成为这一时期投资工业的主体，他们首先投资轻工业，其中以棉纺织业、面粉业、火柴业、卷烟业为主。其他轻工业也有不同程度的发展，如织布业和缫丝业。在产业结构上，商办企业已经扩展到纺织、食品、日用化工、建筑材料和文化用品等行业，轻工业体系建设渐趋完善。在轻工业发展的同时，商办重工业和交通运输业也取得了长足的进步，官办重工业和交通运输业不能为商办工业提供良好的服务，而轻工业的发展提出了对能源、机器、运输的迫切要求。因此，商办工业开始涉足重工业、矿冶业、交通领域，从而使中国近代工业化程度有所提高。

商办工业虽有较大发展，但在工业化发轫时期呈现的弱点并没有改变：产业结构不平衡，即以轻工业为主，重工业为辅；企业平均资本较少，企业规模小，力量薄弱；地区分布偏重于沿海沿江省份。这些弱点既反映了处于半殖民地半封建社会条件下中国近代工业的艰难，又必然制约后一阶段中国近代工业化的发展水平。

三、中国近代工业化的“短暂春天”

中华民国成立后，经济法制建设和“共振实业”的潮流推动了近代工业化的发展。第一次世界大战使中国近代民族工业面临的外部环境宽松了一些，使中国资本主义工商业进入了一个“短暂的春天”。

从1840年到1911年的72年里，创办资本额在1万元以上的工矿企业共约953家，创办资本额累计20 380.5万元；而从1912年到1920年的9年中，中国创办的资本额在1万元以上的工矿企业总数约850家，创办资本总额约为225 551千元。从设厂总数到创办资本额均反映出这一时期中国近代化开始进入“春天”。

在此期间，商办工业即私人资本主义工业成为近代工业化主体，民族资产阶级是推进中国近代化的主要力量。私人资本主义工业的发展主要表现在：

1. 设厂数目和投资规模扩大

1904—1908年，年均注册的工厂有21.1家；1913—1915年，年均注册的工厂为41.3家；1916—1919年，年均注册工厂为124.6家，呈不断增加的趋势。就投资而言，1914—1919年共设新厂矿379家，投资额从战前的1.3亿元增加到3.3亿元，包括铁路航运在内共达4.3亿元。

2. 技术装备水平明显提高

1913年，全国民族工业企业使用的蒸汽动力总功力约为4.3万匹马力，1918年增加到8.2万匹马力。同时，全部动力机械增加1倍有余。机械动力增加表明工业技术装备水平的提高，非常明显地反映出工业化水平的进步。

3. 地域上的扩展

此前，资本主义工业主要分布在沿海、沿江地区，西部地区工业企业为数很少，这种局限于通商口岸和少数经济发达地区的工业分布格局随着资本主义工商业的迅速发展而有所变化。资本主义工业由沿海、沿江向内地城市扩展。棉纺厂此前大都集中于江浙地区。此时，原来没有近代纺织工业的一些省市也相继设立。面粉业原来集中于上海、江苏和东北地区，到1921年，天津、济南也成为华北地区机制面粉工业的中心。同时，北方的大同、开封、新乡、保定、安阳、太原、石家庄、许昌、烟台，南方的长沙、沙市、重庆、成都、昆明都有了机制面粉厂。

这个时期资本主义工业发展基本上奠定了中国近代工业化的基础。它的发展水平和状况直接决定了中国近代化的发展程度。然而甲午战后到20世纪20年代，中国资本主义工业的发展仍存在以下不足：

1. 近代工业发展不充分

民族资本主义工业在国民经济中未能居主导地位。民族资本主义工业在中国现代产业中所占比例太小，难以承担中国近代工业化的重任。1920年，中国资本主义工业总产值为23.61亿元，其中近代工业总产值为10.66亿元，占45.15%；手工业工场总产值为12.95亿元，占54.85%。这说明中国资本主义发展不充分，中国工业近代化还任重道远。

2. 本国企业资本严重不足，企业规模小，设备落后，生产率低

中国的产业资本远少于外国资本，资本严重不足。投资不足导致企业规模小，技术设备落后，资本有机构成低。这些弱点限制了近代民族工业的现代化程度，也决定了企业劳动生产率低水平状态。即使是在20世纪30年代，中国产业工人的劳动生产率也只相当于同期美国工人的1/19。

3. 近代工业发展不平衡

这主要表现为地理分布不平衡和行业结构不合理。首先，近代民族工业在地理分布上并未因内地工业的兴起而改变不平衡点的特点。1913年463家万元以上的厂矿中，沿海各省有343家，占74.1%，仅上海就占48.1%。1919年，全国新注册的工厂有471家，其中沿海各省有357家，占75.8%，其余位于内陆的20个省和地区仅占24.2%。民族工业地区分布不平衡，必然会对中国近代工业造成不利影响。其次，部门结构不合理。这一点在近代工业化中表现非常突出。中国近代工业的发展主要在轻工业领域，其中又以面粉、卷烟、榨油行业发展最快。重工业与轻工业发展比较失调，1913年的463家工矿企业中，就厂家而言，重工业仅有金属加工厂13家，水电41家，且规模都很小。①

四、中国近代工业的曲折发展

南京国民政府成立后，由于采取了一系列发展经济的措施，工商业取得了一定的发展。棉纺织业从1922年后的萧条中逐渐恢复过来，1927年全国华纱厂已达119家，纱锭为368万枚；1930年纱厂增为130家，纱锭增为450万枚。这时期的缫丝工业进入黄金时代，新设丝厂和新开丝车不断增加。中国缫丝工业的中心上海、无锡两地在1927年有丝厂118家，丝车30 148架；1930年增为156家，丝车40 237架。民族造纸业也有微弱的发展，1926年全国有规模较大的造纸厂18家，1930年增为25家。此外，煤炭、钢铁、水泥等行业也都有一定的发展。但是，同一时期，面粉、卷烟、火柴和有色金属等工业，在外货倾销，特别是在日货的走私及国民党政府经济统制政策的打击下，趋于衰落。

1930年以后，由于受世界经济大危机的影响，加之日本直接以武力侵华，以及国家资本的垄断和国民政府的搜刮，各地连续发生自然灾害，民族资本主义经济陷入了全面萧条的境地。民族工业衰落在生产上的表现便是停工减产，开工率不断下降。在棉纺织品工业领域，1931年全国纱锭的开工率为92.2%，1932年降为83.9%，1935年降为82.4%，到1935年6月底，全国停工锭数和减工锭数占全国纱锭总数的31.28%。同期停工布机达5 134台，减工布机达2 193台，两者合计占全国布机总数的33.66%。在缫丝业领域，上海丝厂1934年比1930年减少了70%以上，同期广东丝厂减少了2/3，无锡减少将近一半，四川丝厂则几乎全部倒闭。在面粉领域，随着东北沦陷，民族面粉工业几乎丧失了一半的销路，加之人民购买力的减退，1934年华商面粉厂开工率较1931年减少55.4%。其他如橡胶、火柴、卷烟、水泥、造纸、制糖、机械工业等，普遍存在停工减产的现象。

① 陈国庆：《中国近代社会转型研究》，北京：社会科学文献出版社2005年版，第23～40页。

从1935年开始，世界经济从萧条中逐步复苏，出现了短暂的繁荣，中国各地农业丰收，实施法币政策，物价回升，市场活跃，中国资本主义经济迎来了一个新的转机。从工厂设立数目来看，1936年登记工厂数为2 441家，其中新设工厂193家。新设工厂以地区计，主要集中在江浙、上海、青岛、南京等大中城市。以行业论，主要是饮食工业。以开工状况论，全国绝大部分开工充足。以工业产量论，重工业则为外资所操纵，但国家资本已开始经营重工业，华侨民间资本主要经营轻工业，大多集中在纺纱、面粉、水泥、火柴、卷烟等行业，1936年的产量较之于1935年，棉纱增长45.63%，火柴增长3倍，卷烟增长70.23%。在工业总产值方面，1936年达102亿元，其中资本主义经济占58.8%。在经济增长率方面，1928—1936年平均年增长8.4%，为近代中国经济发展最快的一段时期。①

然而，抗战爆发中止了民族资本主义的美好前景，战时他们经历了漫长艰辛的迁移历程。抗战胜利后，民族工业除个别工厂因经营者与官僚资本有微妙关系而有所扩展外，绝大多数工厂都走向了破产。1946年2月，上海各工厂的开工率仅为平时的20%左右。同年6月到10月，上海工厂倒闭达1 600家，工业生产量仅为战前的1/4。1949年4月，在上海千余家机器工厂中，开工的不到百家。1947—1948年，天津的机电修配厂由363家减至219家，倒闭达144家。由于工厂普遍停工减产，并且大批工厂倒闭，使得中国工业总产量急剧下降。1947年的工业总产量比1946年降低10%，到1949年轻工业生产量约比战前减少30%，重工业生产量减少70%。

荣宗敬

荣宗敬、荣德生兄弟创办的荣氏企业是近代中国著名的企业之一。荣氏企业是旧中国资力最雄厚、规模最宏大的民族企业集团，荣氏家族也是中国民族工业发展史上一个极其令人瞩目的家族。因其当时在面粉业和棉纺业雄居首位，而有"面粉大王"、"棉纱大王"之称。"九一八"事变后，日本的面粉和棉纱开始大量涌入中国市场，荣氏企业陷入困境。抗战后，荣氏家族企业虽然有所恢复，但远未达到战前的水平。

究其原因，主要有两个：一是美国对华的经济侵略。当时美国通过中国官僚资本家，把中国市场变成了美货的独占市场。战后美国在华攫取了种种特权，为美国商品在华倾销创造了条件，如1947年《中美参加国际关税与贸易一般协定》，中国对110种美国商品减免进口关税。廉价的美国商品战后大量涌入中国，泛滥横流，成了淹没中国民族工业产品的一股国际狂流。二是中国官僚资本的垄断。官僚资本依靠国家权力以及种种特权和优先条件与民族工业竞争，民族资本无不惨败。官僚资本企业垄断了银行贷款，一般民营企业由于缺乏流动资金，只能以很高的利率向商业钱庄、地下钱庄借贷。民营工业在原料、燃料、电力等方面也都受到官僚资本的挤压。繁重的捐税负担，也给民族工业的资金周转造

① 王文泉、刘天璐：《中国近代史》，北京：高等教育出版社2001年版，第368～369页。

成极大困难。战后国民党政府对民族工商业抽税很重，当时工商业所负担的捐税有营业税、印花税、统税、盈利所得税、过分利得税、租赁所得税、财产出卖税、牌照税等。这些繁重的捐税将民族工商业者们压得喘不过气来。①

第三节　近代中国社会的政治演变

近代中国政治制度的演变是中外势力博弈的结果，其主题是结束专制走向民主。在近代中国的历程中政治制度的演变大致经历了封建专制制度的覆灭、资产阶级民主制度的初创与演化、人民民主制度的胜利三个阶段。

一、封建专制制度的覆灭

鸦片战争前，中国是处在清王朝统治下独立而统一的中央集权的封建国家。在经历了“康乾盛世”的繁荣之后，中国封建社会由盛转衰，各种社会矛盾潜滋暗长，封建统治危机四伏。

在经济上，传统的自然经济仍占据主导地位，资本主义生产方式在封建生产方式的桎梏下发展缓慢。贵族、官员、地主凭借特权大肆兼并土地，农民则陷入了无地或少地的窘境。在日益加重的地租、赋税、徭役、高利贷的重重剥削之下，广大农民继续过着饥寒交迫的生活。

在政治上，专制统治日渐严苛。皇权日渐膨胀，但愚昧无知、昏庸腐朽，官员贪赃枉法、徇私舞弊，买官卖官盛行，整个社会进入了吏治上的黑暗时代。不仅加剧了百姓生活的痛苦，也加快了自身灭亡的步伐。

在军事上，作为国家机器的重要组成部分，军队逐渐瘫痪。八旗兵和绿营兵军纪涣散，军官懒于营务，士兵不习操练，导致战斗力十分低下。整个军队武备废弛，军力下降，几乎没有抵御外敌的能力。

广州十三行

清代设立于广州的经营对外贸易的专业商行。又称洋货行、洋行、外洋行、洋货十三行。名义上虽称“十三”，其实并无定数。1757 年，乾隆下令除广州十三行外，停止厦门、宁波等港口的对外贸易，这就是所谓的“一口通商”政策。这一命令，标志着清政府彻底奉行起闭关锁国的政策。鸦片战争以后，《南京条约》规定废除中国对外贸易中的公行制度，允许英国商人在各口岸任意与华商交易。1856 年十三行毁于广州西关大火。

① 吴申元：《中国近代经济史》，上海：上海人民出版社 2003 年版，第 111 ~ 113 页。

在对外关系上，长期实行闭关锁国政策，限制中外之间的贸易与交往，仅保留广州一口通商，广州十三行一时垄断了中外贸易。从皇帝到地方官员，对国际外交事务漠然无知，依旧沉醉于“天朝上国”的美梦之中。

1840年鸦片战争的爆发是封建制度覆灭的开始。战后签订的《南京条约》、《五口通商章程》、《望厦条约》、《黄埔条约》等第一批不平等条约，使得封建的中国主权开始遭到破坏，领土、领海、司法、关税、贸易主权开始丧失，中国开始沦为半殖民地半封建社会，封建社会的体制仍然存在，但已不完整。此后西方殖民者相继发动了第二次鸦片战争、中法越南战争、中日甲午战争、八国联军侵华战争，一步步将晚清中国拖入半殖民地半封建社会的深渊，民族危机、社会危机频发，晚清中国已经到了亡国灭种、乾坤颠覆的关头。在此情况之下，如何挽救晚清中国的命运摆在了时代的面前。

以康有为、梁启超为首的民族资产阶级改良派于19世纪80—90年代领导和发动了向封建专制制度进攻的维新运动。面对昏聩腐朽的清政府统治，维新派人士提出变法图强的主张，强烈要求引进西方的资本主义来改造中国，政治上主张兴民权、设议院、实行君主立宪；经济上主张实业救国，大力发展资本主义工商业，保护民族资本；文教上主张废八股，兴学堂，开通社会风气；军事上要求裁撤八旗绿营军，创办军事学堂，编练新式军队。维新派的主张依托没有实权的光绪皇帝自上而下地推行，为封建顽固势力所不容，除湖南个别省份之外，维新的改良措施以失败而告终。尽管如此，戊戌维新运动仍是一场挽救民族危亡的爱国的政治运动，是近代中国掀起的一次思想启蒙运动，它激发人们冲破封建专制主义的思想禁锢，使得资产阶级议会民主思想得到传播，为后来的民主革命开辟了道路。

维新运动失败后，中国的社会矛盾和内外形势迅速将民族资产阶级中下层推到了救国救民的前头，以孙中山为首的资产阶级革命派开始崛起。他们在各地组织革命团体，宣传革命主张，策划、发动了南方各省的武装起义，沉重打击了封建统治势力，动摇了清王朝的统治基础。

面对日渐严峻的内外形势，为了挽救统治危机，清政府不得不摆出“新政”的姿态，从1905年开始“预备立宪”。1905年10月，清政府为了预备仿行宪政，委派载泽、端方、戴鸿慈、盛铎、尚其亨等五大臣出洋考察宪政。1906年9月，清政府正式宣布“预备仿行宪政”，并决定由改革官制入手，为实行宪政做准备。然而，清政府在官制改革上却有“五不议”在后，即军机处、内务府、八旗、翰林院、太监之事不议，这已暴露出清政府官制改革的应付态度。1906年11月，清政府公布新的中央官制，行政中枢军机处照旧不变，其他各部更改名称后增至11个。1907年清政府又公布地方官制，将各省督抚的军权、财权收归陆军部和度支部，同时采取明升暗降的方式，将掌握实权的地方督抚调入中央，如汉族重臣张之洞、袁世凯等人虽位列军机，但实权已大大削弱。中央新设陆军部，以满族贵族铁良为尚书，将袁世凯所辖“北洋六镇”中的四镇划归铁良统辖。因此，所谓中央官制改革实际上是削汉扶满的满族贵族集权。1908年9月，清政府颁布《钦定宪法大纲》，同时在中央和地方成立“资政院”、“咨议局”，筹建“责任内阁”，大有实行宪政之决心。然在清政府所设立的第一个“责任内阁”中，包括内阁总理大臣在内的13个国务大臣中，满大臣9人，汉大臣4人，其中皇族占据7人，因此被时人称为“皇族内阁”。至于其他“预备立宪”事项，如资政院、咨议局的设立和宪法大纲的拟定等，也多借着西方民主的外壳，成为皇族集权的修饰品。所谓预备立宪不过是一场骗局而已。

皇族内阁

1911年（宣统三年）5月8日，清政府实行所谓的责任内阁制，成立由13名国务大臣组成的新内阁，以庆亲王奕劻为总理大臣。13人中，满洲贵族9人，汉族官僚仅4人，而满洲贵族中皇族又占7人。这是一个以皇族为中心组成的内阁，人们称之为“皇族内阁”或“亲贵内阁”。这个事件直接导致了反清情绪的高涨，直接促进了民族革命的爆发，清王朝为自己挖好了坟墓。

清政府的所作所为，让各界人士失望，立宪派离之远去，革命党人的活动风起云涌。1911年10月，武昌起义爆发，引起南方各省连锁反应，14个省市独立，清王朝的封建专制统治走到了尽头，中国历史上第一个资产阶级民主共和制国家由理想变成现实。

二、资产阶级民主制度的初创与演变

（一）南京临时政府——资产阶级民主制度的初创

1911年年底，孙中山从海外回到上海。“独立”各省的代表在南京选举孙中山为临时大总统。1912年1月1日，孙中山在南京宣誓就职，改国号为中华民国，定1912年为民国元年，并成立中华民国临时政府。1912年2月12日，清帝退位，推翻帝制建立共和的梦想初步实现。

南京临时政府是一个资产阶级共和国性质的革命政权。资产阶级革命派在这个政权中占有领导和主体的地位。除孙中山作为临时大总统拥有统治全国和统率海陆军之权外，陆军、外交等重要部的总长和所有各部的次长全由革命党人担任。在作为国家立法机关的临时参议院中，同盟会会员也占多数。南京临时政府制度的各项政策措施，集中代表和反映了中国民族资产阶级的愿望和利益，在相当程度上也符合了广大中国人民的利益。例如：扫除种种封建弊端，保护人权；鼓励发展资本主义工商业，提倡兴办工厂、矿山、银行、垦殖事业等；宣布禁止刑讯，保护华侨，禁止贩卖华工，禁止买卖人口，废除奴婢，禁止种植和吸食鸦片等；宣布改革文化教育制度，否定忠君尊孔教育，废止小学读经，禁用清政府学部颁行的各种教科书等。

1912年3月，临时参议院颁布《中华民国临时约法》，这是中国历史上第一部具有资产阶级共和国宪法性质的法典。《中华民国临时约法》规定“中华民国之主权属于国民全体”，而以“参议院、临时大总统、国务员、法院行使其统治权”。增设国务总理，作为政府首脑；内阁辅佐临时大总统，为行政机关，行使行政权；增设法院，行使司法权；参议院为立法机关，行使立法权，参议院还有弹劾大总统和国务员的权利。中华民国国民一律平等，享有人身、财产、集会、结社、出版、言论等自由，享有请愿、陈述、考试、选举与被选举等民主权利。

这样，《中华民国临时约法》就以根本大法的形式废除了两千年来的封建君主专制制度，确认了资产阶级共和国的政治制度。毛泽东说："民国元年的《中华民国临时约法》在那个时期是一个比较好的东西；当然，是不完全的，有缺点的，是资产阶级性的，但它带有革命性、民主性。"

南京临时政府也有它的局限性。例如，在南京临时政府的《告友邦书》中，就企图用承认清政府与列强所签的一切不平等条约和清政府所欠的一切外债，来换取列强承认中华民国。南京临时政府也没有提出任何可以满足农民土地要求的政策和措施，反而以保护私有财产为借口，去维护封建土地制度以及官僚、地主所占有的土地和财产。

（二）北洋军阀政府——封建专制的复辟

辛亥革命取得了巨大的成功，但仍以失败而告终。南京临时政府只存在三个月便夭折了。北洋军阀首领袁世凯在帝国主义和国内反动势力的共同支持下，窃夺了辛亥革命的果实。1912 年 3 月 10 日，袁世凯在北京就任临时大总统，4 月 1 日，孙中山正式卸去临时大总统职务，随后，临时参议院议决将临时政府迁往北京。

袁世凯

袁世凯（1859—1916），字慰亭（又作慰庭），号容庵，汉族，河南项城人，是中国近代史上著名的政治人物。曾是北洋军阀的领导人，在辛亥革命时期，成为中华民国首任大总统，在位期间积极发展实业，统一币制，创立近代化司法和教育制度。开始主张建强国、创建强大的中央政府等，但后来在杨度等立宪人士的蛊惑下复辟称帝而被推翻。

袁世凯窃夺辛亥革命的果实之后，建立了代表大地主和买办资产阶级利益的北洋军阀反动政权。

1. 在政治上，北洋政府实行军阀官僚的专制统治

（1）建立军事官僚机构。

袁世凯当上临时大总统后，全力恢复清朝遗留下来的军事官僚机构，把辛亥革命后上任的江西都督李烈钧，安徽都督柏文蔚，广东都督胡汉民的职务统统免除；大力扩充军队，建立特务、警察系统。他们制定《暂时新刑律》、《戒严法》等一系列反动法令，剥夺《中华民国临时约法》规定给予人民的言论、出版、集会、结社等各种政治权利，任意逮捕、杀害革命党人和无辜民众。

（2）暗杀宋教仁，镇压"二次革命"。

民国初年，从形式上看，有了约法，有了国会，有了众多的公开活动的政党，当时的中国似乎有点像民主共和国的样子了。但实际上，全部政权都操纵在以袁世凯为首的封建军阀手里，他们对资产阶级民主制度是不能容忍的。1912 年 8 月，宋教仁在征得孙中山、黄兴的同意后，以同盟会为基础联合其他几个政党，组成国民党。它在随后的第一届国会选举中获得了多数席位。国民党领袖宋教仁希望由此组织以他为首的责任内阁，在中国推行资产阶级议会民主制度。1913 年 3 月，袁世凯指使心腹收买刺客暗杀了宋教仁。7 月至 9 月，又以武力镇压了南方 7 省国民党人的“二次革命”。

（3）逼选总统，解散国会。

1913 年 10 月，在总统选举中，袁世凯指使军警、流氓包围国会，强迫议员投票选举他为正式大总统。接着，他又撕下拥护共和的假面目，攻击国会是暴民专制，妨碍国家统一，于 1913 年 11 月下令解散国民党，收缴国民党议员的国会证书、徽章，使国会不足法定人数，无法开会。1914 年 1 月，他又停止参议院、众议院两院议员的职务，遣散议员。

（4）修改《中华民国临时约法》，走向独裁。

5 月，袁世凯公然撕毁《中华民国临时约法》，炮制了一个《中华民国约法》，用总统制取代内阁制。不久，他又通过修改《总统选举法》，使大总统不仅可以无限期连任，而且可以推荐继承人。这样，袁世凯不仅可以终身独揽政权，而且还可以将其传子传孙。至此，中华民国只剩下一块空招牌了。

（5）投靠帝国主义。

军阀们为了实行专制统治，不惜投靠帝国主义。袁世凯统治时期，出卖路权、矿权，大肆借款，并签订众多不平等条约。他未经国会同意，与列强签订“善后大借款”合同，用盐税作抵押，使列强实现了控制和监督中国财政的愿望。1915 年 5 月，为了让日本支持复辟帝制，他竟然基本接受日本提出的严重损害中国权益的“二十一条”要求。皖系军阀段祺瑞控制北京政府时，也投靠日本，向日本借款扩充自己的势力，准备用武力统一中国，其中“西原借款”前后共 8 项，总数达 1.45 亿日元。这些借款以东北金矿、森林，东北、山东铁路，国家烟酒专卖利润等为担保，便利了日本进一步掠夺中国的矿产资源和其他原料。

（6）复辟封建帝制。

为了达到专制独裁的目的，军阀们公然进行帝制复辟活动。1915 年 12 月 12 日，袁世凯发表接受帝位申令。第二天，在中南海居仁堂接受百官朝贺。31 日，下令以 1916 年为“中华帝国洪宪元年”，准备在元旦举行登基大典。帝制复辟活动遭到举国反对，袁世凯从 1 月 1 日到 3 月 23 日只当了 83 天皇帝就被迫取消帝制。1917 年 6 月，前清官僚张勋率“辫子军”北上，拥废帝溥仪复辟。这一次复辟的时间更短，仅 12 天就在全国人民的声讨中破产了。

2. 在经济上，竭力维护帝国主义、地主阶级和买办资产阶级的利益

军阀、官僚本身就是大地主，他们还以各种手段兼并土地。袁世凯在河南彰德等县占有的土地就有 4 万多亩，奉系军阀张作霖在东北占地 150 万亩。许多自耕农和半自耕农陷入破产和丧失土地的境地，变成佃农和雇农。北洋政府还通过“清丈地亩”、征收各种苛捐杂税等手段，对农民进行敲骨吸髓的压榨。

军阀与官僚还借助于政治势力，组成官僚买办资本集团操纵、垄断财政金融和工业、运输业。例如，以梁士诒为首的交通系集团控制了铁路和交通银行。交通银行具有代理国库、发行纸币的特权，为北洋政府经理外债、内债和税收，还直接控制了一些工矿企业。有些军阀拥有数百万乃至数千万的财产。

3. **在文化思想方面，尊孔复古思潮猖獗一时**

在文化思想方面，尊孔复古思潮猖獗一时。1913 年 6 月，袁世凯向全国发布《通令尊崇孔圣文》。不久，又命令全国恢复祀孔、祭孔典礼，恢复跪拜礼节，中小学恢复尊孔读经。一些帝国主义分子也鼓吹孔教是“中国独一无二之根本”，只有尊孔才能避免“人人之心皆为革命所颠倒”。

总之，北洋军阀政府从政治上、经济上和文化思想上对辛亥革命进行了全面的反攻倒算。中国重新落入了黑暗的深渊。孙中山本人曾沉痛地说过，当时中国“政治上社会上种种黑暗腐败比前清尤盛，人民困苦日甚一日”。资产阶级革命派在中国建立一个独立、民主的资产阶级共和国的梦想破灭了。

（三）国民党政府——民主制度的再现与变质

袁世凯死后，资产阶级革命派为了重建自己的政权，曾经多次掀起捍卫民主共和制度的斗争，1917 年、1921 年两次在广州建立护法军政府，1923 年建立中华民国陆海军大元帅府，但终究改变不了失败的命运。1924 年 1 月，国民党一大召开，标志着国共合作的开始，次年 7 月成立广州国民政府，并在其领导下开始北伐，结束军阀割据混战的局面。随着北伐胜利进军，国民革命的中心转移至两湖地区，国民政府迁都武汉，1927 年 1 月武汉国民政府成立。

广州、武汉国民政府是在国共合作进行国民大革命时成立的，是改组后的国民党领导下的政府，体现了国共两党的共同意志，奉行孙中山的三大政策，实行扶助农工。在当时，该政府代表了工人、农民、小资产阶级和民族资产阶级的利益，是一个无产阶级、小资产阶级、民族资产阶级和部分开明地主参加的联合政府，是一个具有革命性质的民主政府。

然而好景不长，1927 年“四·一二政变”后，蒋介石在南京建立了一个与武汉政府相对立的国民政府。此时的国民党已经不再是工人、农民、城市小资产阶级和民族资产阶级的革命联盟，而变成了一个由代表地主阶级、买办性的大资产阶级利益的反动集团所控制的政党。不过，国民党是一个复杂的政党，内中有左、中、右的区别，内部派系林立，明争暗斗，直到兵戎相见。它的统一是表面和而内部却极不稳定的，即使在蒋介石集团确立了在国民党内的主导地位之后，集团内部、集团之间、集团与地方实力派的矛盾、冲突依然不断。

蒋介石（1887—1975），名中正，字介石，浙江奉化人。国民党当政时期的党、政、军主要领导人。1908 年留学日本并加入同盟会，1924 年回国后任黄埔军校校长，后兼任国民革命军第一军军长。1927 年发动“四·一二反革命政变”，导致第一次国共合作破裂。西安事变后接受抗日主张。1948 年召开国民大会当选“总统”，1949 年 1 月 21 日宣布“引退”，同年败退台湾后，历任“总统”及国民党总裁，1975 年 4 月 5 日于台北去世。

国民党政府的统治依然是地主阶级和买办性的大资产阶级的统治，同北洋军阀没有本质的区别。但是，由于国民党曾是旧民主主义革命的一面大旗和大革命时期统一战线的主要组织者，由于西方列强一度对它作出过承诺，一时使人认为它仍在维护民族权益，由于它在形式上暂时地统一了全国，因此，在一段时期内，使得一些人特别是民族工商业者产生幻想，认为中国可能由此走上独立发展资本主义的道路。国民党实行的是一党专政和军事独裁统治。1928 年 10 月，国民党中央常务委员会通过《训政纲领》，规定“由中国国民党全国代表大会代表国民大会，领导国民行使政权；其全国代表大会闭会时，以政权付托中国国民党中央执行委员会执行之；指导监督国民政府重大国务之施行，由中国国民党中央以政治会议行之”。这样，北洋政府时期形式上存在的议会制度也被彻底废除了。

为了镇压人民和消灭异己，国民党建立了庞大的军队。据 1929 年 3 月的官方材料可知，“全国军额达二百万”，实际兵员数远不止于此。国民党还大力加强地方反动武装县民团保安队，广大人民被置于国民党武装的严密控制和监视之下。国民党还建立了庞大的全国性特务系统。例如，隶属于国民党中央组织部的调查统计局“中统”和隶属于国民党中央军事委员会的“军统”，其主要任务就是反对共产党、破坏革命运动、绑架和暗杀革命者和异己分子。为了控制人民，禁止革命活动，国民党还大力推行保甲制度，规定十户为甲，十甲为保，分设甲长、保长。保甲内各户要互相监视、互相告发，“共具联保连坐切结”，并从事“碉楼堡寨或其他工事之筹设”和交通干线之“保护”等；国民党的征税、摊派等，许多也通过保甲进行。最后，为了控制舆论，剥夺人民的言论和出版自由，国民党还厉行文化专制主义，大批进步书刊被查禁，许多进步作家被监视、拘捕乃至枪杀。

国民党政府主要就是通过这些方法来维护帝国主义、封建主义、官僚资本主义的利益，巩固自身的统治。这样的政府必将走到尽头，最终被人民推翻。

三、人民民主制度的胜利

（一）中华苏维埃共和国政府

大革命失败后，中国共产党走上了独立领导武装起义和创建农村革命根据地的道路。1931 年 11 月，在各根据地迅猛发展的基础上，中华苏维埃第一次全国工农兵代表大会在江西瑞金举行，大会通过了《中华苏维埃共和国宪法大纲》以及土地法令、劳动法等法律文件；选举产生了中华苏维埃共和国中央执行委员会；成立了临时中央政府，毛泽东当选为主席。

中华苏维埃共和国实行工农兵代表大会制度。首先由苏维埃共和国公民直接选举产生乡工农兵代表大会代表，召开乡工农兵代表大会，选举产生乡苏维埃政府组成人员；在此基础上，逐级召开区、县、省和全国工农兵代表大会，选举产生各级政府。各级苏维埃政府广泛吸收工农群众代表参加政权管理，行使当家作主的权利。这种制度体现了广大人民群众的根本利益和要求。各级苏维埃政府注重廉政建设，严惩腐败分子。这是真正代表人民利益的政府。

中华苏维埃共和国国旗

中华苏维埃共和国（1931.11.7—1937.9.6）是土地革命时期中国共产党在中央革命根据地瑞金建立的中央政权机构，是后来成立的中华人民共和国的雏形，首都为江西瑞金。中华苏维埃政府的建立是我们党建立人民政权的探索和尝试，它在一定程度上加强了对各根据地、各部分红军的中枢指挥作用，扩大了党的影响，也为抗日战争、解放战争时期根据地建设及后来新中国政权建设提供了丰富的历史经验，培养了大批领导骨干和组织、管理人才。

在苏维埃政府的领导下，根据地军民积极进行经济建设，着重发展农业生产，努力打破敌人的经济封锁。在许多青壮年参军参战的情况下，获得了土地的农民群众自愿开展互助合作运动，成立劳动互助社、犁牛互助社，合理调节人力、物力资源，提高劳动生产率；同时，努力开垦荒地，兴修水利，增加农作物产量。随着农业生产的恢复和发展，手工业、军需工业和厂矿企业也有增长。苏维埃政府克服重重困难，开展各类经贸活动，设置外贸机关，鼓励私人商业往来。

苏维埃政府注重文化教育事业的发展，提高工农群众的文化水平。由于文盲众多，根据地普遍建立起各种夜校、半日制学校、补习学校或识字班。中央根据地还创办了马克思共产主义学校、列宁师范学校、中央农业学校、高尔基戏剧学校等，加强思想政治教育，着力培养各方面的干部和专门人才，工农群众开始获得享受文化教育的权利。

（二）抗日民主政府

抗日民主政府是中国共产党领导的抗日民族统一战线性质的政权，是一切赞成抗日又赞成民主的人们的政权，是几个革命阶级联合起来反对汉奸和反动派的民主专政。

1941 年 5 月，中共中央批准颁布《陕甘宁边区施政纲领》，全面地体现了中国共产党关于根据地建设的基本方针。边区（省）、县参议会既是民意机关，也是立法机关；边区、县、乡抗日民主政权是行政机关；边区高等法院和县法院是司法机关。抗日民主政府在工作人员分配上实行“三三制”原则，即共产党员、非党的“左”派进步分子和不左不右的中间派各占 1/3。

陕甘宁边区

陕甘宁边区是 1937 年至 1949 年间中华民国的一个行政区域，包括陕西北部、甘肃东部和宁夏的部分区域，是中国共产党的根据地，抗战时期是国民政府行政院的直辖行政区，解放战争开始后被蒋介石政府宣布为非法叛乱区域。

抗日民主政权普遍采取民主集中制，各级抗日民主政权机构的领导人都经过人民选举产生。抗日民主政权努力发扬政治民主，保障人民的民主自由权利。陕甘宁边区参议会、山东省临时参议会等还专门通过有关保障人权的条例。抗日民主政权实行各民族平等团结、共同抗日的基本政策，在少数民族聚居地区试行民族区域自治。这是中国共产党从中国国情出发解决民族问题的一个创造。

（三）人民民主政府

人民民主政府是解放战争时期中国共产党在解放区建立的人民政权，它是从抗日民主政权发展演变而来的。

1947 年，随着人民解放战争的深入，解放区的规模日益壮大，为集中领导统一管理，中国共产党将原来分散的、独立性较大的各边区政权适当合并，先后成立了几个大的行政区人民政府，如华北人民政府、陕甘宁边区人民政府、东北人民政府、中原临时人民政府、山东省人民政府、华中行政办事处等。随着人民解放战争的胜利进军，不断有新的省市人民政府成立。

解放战争时期的人民政府和抗日民主政府在政府性质和根本制度上基本相同，但也略有区别。首先是政府的专政对象和任务不同，全面内战爆发后，中国社会的主要矛盾发生了变化，由原来的中华民族和日本帝国主义的矛盾转变为人民大众和大地主大资产阶级反动集团的矛盾，大地主大资产阶级不再是人民政府联合的对象，而是专政的对象，人民政府的任务是组织领导全国人民进行解放战争、土地革命，推翻反动统治，建立新中国。其次是人民代表会议转为人民代表机关而不是参议会。另外，虽然政府仍由工人、农民、小资产阶级、民族资产阶级、开明士绅等组成，但工人、农民在政权中的比重增大，不再强调三三制，但各民主党派和爱国民主人士仍参加人民政府，人民政府的社会基础日渐雄厚。

（四）中华人民共和国中央人民政府

随着解放战争的节节胜利，建立新中国的任务被提上日程。在 1948 年 9 月召开的中共中央政治局会议上，毛泽东论述了即将成立的新中国的国体，即国家政权的性质。他说，“我们政权的阶级性是这样的：无产阶级领导的，以工农联盟为基础的，但不是仅仅工农，还有资产阶级民主分子参加的人民民主专政。”关于政体，即国家政权的组织形式，他说，我们“不必搞资产阶级的议会制和三权鼎立等”，这套东西“袁世凯、曹锟都搞过，已经臭了”，我们应当“建立民主集中制的各级人民代表会议制度”。

为了向全国人民公开阐明中国共产党在建立新中国问题上的主张，1949 年 6 月 30 日，毛泽东发表了《论人民民主专政》，明确指出：人民民主专政需要工人阶级的领导。因为只有工人阶级最有远见，大公无私，最富于革命的彻底性。人民民主专政的基础是工农小资产阶级联盟，而主要是工农联盟，因为这两个阶级占了中国人口的大多数。推翻帝国主义和国民党反动派，主要是这两个阶级的力量。由新民主主义到社会主义，主要依靠这两个阶级的联盟。他指出，我们还必须利用一切于国计民生有利而不是有害的城乡资本主义因素，团结民族资产阶级。但是民族资产阶级不能充当革命的领导者，也不应当在国家政权中占主要的地位。

1949年9月21日，中国人民政治协商会议第一届全体会议召开，会议通过了《中国人民政治协商会议共同纲领》（以下简称《共同纲领》）。

《共同纲领》规定：中华人民共和国是“新民主主义即人民民主主义的国家”，是中国工人阶级、农民阶级、小资产阶级、民族资产阶级及其他爱国民主分子的人民民主统一战线的政权，“实行工人阶级领导的、以工农联盟为基础的、团结各民主阶级和国内各民族的人民民主专政”。国家保障人民广泛的民主权利，人民有思想、言论、出版、结社、通讯、人身、居住、迁徙、宗教信仰及示威游行的自由权。人民共和国的国家政权属于人民。人民行使国家政权的机关为各级人民代表大会和各级人民政府。各级人民代表大会由人民普选的方法产生，在人民代表大会闭会期间，各级人民政府为行使政权的机关。军事制度上规定：中华人民共和国建立统一的军队，即人民解放军和人民公安部队，受中央人民政府人民革命军事委员会统领，实行统一的指挥，统一的制度，统一的编制和统一的纪律。根据官兵一致，军民一致的原则，建立政治工作制度。

《共同纲领》规定：中华人民共和国的经济建设根本方针是以“公私兼顾、劳资两利、城乡互助、内外交流”的政策，达到发展生产，繁荣经济之目的。国营经济、合作社经济、农民和手工业者的个体经济、私人资本主义经济、国家资本主义经济成分并存，在国营经济的领导下，“分工合作，各得其所，以促进整个社会经济的发展”。《共同纲领》还规定了中华人民共和国的文化教育、外交、民族等各方面的基本政策。它保障了全国人民享有广泛的民主权利，也规定了人民必须遵守的若干义务。

《共同纲领》在当时是全国人民的大宪章，起着临时宪法的作用。

1949年9月21日，中国人民政治协商会议第一届全体会议在北平中南海怀仁堂隆重开幕。毛泽东在会上庄严宣告：“占人类总数四分之一的中国人从此站立起来了！”

会议通过了中央人民政府组织法，一致选举毛泽东为中央人民政府主席，朱德、刘少奇、宋庆龄、李济深、张澜、高岗等为副主席，陈毅等56人为中央人民政府委员。随后，中央人民政府委员会任命周恩来为政务院总理兼外交部部长。

9月30日，中国人民政治协商会议第一届全体会议闭幕，创建新中国的筹备工作胜利完成。1949年10月1日，中华人民共和国中央人民政府成立，历史进入新纪元。

第四节　近代中西文化交流

一、近代中西文化交流的分期

历经110年的近代中外文化交流史（1840—1949），大致可分为两个时期：晚清时期和民国时期。

晚清的中外文化交流史大致可分为两个阶段：1840—1894年（第一次鸦片战争到中日甲午战争）为第一阶段；1895—1911年（中日甲午战争到辛亥革命）为第二阶段。

第一阶段传入的西方文化，除宗教文化外，主要是自然科学，如数学、天文学、物理学、化学、动植物学、地质学、地理学、西医学等基础学科。社会科学在这一时期的引进是附带的、零星的。因此，自然科学的大量引进是这一时期文化交流的特征。之所以出现这样的特征，主要是由当时的中国人对西方文化的认识决定的。当时中国人认为向西方学习，主要是学习西方的“技艺”。

魏　源

魏源及其“师夷长技以制夷”

魏源（1794—1857）名远达，字默深，汉族，湖南邵阳人，著名学者，中国近代启蒙思想家、政治家、文学家。为晚清新思想的倡导者，林则徐的好友，近代中国“睁眼看世界”的首批知识分子的优秀代表。在其名著《海国图志》序中提出“师夷长技以制夷”。

甲午战争中清政府的惨败，特别是北洋海军的全军覆灭，是号称“自强”的洋务运动彻底失败的标志。洋务运动的失败，使中国人对西方文化的认识发生了变化，认为西方文化之强不只强在“技艺”，更强在学术；此时的学术与文化的存在成为决定民族兴衰的重要因素。因为对中国而言，“国有学，则虽亡而复兴；国无学，则一亡而永亡”。

第二阶段传入的西方文化，除自然科学外，社会科学日益增多起来。这一阶段传入的社会科学，以政治和法学类为主，包括哲学、历史、文学、经济、社会学等学科。

严　复

严复与《天演论》

严复（1854—1921）原名宗光，字又陵，后改名复，字几道，汉族，福建侯官人，曾毕业于英国格林威治海军学院，是清末很有影响的资产阶级启蒙思想家、翻译家和教育家，是中国近代史上向西方国家寻找真理的“先进的中国人”之一。翻译了亚当·斯密的《原富》、斯宾塞的《群学肄言》、孟德斯鸠的《法意》、赫胥黎的《天演论》等，提出过“物竞天择，适者生存”的社会进化理论。

进入民国时期，阻碍西方文化深入传播的壁垒一个个被扫除，使得西方文化如潮水般涌入中国，特别是自五四新文化时期开始，几乎所有的西学门类，如政治、经济、军事、法律、哲学、宗教、心理学、地理学、史学、文学、考古学、美学、语言、文字、艺术、科技、医学、教育，以及各种各样的思潮、学说、观念都先后传入中国。尤其是外国文学，据不完全统计，仅1918年至1923年的5年间，先后有30多个国家的170多位作家的文学作品被译介到中国，其中以俄国作家的作品最多，其次为法国、德国、英国、印度和日本作家的作品。大量西方文艺作品的翻译出版，不仅给闭塞的中国文坛吹进了新鲜的现代气息，推动了新文学运动的向前发展，而且有利于人们的思想解放，对中国社会产生了相当积极的影响。这一时期，马克思列宁主义和苏俄无产阶级文化成了西学东渐的重要组成部分。

近代中国文化初步完成了从传统文化到现代科学文化的过渡，而这一过渡主要是在民国时期完成的。这一时期，中西文化进行了大冲突、大斗争、大交汇后，西方文化在量的方面得到进一步广泛的传播，在质的方面比晚清提高不少，从而给中国文化注入许多新内容，使中国文化获得较快的发展。诚如毛泽东所说，在民国时代，无论是在自然科学领域还是“在社会科学领域和文学艺术领域中，不论在哲学方面，在经济学方面，在政治学方面，在军事学方面，在历史学方面，在文学方面，在艺术方面（又不论是戏剧、电影、音乐、雕塑，还是绘画），都有了极大的发展”，“其声势之浩大，威力之猛烈，简直是所向无敌的”。可以说，民国文化实际就是中西文化大融合的产物。

二、近代中西文化交流的趋势

19世纪40年代的中国，尚处于与西方世界接触交流的始端。由于历史的缘故，这种交流以一种被动的形式拉开了它的序幕。鸦片战争后，随着西方文化的逐步输入，中西两种文化的碰撞就按照历史的和逻辑的必然，由片面到全面地展开了：一是传统的农业手工业与近代科学技术的冲突；二是封建君主专制与近代君主立宪政体和民主政体的冲突；三是纲常名教与自由、平等、博爱的冲突。冲突的性质是封建文化与资本主义文化的冲突，是落后的农业文明与先进的工业文明的冲突，也是蒙昧、专制与科学、民主的冲突。这种文化碰撞，有时以非常激烈的形式表现出来。

造成这种冲突的原因是复杂的。其主要原因有：第一，鸦片战争以后的数十年间，西方列强对中国进行了野蛮的武装侵略，大肆掠夺中国财富，压迫、剥削、杀害中国人民，激起了中国人对西方侵略势力和外来事物的仇恨。而西方文化正是与西方列强的鸦片、炮舰等一起涌入中国的，其中的某些方面又是用来作为侵略的组成部分，因而饱受西方列强欺凌的中国人在谴责外来侵略的同时，也排拒西方文化。第二，冲突的双方是不同时代、不同性质的文化，分别是近代先进的资本主义文化和落后的封建主义文化。两种文化属于两种范式，各有其独特的价值系统，且有新与旧的本质区别，在价值标准、思维方式、行为方式、生活习俗乃至心理感情等方面都存在着巨大的差异。长期生活在封闭的社会环境且深受封建伦理纲常熏陶的中国人，对西方文化是难以接受的。中国传统文化与西方文化发生矛盾和冲突，这是很自然的事。第三，近代输入中国的西方文化并不都是精华，而是鱼龙混杂，夹杂着大量腐朽的糟粕。诸如弱肉强食的侵略理论、白种人至上的种族论、欧洲中心论，以及西方腐朽没落的生活方式等。这些糟粕的传入，遭到中国人的抵拒是理所当然的事。

近代中西文化的碰撞，从本质上讲，是时代性的文化冲突，即不同时代的文化——中世纪的中国传统文化与西方近代文化之间的冲突。这种时代性的文化冲突导致两种文化的整合、交融，使渊源、性质、目标取向不同的异质西方文化为适应中国社会的需要与传统文化相互融合，而形成一种全新的文化体系。换言之，在中西文化的冲突中，强势的西方文化始终居于主导地位，而弱势的中国文化则处于迫不得已的被动地位，最终出现中国文化渐次地被西化，达到两者融合的结局。就近代中外文化交流的总体而言，弱势的中国文化处于被动地受强势的西方文化冲击、影响的地位，但相对来说，并非一直处于被动地位。鸦片战争失败后的 20 年中，经“开眼看世界”、主张向西方寻找真理的林则徐、魏源、徐继畬等仁人志士的呐喊和宣传，经洪秀全、洪仁玕等先进人物学习西方的尝试和实践，中国人被动地吸纳了一些西方文化，逐步了解外部世界的历史和现状后，则一改被动接纳的态度，转为主动吸纳西方文化，迈出积极融入世界的步伐。如果说洋务运动是主动吸纳西方文化的开始，那么到 1901 年清政府实行“新政”、中国社会出现“留日潮”的时候，中国则完全采取了主动学习和吸纳西方文化的进取态度。异质文化之间的交流、碰撞、融合所产生的历史进步作用是任何人都无法阻挡的。两者融合后形成的中国近代新文化，推动了中国政治、经济和文化的发展，也推动了世界文化的发展。

中国走出中世纪走向近代，是外力冲突的结果，这个外力就是西方文化。正因为原动力在外不在内，所以中国文化的近代化就十分被动，属于一种“应付”型模式。文化从冲突到融合是文化交流的主要趋势。中国传统文化在中西文化的剧烈冲突与激烈碰撞中解体与重建，构成了中西文化交流的主旋律。

三、近代中西文化交流的主力

近代中西文化交流的主力是来华的西方传教士、出洋的中国留学生和移民海外的华侨华人。大致以 1900 年为界，1840—1900 年的 60 年间，来华的西方传教士承担着中西文化交流的主力角色；1900—1949 年的 50 年间，出洋中国留学生承担着中西文化交流的主力角色。当然，传教士和留学生两种角色的转换，不会那么绝对，而是必有一个从量变到质变的演变过程。1900—1919 年，便是此消彼长的演变期。

近代西方传教士凭借不平等条约的庇护，一相情愿地涌入中国传播基督教文化。根据《剑桥中国史》的粗略统计，1864 年中国有 189 名传教士，1874 年有 436 名，1889 年达此数字的 3 倍，到 1905 年上升到 3 445 名。1919 年，在中国的基督教传教士多达 6 600 多名。在近代来华的众多外国人中，基督教传教士是人数最多、分布最广、在中国活动时间最长的西方人。他们在中国人屡遭列强侵略、蒙受巨大国耻的背景下，来华传播基督教，自然激起中国人的抑制和反对。因为对于近代中国来说，与其说迫切需要基督教，还不如说更需要西方科学文化。这就迫使西方传教士不得不采取适应中国国情的手段，将主要精力转向西方科学文化的传播，以达到寓宗教于科学文化、借科学文化来渡宗教的目的。

马礼逊

马礼逊是西方派到中国大陆的第一位基督新教传教士，他在华 25 年，在许多方面都有首创之功。他在中国境内首次把《圣经》全译为中文并予以出版，使基督教经典得以完整地介绍到中国；编纂第一部《华英字典》，成为以后汉英字典编撰之圭臬；他创办《察世俗每月统纪传》，为第一份中文月刊，在中国报刊发展史上位居首尊；他开办"英华书院"，开传教士创办教会学校之先河；他又和东印度公司医生在澳门开设眼科医馆，首创医药传教的方式。他所开创的译经、编字典、办刊物、设学校、开医馆、印刷出版等事业，使其成为开创近代中西文化交流的先驱。

近代传教士来华绝不是中国人的光荣，但对传教士在中外文化交流中所起的作用，则应该予以客观公正的评价。当时中国近代文化领域尚是一块待垦的处女地。传教士顺应近代中国向西方学习的时代潮流，在这块处女地上显露才华，致力于翻译、教育、西医、新闻、出版等文化事业，做出了令诸方瞩目的成绩。这些成绩对处于封闭状态的中国人来说，无异于呼吸到了一股清新的空气；对近代中国的文化发展来说，犹如注入了一股新的活力。他们一方面在中国传播欧风美雨，一方面向世界译介中国文化，为推动西学东渐和东学西渐，自觉不自觉地充当了近代中外文化交流的主力。继而替代来华西方传教士起中外文化交流主力作用的是中国留学生。

留美幼童

留美幼童指中国历史上最早的官派留学生。公元 1872 年到 1875 年间，由容闳倡议，在曾国藩、李鸿章的支持下，清政府先后派出四批共 120 名学生赴美国留学。这批学生出洋时的平均年龄只有 12 岁。

19 世纪 70 年代，中国人民由彷徨到求索，经历了一个十分痛苦、十分曲折也十分复杂的心路历程。“以谁为师”这一时代课题，极其迫切地摆到了中国人的面前。经过思考，一部分年轻的中国人负笈离乡，走出国门，来到吹沐着欧风美雨的国度，学习外国先进的人文思想和科学技术知识，以探索国家富强之路。

近代中国留学生大致有四代：

第一代，留学时间为 1872—1900 年。主要包括早期留美幼童和海军留欧生，总数为 200 余人。这一代留学生归国后，成为近代中国最早一批优秀的铁路、煤矿、电讯、海关、新闻等专业人才，成为中国最早的一批海军将领。

第二代，留学时间为 1900—1909 年。人数约 2 万人，其中 90% 以上留学日本。留学专业以政治、法律和师范教育为主。这代留学生的贡献主要在政治领域，无论是晚清实行的“新政”，还是孙中山的辛亥革命，他们都是骨干力量。

第三代，留学时间为 1909—1927 年。这一代留学生可分为前后两批。

前一批是著名的留美留英“庚款生”。在其后整整半个世纪中，他们学成归国后成为中国科技界各个学科的学科带头人。

后一批是留学法国、俄国、日本的留学生。他们留学归国后，为马克思主义在中国的传播和新型政党在中国的建立发挥了重要作用。

第四代，留学时间为 1928—1949 年。这一时期，中国的留学教育进入较为成熟的阶段。他们学成归国后，60% 以上进入国内高等院校或科研机构。

上述四代留学生，基本包含 20 世纪初的留日热潮、1919 年前后的留法热潮、20 世纪 20 年代留苏热潮和 40 年代的留美热潮中出洋的留学生。

1900 年后，一方面由于清政府实行“新政”，学习西方成为中国社会的一种潮流；另一方面由于洋务运动中派遣的留学生陆续学成归国，为了向西方寻找救国救民的真理，归国留学生积极传播西学，逐渐取代传教士成了西学东渐的主体，成了中外文化交流的主力。

移民海外的华侨华人也是中外文化交流的主力。近代千百万炎黄子孙移民海外，奋斗的足迹遍及天涯，把中华民族的灿烂文化传播到世界各地，既丰富了侨居国的多元文化，又推动了人类文明的发展；与此同时，他们把接触到的域外文化精华用各种方法输进祖国，丰富了中华文化，为振兴中华作出了巨大的贡献。海外华侨华人堪称中华民族走向世界的先驱。

陈嘉庚

陈嘉庚，著名的爱国华侨领袖、企业家、教育家、慈善家、社会活动家，福建同安县人。厦门大学、集美大学、集美中学、翔安一中、集美学村、翔安同民医院等，均由陈嘉庚创办。成长于郑成功抗清复明故垒的陈嘉庚一生具有强烈的爱国情怀，为辛亥革命、民族教育、抗日战争、解放战争、新中国的建设作出了卓越的贡献。生前曾被毛泽东称誉为“华侨旗帜、民族光辉”。厦门大学、集美大学（前身为集美学村各校）两校师生都尊称其为“校主”。晚年的陈嘉庚请人在鳌园刻录“台湾省全图”，念念不忘国家统一、台湾回归。

许多中国驻外使节也起到了促进中外文化交流的作用，如郭嵩焘、薛福成、黄遵宪、曾纪泽、张德彝、容闳等。

文化交流从来都是一种双向的运动过程，没有也不可能存在单纯的输入或输出。西学东渐、东学西传是近代中外文化交流的基本格局。不过，相对而言，代表近现代资本主义文明的西学比中学的发展水平高，因而，近代的中外文化交流，西学东渐始终是主流。

四、近代中西文化交流的特征

近代110年的中外文化交流经历了器物层面、制度层面、精神层面三个文化层面的文化嬗变。

鸦片战争后，帝国主义列强的坚船利炮引发了“道”、“器”、“体”、“用”之争，形成了“中体西用”的折中思想，从器物层面上学习西方，目标是“师夷长技以制夷”，其具体实施则是自1860年至1895年为期35年的洋务运动。在维护封建社会体制的目标下，中国传统文化开始吸纳西方近代的器物文化。这是文化表层器物层面的文化嬗变。1895年甲午战争失败后，文化论争转到制度层面。中国的思想先行者已经认识到应当用“变法”，乃至“革命”的手段来改变国家体制与社会制度。这是制度层面的文化嬗变，其结果导致1898年戊戌变法与1911年的辛亥革命。辛亥革命后，自1915年开始在思想文化领域展开了一场有关中西文化的论争，实际上也是一场关于中国何去何从的论争，从而引起对中华传统文化的全面反省。这场史称“新文化运动”的论争标志着近代中外文化交流已经步入内层文化的嬗变阶段，即精神层面的中西文化冲突和文化融合的阶段。精神层面是文化的灵魂，一种文化区别于其他文化，关键在于精神层面的特征。从这场没有结论的“新文化运动”的论争开始，这种精神层面的文化导向之争不但延续到1949年，也一直延续到今天。

近代中国文化转型过程中经历的上述三个文化层面上的渐次嬗变并非截然分开、互不相干，而是相互影响、交错进行的。这一文化嬗变的进程，从表象上看，是中国传统文化的步步后撤，即承认中国的器物不如西方，承认中国的制度不如西方，最后承认中国的思想不如西方。但是，这仅仅是一种表象，正是这种对中国传统文化的反省，使“中国中心论”的传统观念彻底破灭，思想禁区渐次开放，在近代西方文化的冲击下，中国传统文化的嬗变从外而内，层层递进，终于实现了从传统文化向近代文化的转型，重构了中国文化。这种文化重构实际上是一种文化再生，“凤凰涅槃”式的文化再生。它的再生过程显示了它的坚韧性、包容性、吸纳性、自省能力、应变能力与自我更新能力。再生的近代新文化是一种以爱国、革命、革新、开放为特征的文化。尽管带有半殖民地半封建社会特有的弱点，但它作为新的文化形态和新的精神力量与救亡图存相联系，给中国近代社会以新的导向，注入新的活力，并由浅入深，由小到大，逐渐成为近代中国文化的主流；同时又通过中华民族的一批杰出人物，对中国近代历史变革与革命运动起着先导作用和指导作用。①

---

① 王介南：《近代中外文化交流史》，太原：书海出版社2009年版，第6～13页。

问题思考

1. 近代中国社会的变革历程是怎样的？
2. 近代中国经济现代化的基本历程是怎样的？
3. 近代中国政治制度是如何演变的？
4. 近代中西文化交流有什么特征？

参考书目

1. 张海鹏等：《中国近代通史》，南京：江苏人民出版社 2005 年版。
2. 马士：《中华帝国对外关系史》，上海：上海书店 2002 年版。
3. 虞和平：《中国现代化历程》，南京：江苏人民出版社 2001 年版。
4. 王介南：《近代中外文化交流史》，太原：书海出版社 2009 年版。

第四章

自强不息　厚德载物

——当代中国社会的历史定位

穷则变，变则通，通则久。是以自天佑之，吉无不利。

——《周易·系辞下》

我们讲一切从实际出发，最大的实际是中国现在处于并将长期处于社会主义初级阶段。我们讲要搞清楚“什么是社会主义、怎样建设社会主义”，就必须搞清楚什么是初级阶段的社会主义，在初级阶段怎样建设社会主义。

——江泽民

目标导向

本章通过对新中国建立以来的历史回顾，使学生全面了解当代中国历史发展的基本脉络，正确认识当代中国所处的社会主义初级阶段及基本国情，深刻理解当代中国国情的基本特征以及改革开放的历史必然性。

要点提示

任何一种社会制度都有一个不断发展的过程。中国正处于并将长期处于社会主义初级阶段，这是在总结历史经验教训的基础上，对当代中国基本国情的科学判断，是当代中国实现现代化的基础和出发点。

从1949年中华人民共和国成立到1978年年底党的十一届三中全会的召开，在这29年当中，中国通过对农业、手工业和资本主义工商业的社会主义改造，确立了社会主义的基本制度；通过高度集中的计划经济体制，奠定了社会主义工业化的初步基础；通过探索中国特色的社会主义建设道路，在经济发展和国家实力上取得了一定的成就。但是，由于在经济建设上急于求成，在生产关系上盲目求纯，指导思想上的“左”的错误使中国的现代化建设经历了很大的挫折。

在新的历史条件下，邓小平以非凡的胆识和勇气，对当代中国的建设进行了前所未有的大改革，一条适合中国国情的道路被开辟出来了。改革是为了解放生产力，是当代中国发展的直接动力。改革是一个全面的系统工程，引起了经济生活、社会生活和观念领域的深刻变革，改革是中国的第二次革命。改革是社会主义制度的自我完善和发展。现在的世界是开放的世界，中国的发展离不开世界。实行对外开放不是权宜之计，而是中国一项长期的基本国策。

第一节　历史选择——走社会主义现代化道路

从1949年中华人民共和国成立到1978年年底党的十一届三中全会的召开，在这29年当中，尽管经历了文化大革命的十年动乱，给经济发展造成很大损失，但是总体来说，社会主义建设取得的成就奠定了今天中国现代化发展的坚实基础。

一、中国社会主义建设的起步

（一）新政权的巩固和经济恢复

新中国成立之初，面临着困难重重的复杂局面。经济处于崩溃状态，连建筑用的钢钉和点灯的煤油都要进口。生产力发展极度落后，国民经济中近代工业只占17%，人均国民生产总值才50美元，年钢产量18万吨，人均不过500克，只能打一把菜刀。这种落后的生产力状况和经济基础不适宜立即进入社会主义，为了恢复和发展生产，巩固新生的人民民主政权，当时的中国实行新民主主义经济政策，医治战争创伤，迅速恢复国民经济。

1949—1952年，经过三年国民经济恢复时期，新中国的情况发生了重大变化：①国民经济得以恢复，全国的钢产量为1 349万吨，全国工业总产值为399亿元，工业和农业生产都已经超过了旧中国的最高水平。②有了相当强大、迅速发展的社会主义性质的国营经济，一方面，通过没收官僚资本和对私人资本实行公私兼顾、劳资两利的政策；另一方面，在农村实行土地改革、解放农业生产力，使国民经济中社会主义成分的比重增加，工农业迅速得到了恢复，从而在稳定经济、巩固政权的第一个回合中打了一个翻身仗。③在国际方面，1950年2月14日中苏签订了友好同盟互助条约，巩固了中国的安全。同时，取得了朝鲜战争的胜利。

1953年，毛泽东提出过渡时期总路线："从中华人民共和国成立，到社会主义改造基本完成，这是一个过渡时期。党在这个过渡时期的总路线和总任务，是要在一个相当长的时期内，逐步实现国家的社会主义工业化，并逐步实现国家对农业、对手工业和对资本主义工商业的社会主义改造。"1958年到1956年年底，我国便基本上完成了对农业、手工业、资本主义工商业的社会主义改造，为落后国家迅速实现工业化开辟了一条新的捷径。

（二）经济建设的成就

1953—1957年，中国开始了国民经济和社会发展第一个五年计划。在这4年中，共建成10 000个项目。到1957年，粮食产量已达1 950. 5亿千克，居世界首位。在旧中国遗留下来的贫困落后的基础上，一个独立的比较完整的工业体系和国民经济体系建立起来了。

从完成国民经济恢复任务的1952年算起，到1978年国民收入由589亿元增加到3 010亿元，社会总产值由1 015亿元增加到6 846亿元。在工业方面，钢铁、电力、石油、煤炭、化工、机械、轻纺等领域得到大大加强，一些原来属于空白的工业部门如汽车、飞机等制造业以及新兴的高技术工业部门如电子工业和原子能工业等，也从无到有地发展起来了。到1978年，国家所有制的工业企业固定资产总额已经相当于旧中国在将近百年的时间里积累起来的固定资产总额的25倍。农业方面，水利设施、农村用电、农业机械和化肥农药的使用大大增加，农业生产条件明显改善，耕作制度和耕作方法也有了许多改进。1978年与1949年相比，全国粮食和棉花的亩产量分别由69千克和11千克增加到169千克和30千克，总产量分别增长了1. 7倍和3. 9倍。交通、邮电、商业和对外贸易都有很大的发展。人民群众的物质生活同中华人民共和国成立前比，已经有了较大的改善。与此同时，文教、科学、卫生等事业也取得巨大的进步。高等学校、中等学校和小学的在校学生在1978年已达2. 1亿人，是新中国成立前最高年份的7倍。科学技术水平同发达国家相比虽然差距还很大，但已经从无到有地建立了一系列新兴科学技术部门并在某些方面取得了突出的成绩。卫生工作也有发展，消灭或基本消灭了恶性传染病，人民的健康水平得到大大提高，平均寿命明显延长。

（三）综合国力的提升

综合国力，是指一个主权国家生存与发展所拥有的全部力量，即物质力、精神力和协同力这三者的聚合力。它既包括各种现实的力量，也包括各种潜在的力量。

新中国成立后，中国的综合国力虽然历经曲折，但总体上还是呈现出迅速递增的发展态势。综合国力中最重要的经济力总体上呈现强劲增长的趋势，它不仅是工业产值单项要素，还包含了国民生产总值、国民人均收入、生产增长率和科技水平等多方面的指标总体上的发展趋势。1952—1978 年，综合国力年平均增长率为 3.81%。其中经济力年平均增长率为 4.48%，综合经济力在世界 11 个强国或大国中已跃居第七位。中国工业的主要产品产量，如钢、煤、原油、发电量、水泥、化肥、化学纤维、棉花、糖和电视机等，在世界各国中的排名，已从解放初期的空白或第二十至第三十位迅速跃升至 20 世纪 70 年代末的前八位。同时，随着中国经济力的上升，由“部分重点发展”到“系统综合发展”，由“量变”到“质变”，由“封闭”到“开放”，并由此演绎出一条由“弱”到“强”的曲折向上的增长曲线。

我国工农业产品产量居世界名次表

工农业产品	1978 年	1985 年	1990 年	1995 年	1998 年	2000 年
钢	5	4	4	2	1	1
煤	3	2	1	1	1	1
发电量	7	5	4	2	2	1
水　泥	4	1	1	1	1	1
谷　物	2	2	1	1	1	1
肉　类	3	2	1	1	1	1
棉　花	3	1	1	1	1	1
甘　蔗	9	4	4	3	3	3

资料来源：国家统计局编：《中国统计年鉴 2003》，北京：中国统计出版社 2003 年版，第 974 页。

这表明中国经济的整体状况和综合国力已由“一穷二白”迅速向“民富国强”方向转变。作为世界第一人口大国，中国经济有着巨大的市场容量，新中国成立后特别是改革开放以来，随着中国经济的飞速发展和人们生活水平的日益提高，中国的投资规模和消费能力也获得了很大的增长。同时，综合国力又是一个动态的概念，战后新科技革命不断形成愈来愈多的新技术群体，如微电子技术、航天技术、原子技术、生物工程、海洋工程及新能源、新材料等，并直接引发了传统产业的改造、重组和一系列新兴产业的创立，从而引起了综合国力内涵的重大变化。在新中国成立初期，中国民用航空事业的规模与世界发达国家有天壤之别，然而经过20世纪50年代初至70年代初的发展，航空货运总量不但超过了巴西和印度，还超过了加拿大、澳大利亚和意大利；航空客运总量则仅次于美国、日本和英国。民用航空的总规模已进入世界超级行列。

二、中国式社会主义建设道路的初步探索

从1956—1976年，中国共产党对社会主义建设道路进行了包括经济建设、政治建设、思想文化建设等多方面的探索。

（一）以苏为鉴，探索中国自己的社会主义道路

1956年4月，毛泽东作了《论十大关系》的报告。报告强调："对于马克思列宁主义，我们学习的是属于普遍真理的东西，并且学习一定要与中国实际相结合。"明确提出了中国的社会主义建设必须从中国的实际出发，走出一条中国自己的道路。报告总结了中国社会主义建设的初步经验和借鉴当时苏联的某些失误，就工业化建设问题提出了更多地发展农业、轻工业，更多地利用和发展沿海工业等新的思路；同时就国家、集体和个人，中央和地方，汉族和少数民族，党和非党，是和非，革命和反革命以及中国和外国等方面的关系提出不少新的见解，强调在经济、政治和文化生活各个领域充分调动一切积极因素以加快社会主义建设。

继《论十大关系》的探索之后，中共第八次全国代表大会展示了更为丰硕的探索成果。大会不仅按照《论十大关系》制定了一系列方针政策，更重要的是根据对当时的社会状况和政治与经济形势的正确分析与估量，明确指出，随着社会主义改造的完成和社会主义制度在中国的确立，无产阶级和资产阶级之间的矛盾已经基本解决，社会的基本矛盾已经是人民对经济文化迅速发展的需要同当前经济文化不能满足人民需要的状况之间的矛盾。因此，全党和全国人民今后的主要任务，就是集中力量解决这个矛盾，把中国尽快从落后的农业国变为先进的工业国。这就是说，要把发展生产力提到首要的位置上来。

（二）关于经济体制和管理体制的改革

随着社会主义建设的全面展开、经济规模的不断扩大，中共从理论和实践上突破了高度集中的计划经济模式，提出了"三个主体、三个补充"的思想。在工商业生产经营方面，国家经营和集体经营是主体，一定数量的个体经营是补充；在生产的计划性方面，计划生产是主体，在国家计划许可范围内按照市场变化进行的自由生产是补充；在社会主义的统一市场里，国家市场是主体，国家领导下的一定范围的自由市场是补充。作为尝试突破传统的社会主义经济体制模式的最初思路，这在当时的历史条件下是难能可贵的。在经济管理体制上，提出了中央和地方在经济建设方面分权的问题，以及给企业一定的生产经营自主权的问题。此后，又提出要实行民主管理，实现干部参加劳动、工人参加管理，改革不合理的规章制度，实行工人群众、领导干部和技术人员三结合的管理体制。

（三）发扬社会主义的民主和繁荣社会主义的文化事业

在政治生活方面，中国共产党人正确处理日渐突出的各种人民内部矛盾。在1957年

年初，毛泽东就正确处理人民内部矛盾问题发表了重要讲话，强调必须严格区分敌我矛盾和人民内部矛盾，分别用专政的方法和批评与自我批评的方法去处理这两类不同性质的矛盾。在思想文化建设上，为了尊重学术、艺术自身的发展规律，提出了“百花齐放，百家争鸣”的方针。艺术上不同的形式和风格可以自由发展，科学上不同的学派可以自由争论；不能用行政力量强制推行一种风格、一种学派；艺术和科学中的是非问题，应当自由讨论去解决。

总之，经过新民主主义社会进入社会主义社会之后，中共在对社会主义建设的问题上，如何寻求一条适合中国国情的道路进行了初步探索。它为中共今后对社会主义的探索奠定了基础，并提供了一个良好的开端。

第二节　历史转折——社会主义的改革开放

毋庸讳言，中国社会主义建设在取得巨大成就的同时也留下了一些严重的缺陷。例如，经济的发展很不稳定，从 20 世纪 50 年代初到 1978 年前后，中国的经济增长经历了多次波动，经济效益低下，呈下降的趋势；产业结构失调，主要是农业的滞后和工业内部结构的不平衡；人民生活的改善大大落后于经济的增长。此外，在政治、文化方面，还存在着法制不完备，民主不健全，接连不断的政治运动的冲击和文化生活的贫乏单调，都同社会主义的要求相背离。可以说，中国的社会主义建设在十一届三中全会前一段时间里走过一条曲折的道路。

一、社会主义建设道路探索中的失误

（一）体制选择的功与过

在新中国 60 多年的历程中，中国经济体制经历了从计划体制到市场体制的大转换。中国原来采取的是传统的社会主义经济体制，即以公有制首先是全民所有制为基础的中央计划经济。它的基本特征是决策权力高度集中，排斥市场的作用，通过行政命令配置资源，并以政治动员与精神鼓励代替物质利益作为主要的激励手段。客观地看，这种选择有其历史的必然性，甚至可以说是中国社会发展和现代化进程中的一个必经阶段。一般说来，一个（现代）国家在其成立初期都普遍要实行国有化，资本主义国家是这样，社会主义国家也是这样。生产资料国有化是巩固政权的需要。而经济落后、物资短缺、缺少外援是新中国成立初期国民经济的基本情况。因此，实行国有化政策，有利于物资、资金集中使用，以确保各种资源有效配置和国家确定的重点部门和重点项目的建设。中国这样一个经济文化落后的大国，能在较短时期内恢复国民经济、保障朝鲜战争的胜利和集中有限资源迅速建立相对独立的工业体系，创造卫星上天、原子弹爆炸、成为钢铁大国等这样的业绩，计划经济体制确实发挥过积极的作用。

然而，随着工业体系的建立和经济结构的日趋复杂，我们追求的目标不再只是一个工业国，而是一个完整意义的现代化国家，不仅要强国，还要富民。计划体制的弊端便日益凸现，主要表现为企业缺乏活力，信息与决策机制僵硬，技术进步缓慢，经济效益低下，这影响和迟滞了中国的现代化进程。在中国，一方面由于经济、技术和文化教育水平的低下，加上政治运动对经济管理工作的一再冲击，计划经济体制从来没有像在苏联那样完整和严格地建立起来，留下了较多的机动余地；另一方面，由于“左”的错误影响，又使这种体制的弊病变得更为突出。例如，计划经济中物质利益的激励本来就十分欠缺，而当时却把这仅有的一点物质利益激励乃至按劳分配本身都看成是对社会主义的危害而加以限制和排斥，致使分配上平均主义“大锅饭”的现象十分严重。

（二）战略选择的是与非

新中国成立以来，中国的发展战略总体上是以强国为中心的赶超战略。“在一个不太长的历史时期内，把中国建设成为一个社会主义的现代化的强国”，一直是新中国所孜孜追求的最基本的战略目标。历史表明，选择这一战略有它自身的合理性。中国是世界上典型的现代化后发国家，赶超发达国家是经济落后国家在现代化进程中的发展规律。在中国这样一个经济文化十分落后的大国搞现代化建设，其真谛是为了迅速增强国家实力，提高人民生活水平，摆脱发达国家的控制与威胁，改善自己的国际地位，这本身就具有积极意义。但由于“左”的思想影响，在经济工作中表现为不顾客观条件和实际的可能，采取大搞群众运动的形式，主观要求国民经济以不切实际的高速增长，在很短的时间内赶上甚至超过某些发达国家。这些赶超型的强国战略，其突出特征就是在经济发展的战略、方针和政策上，片面追求高速度而忽视经济效益，片面强调重工业的优先增长而忽视轻工业和农业的相应发展，片面重视新的工厂建设而忽视现有企业的更新改造和潜力的挖掘，片面保持过高的积累率而忽视在经济增长的基础上相应地不断改善人民的生活。

1958 年的“大跃进”提出了把钢产量在一年之内翻一番的任务，发动全民大炼钢铁；在农业方面提出“人有多大胆，地有多大产”的口号，鼓励大放粮、棉“高产卫星”。经济振兴计划演化成了一种盲目蛮干盛行、虚报浮夸成风的错误倾向，使中国的经济一再经历剧烈的起伏，经济发展欲速而不达。高投入、高速度、高积累使产业结构失调，经济效益低下和人民生活改善缓慢。直到 1977 年我国总人口中仍有 84.9% 属于农村人口。8 亿人搞生产，却仍然不能满足人民生活和经济发展的基本需要，居民的主要农产品的人均占有量都低于世界平均水平。在工业内部，重工业的超速发展使轻工业长期处于被挤压的地位，致使轻工产品不能满足市场需求。农业、工业和服务业三大产业间的发展失调更为明显，基础产业和第三产业落后，能源和交通运输力量等严重不足，成为国民经济发展的瓶颈。

（三）政治建设的得与失

1949—1978 年是中华人民共和国的民主政治建设渐进发展时期，其间虽有严重曲折，但其探索的勇气和前进的历程是有目共睹的。在制度方面，形成了人民民主专政的国体和人民代表大会制的政体的根本政治制度；实行中国共产党领导的多党合作和政治协商的基本政治制度；实行民族区域自治和基层社会自治等重要政治制度；进行了人民民主法制建设。在理论方面，提出了一系列极为有价值的重要思想。例如，人民民主专政的理论、民主集中制的理论、两类社会矛盾的理论、国家政治生活主题的理论、“双百”方针的理论和加强民主法制的理论。新中国民主政治建设的成就巩固了新生的社会主义制度，保障了人民当家作主的主人翁地位，丰富了民主政治建设的理论宝库。但另一方面，这一时期形成和日益发展的过分集权的政治体制，特别是权力过分集中的党和国家的领导制度，妨碍了民主集中制原则的贯彻执行；国家法制建设不足，长期忽视法制的建设，缺乏基本法规，影响了民主政治的发展进程；党和政府的职能不分，人民民主权利缺乏有效的保障及干部终身制等，都妨碍着社会主义民主的健全发展，助长了官僚主义。20 世纪 50 年代中期以后，党的指导思想上逐渐发展起来的“左”的错误倾向，给社会的政治和经济生活带来许多消极影响，也是文化大革命得以发生的重要条件，在人民共和国史册上留下了深刻的历史教训。

上述中国式社会主义道路的探索，从总体上来说，没有摆脱苏联社会主义模式的影响；在探索中所取得的一些正确的理论成果，由于种种原因而未能在实践中坚持下去，有时还出现了严重的背离。究其原因，主要有：①对于“社会主义建设怎么搞”这个问题没有经验。从世界范围来看，社会主义在实践中；从中国来看，社会主义的历史更短，经验更少。②对社会主义目标模式的理解仍然受到许多传统观念的束缚。③对社会主义建设时期社会发展的规律和特点还缺乏科学的认识和分析。④中共主要领导人在经济建设的发展速度和方法等问题上存在分歧。⑤中共领导层的民主生活不正常，党的正确路线缺乏与之相适应的组织制度的保证。对于探索失误的后果，邓小平说，“‘左’的结果是社会经济发展很慢”，“中国社会从 1958 年到 1978 年 20 年间实际上处于停滞和徘徊状态，国家的经济和人民的生活没有得到多大的发展和提高”。[①] 因此，对探索中出现的错误理论和做法，尤其是文化大革命这样的错误，必须彻底地否定。

二、在新的历史条件下开始新的探索

新中国成立后近 30 年的成就与缺陷、经验与教训，从反面为当代中国特色社会主义现代化建设开辟了道路。以中共十一届三中全会为标志，中国开始了前所未有的大改革。

（一）中共十一届三中全会吹响改革的号角

文化大革命刚结束时，中国的国民经济已濒临崩溃的边缘。面对同发达国家的差距日益拉大同周边发展中国家和地区相比也明显落后的挑战，中国必须集中力量搞好经济建设，加快社会主义现代化的步伐。“思想革命是政治革命的先导”，为了彻底地纠正过去的错误，邓小平把恢复“实事求是”的思想路线作为头等重要的大事，勇敢地进行新的探索。

---

① 《邓小平文选》（第 3 卷），北京：人民出版社 1993 年版，第 116 页。

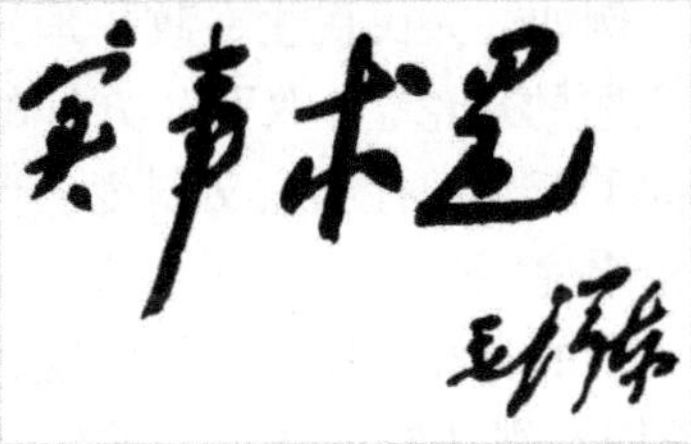

这是在延安时期，毛泽东为中央党校大礼堂的题词“实事求是”。

今天“实事求是”被视为毛泽东思想活的灵魂；解放思想、实事求是、与时俱进是发展中国特色社会主义的三大法宝。

1977 年，邓小平提出必须准确完整地掌握毛泽东思想体系，并指出“两个凡是”是错误的，把人们从长期的个人崇拜与教条主义的枷锁中解脱出来。从 1978 年 5 月开始，在全国范围内展开了一场关于“实践是检验真理的唯一标准”的真理标准问题的大讨论，思想界出现了空前活跃的景象。这场讨论“对于促进全党同志和全国人民解放思想，端正思想路线，具有深远的历史意义”。在中共十一届三中全会召开前夕举行的中央工作会议上，邓小平以“解放思想，实事求是，团结一致向前看”为题发表重要讲话。指出“只有解放思想，坚持实事求是，一切从实际出发，理论联系实际，我们的社会主义现代化建设才能顺利进行”。正是这个重要的讲话，为中共十一届三中全会提供了指导思想。

什么叫解放思想？我们讲解放思想，是指在马克思主义指导下打破习惯势力和主观偏见的束缚，研究新情况，解决新问题。

[资料来源：《邓小平文选》（第二卷）（北京：人民出版社 1993 年版，第 279 页。]

1978 年 12 月召开的中共十一届三中全会，是新中国成立以来中国共产党历史上的一个伟大的转折。它彻底纠正了文化大革命的错误，形成了以邓小平为核心的第二代中央领导集体，使中国的社会主义建设进入了一个崭新的历史阶段。

全会高度评价了关于实践是检验真理的唯一标准的讨论，把解放思想，实事求是，一切从实际出发，理论联系实际作为党的思想路线重新确立起来，为在新的历史条件下制定正确的政策和组织路线创造了前提，也为科学地总结历史经验、大胆地进行新的探索奠定了基础。全会果断地决定停止使用“以阶级斗争为纲”这个不适用于社会主义社会的口号，作出了把党的工作中心转移到社会主义现代化建设上来的重大决策。全会还提出了改革的任务，指出社会主义现代化建设“要求大幅度地提高生产力，也就必然要求多方面地改变同生产力发展不适应的生产关系和上层建筑，改变一切不适应的管理方式、活动方式和思想方式”。与此相联系，全会要求“在自力更生的基础上积极发展同世界各国平等互利的经济合作，努力采用世界先进技术和先进设备”，这是后来对外开放基本国策的先声。

中共十一届三中全会是中国共产党在思想、政治、组织等领域全面拨乱反正的开始。它揭开了社会主义改革开放的序幕，在探索当代中国特色社会主义建设的道路中是一个重要的里程碑。

（二）改革开放——当代中国现代化建设的新起点

解放生产力，发展生产力，是当代中国发展的根本道路，而经济体制改革是解放生产力和发展生产力的必由之路。从中国的实际出发，通过改革开放，改变一切不符合中国国情、束缚生产力发展的经济体制；同时积极参与国际经济技术交流与合作，结束封闭半封闭状态，实行对外开放的政策。

> 改革开放（the reform and opening－up policy）是20世纪70年代末中国开始实行的改革经济政策、对外开放政策。改革开放包括对内改革和对外开放。中国的对内改革首先从农村开始，安徽省凤阳县小岗村开始实行“家庭联产土地承包责任制”，拉开了我国对内改革的大幕。对外开放是中国的一项基本国策，是中国的强国之路，是社会主义事业发展的强大动力。

1. 改革是当代中国发展的直接动力

社会在不断发展，也在不断地变革，不以任何人的意志为转移。

中国的改革也是客观规律的必然要求，是推动当代中国发展的直接动力。

第一，改革是社会主义制度的自我完善。任何一种社会制度的改革都是为了自我完善。中国的改革是在坚持社会主义制度的前提下，改革生产关系和上层建筑中不适应生产力发展的一系列环节和方面。具体地说：①社会变革的对象、目标不同。以往的政治革命其目标是推翻旧社会的基本经济制度和政治制度，建立全新的基本经济制度和政治制度。社会主义改革“不是对人的革命，而是对体制的革命”。其对象是我国经济、政治、文化、科技、教育等领域的具体制度中的一切弊端，以适应现代化建设的需要。②解决的主要矛盾和解决矛盾的方式不同。以往的政治革命，解决的主要矛盾是对抗性的阶级矛盾，它只能通过阶级斗争的方式来解决。改革所要解决的主要矛盾是落后的社会生产力与人民群众日益增长的物质文化生活需求之间的矛盾，这只能在坚持社会主义基本制度条件下采取上下结合的自我改革、自我完善、自我发展来实现。③时代条件不同。以往政治革命所面临的时代主题是革命与战争，国际国内各种政治势力和军事势力全面对抗进步势力，所以只能采取政治的、军事的手段才能解决问题。今天的改革，所面临的时代主题是和平与发展，不同社会制度国家的和平共处给改革提供了良好的机遇，创造了有利的国际大环境。

第二，改革是中国的第二次革命。改革的性质同过去的革命一样，都是为了扫除发展社会生产力的障碍，使中国摆脱贫穷落后的状态。具体地说：①改革是中国的第二次革命，这是相对于新民主主义革命而言的。新民主主义革命是把一个半封建半殖民地的旧中国变成了一个社会主义的新中国；改革则是要把一个经济、文化等许多方面比较落后的中国变成一个富强、民主、文明的社会主义现代化国家。所以，改革的性质同新民主主义革命一样，也是为了扫除一切发展社会生产力的障碍，使中国摆脱贫穷落后的状态，它是一种革命性的变革。②改革是为了解放生产力和发展生产力。所谓解放生产力，是指通过解除生产力的束缚来发展生产力。推翻帝国主义、封建主义、官僚资本主义的统治，使中国的生产力获得解放，这是革命，所以革命是解放生产力。社会主义基本制度确立以后，生产力的不断变化发展使原来与之大体相适应的生产关系变得逐渐不适应起来，以致束缚生产力发展。改革就是要从根本上改变束缚生产力发展的经济体制，建立充满生机和活力的社会主义经济体制，促进生产力的发展。③改革具有全面性，引起社会关系的全面变革。中国的改革从经济体制入手，改变了原有僵化的经济体制。具体地说，就是以公有制为主体多种所有制经济共同发展和按劳分配为主体多种分配方式并存的经济结构取代过去单一的经济结构；以社会主义市场经济体制取代高度集中统一的计划经济体制；以效率与公平促进共同富裕的经济生活状况，取代平均主义为导向的经济生活状况。这样的经济基础大变革必然引起政治生活、社会生活、思想观念等方面的重大变化。

第三，改革是社会主义发展的直接动力。唯物史观认为生产力与生产关系和经济基础与上层建筑之间的矛盾是人类社会的基本矛盾，这两种基本矛盾之间的相互作用及其矛盾运动构成社会发展的基本动力。在当代中国，社会发展的动力依然是通过改革与生产力不相适应的那部分生产关系和上层建筑来解决生产力的问题。

当代中国的改革是围绕中国现代化这一核心问题，通过制定、调整和完善一系列为发展生产力创造良好条件的路线、方针和政策来实现。始终坚持社会主义方向，一是以公有制为主体，二是共同富裕是改革的根本原则；从中国的实际出发，走自己的路，既不照搬西方国家，也不照搬其他社会主义国家的做法。

从改革的方法来说一是要有秩序、有步骤地进行。有秩序，就是既大胆又慎重，及时总结经验，稳步前进。改革是一项艰巨的长期的任务，改革的信心必须坚定、方法必须细密、步骤必须稳妥、决策必须慎重。改革要走一条渐进的道路。二是改革要在协调中前进。政治体制要与经济体制改革配套进行，从而实现社会改革的总体协调。三是改革不能盲目。改革必须坚持从实践中来到实践中去，要进行可行性研究，要有科学的改革规划。

2. 对外开放是中国长期的基本国策

当今世界，科学技术迅猛发展，经济全球化程度不断提高，在全面相互依赖的国际体系内，每一个国际行为主体都无法脱离体系单独存在。当今世界是开放的世界，世界各国的发展都必须实行对外开放。

（1）中国的发展离不开世界。

经验证明，关起门来搞建设是不可能成功的，中国的发展离不开世界。对外开放，可以在平等互利的条件下吸收和借鉴人类文明发展的一切成果，实现中国经济与世界经济的互补互接，实现国内市场与国外市场的互相衔接，推动科学技术的进步，加快中国的经济发展速度。

第一，对外开放既是市场经济产生和存在的条件，也是市场经济发展的内在要求。商品的竞争与交换需要通过市场来实现，大市场更加有利于商品价值的实现，更加有利于推动商品的规模化与社会化生产。发展商品经济，建立社会主义市场经济体制，必须参与国际竞争与交换。在市场经济的条件下，要求迅速提高生产力，只有对外开放，让世界走进来，也让中国走出去。

第二，对外开放是发展生产力，赶上世界先进水平的必然要求。世界现代化的历史过程表明，每一次科学技术革命都推动着一批国家进入现代化的行列。科学技术是推动社会生产力发展的首要力量，新技术的传播及其带来的产业结构调整，为一些相对落后的国家和地区赶上世界先进水平提供了机遇。只有抓住机遇，开放国门，迎接新技术革命的传播，才有机会加入世界现代化的行列。

第三，对外开放是总结中国历史经验教训的科学结论，是顺应历史发展趋势的科学决策。中国历史已多次证明，中国的发展离不开世界，关起门来搞建设，把自己孤立于世界之外，只会陷入落后挨打的境地。发展生产力，实现现代化，需要广泛地吸收和借鉴人类社会创造的一切文明成果，尤其是资本主义发达国家的文明成果。实行对外开放，就可以从正面借助于西方发达国家的资金、技术、人才、设备等，更好地振兴民族经济；对外开放，还可以从反面吸取西方发达国家经历的失败教训和成功经验，使自己少走弯路，更快地发展自己。

（2）提高对外开放水平。

自 1978 年以来，中国的对外开放，已形成了全方位、多层次、宽领域的对外开放格局。全方位开放是指：第一，就开放对象来说，对世界所有的国家和地区开放。在平等互利原则的基础上，同世界所有国家和地区开展多种多样的双边和多边经贸合作关系。第二，就开放区域来说，首先从东南沿海创办经济特区开始，然后开放沿海港口城市，再逐步从东南沿海到沿江向内陆城市和地区开放，形成全面开放的格局。第三，不仅要对外开放，对内也要开放，即对内搞活。

多层次的开放，是指在对外开放的方式上，采取分步骤、分层次、由沿海到内地逐步推进的开放方式。第一个层次是经济特区的开放，这是对外开放的窗口。第二个层次是沿海港口城市、沿边城市和地区的开放，这是对外开放的前沿阵地。第三个层次是沿海沿江开放区，这是商品出口基地和对外联系的桥梁。

宽领域的开放格局，是指通过对外贸易，对世界商品市场开放；通过引进外资和对外投资，对世界资本市场开放；通过对外劳务输出、承包工程和向外招标工程等，对世界劳务市场开放；通过国际技术交流和转让，对世界技术市场开放。在经济、科学、技术、文化、教育领域，通过请进来、走出去的方法，积极参与国际分工和国际竞争，谋求市场资源，以利用更多的人力、物力、财力，更好更快地发展自己。中国的对外开放，已成为一项长期的基本国策。

（3）对外开放和独立自主的统一。

独立自主、自力更生是指一个国家在不受外国的控制和干涉的条件下，自主地决定和处理本国事务，依靠本国的力量进行现代化建设。

坚持独立自主、自力更生原则，必须正确认识和正确处理独立自主、自力更生与对外开放的关系。按照唯物辩证法的原理，独立自主、自力更生与对外开放的关系，实质上就是内因与外因的关系。外因，就是事物存在与发展的条件；内因，就是事物存在与发展的根据。外因必然要通过内因才能发挥作用。外因是必要的，但决定事物性质和发展方向的是内因。中国的发展离不开世界，说的是外部条件的重要性，贯彻独立自主、自力更生为主的方针，是强调了内因的决定作用。因此，独立自主、自力更生与对外开放在本质上是统一的，具有相辅相成的关系。坚持独立自主、自力更生是对外开放的前提和基础；对外开放则有利于增强独立自主、自力更生的能力。在对外开放的过程中，必须始终坚持独立自主、自力更生为主的方针；必须要有自主的立场、自信的心态、自立的能力、自觉的精神。

实践证明，对外开放是一条强国之路，是民族振兴的快捷途径，是与世界平等对话的坚固桥梁，中国要走向繁荣昌盛，必须坚定不移地坚持对外开放。同时，要在对外开放中不断地总结经验教训，争取以较小的代价获取最大的利益，以促进中国现代化的发展、综合国力和人民生活水平的提高。

第三节　历史定位——社会主义初级阶段

任何一种社会制度都有一个不断发展的过程。中国正处于并将长期处于社会主义初级阶段，这是在总结历史经验教训的基础上，对当代中国基本国情的科学判断，是当代中国实现现代化的基础和出发点。

一、社会主义初级阶段的基本概念

社会主义初级阶段有其特定的质的规定性，它是对中国当前国情的科学判断和概括。社会主义初级阶段不是泛指任何国家进入社会主义都会经历的起始阶段，而是特指中国经济文化比较落后而建设社会主义必然经历的特定历史阶段，即从中国进入社会主义到基本实现社会主义现代化的整个历史进程。社会主义初级阶段的概念包含两层含义：第一，中国社会已经是社会主义社会，必须坚持而不能离开社会主义。第二，中国的社会主义还处于初级阶段，必须正视而不能超越这个阶段。这两层含义清楚地表明了中国的社会性质及其所处的历史阶段，二者是统一的，不可分割的。

中国社会是社会主义社会，这是对中国现存的社会制度的基本性质的总概括和总规定。从 1956 年生产资料私有制的社会主义改造基本完成以后，中国已建立起社会主义的基本制度。其表现在经济上，建立了以社会主义公有制为主体的基本经济制度；在政治上，建立了人民代表大会的政治制度；在意识形态上，建立了马克思主义指导的民主的、科学的、大众的社会主义文化。

社会主义基本制度的建立是中国国情的一个基本方面。社会主义初级阶段是对中国社会主义社会发展水平的总认识和总判断。这一含义强调了中国社会主义还不发达的实际，正视了中国社会生产力还不发达，生产关系、上层建筑、意识形态等方面都要经历一个较长的发展和完善的过程。从历史前提看，中国社会主义的前身是半封建半殖民地社会和短暂的新民主主义社会，资本主义没有得到充分发展；从物质基础看，中国社会主义创建时期，本来应该具有的工业化和经济的社会化、商品化和现代化等物质条件都不具备，而有待吸收资本主义的文明成果。社会主义初级阶段是当代中国实现社会主义现代化的一个必经阶段，具有承前启后的作用，它的起点和终点连接着两个显著不同的社会阶段。所以，在把握社会主义初级阶段的含义时，必须把社会主义和初级阶段辩证地结合起来。

二、社会主义初级阶段的主要矛盾和根本任务

社会主义初级阶段的主要矛盾是人民日益增长的物质文化需要同落后的社会生产之间的矛盾，这一主要矛盾将贯穿中国社会主义初级阶段的整个过程和社会生活的各个方面。因此，集中力量发展生产力是当代中国的根本任务。

第一，从唯物史观来看，生产力是人类社会存在和发展的基础。历史唯物主义认为，整个社会生活、政治生活和精神生活的过程都受到物质资料生产方式的制约，生产力是社会存在与发展的决定力量。人类社会要生存和发展，必须首先生产物质生活资料，以解决人类社会的衣、食、住、行及其他各种需要。任何一个民族，一旦停止生产，既无法生存，更谈不上发展。不仅如此，社会的结构、性质和面貌都决定于生产力的状况，不同的生产力状况呈现出不同性质的社会形态。社会生活的各个领域，政治与经济、文化与艺术、宗教与哲学、教育与科学等活动都是在生产力基础上形成和发展起来的。所以，生产力的发展是社会发展的最终动力。

第二，从解决社会主义初级阶段的主要矛盾和现实问题来看，必须解放和发展生产力。中国将长期处在社会主义初级阶段。在这个历史阶段，社会主要矛盾是人民日益增长的物质文化需要同落后的社会生产之间的矛盾，这就决定了必须把发展生产力作为中心任务。目前，中国的人均国民收入虽然与过去相比已有很大的提高，但在世界上仍属于收入水平较低的国家；许多农村和偏远地区的人民，仍然没有解决温饱问题；城市的住房、交通等仍然十分紧张。大力发展生产力，把经济建设搞上去，才是解决社会主义初级阶段主要矛盾的唯一正确的途径。大力发展生产力也是解决社会主义初级阶段各种社会问题的关键和基础。社会主义现代化进程是一个整体性进步的过程，它包括政治、经济、文化、科学技术等各个领域的全面发展。但经济是基础，雄厚的经济实力是解决一切社会矛盾的根本条件。无论是政治民主建设，还是精神文明建设，都必须以物质文明的建设为基础，以生产力的巨大发展为条件。不发展生产力，没有社会财富的积累，就谈不上社会的全面进步。因此，社会主义政治、文化的发展，都必须以经济的发展为基础。

第三，从国家统一和国际竞争的角度来看，必须发展生产力。中国是一个拥有世界1/5以上人口的大国，中华民族在历史上曾经创造了光辉灿烂的文化，为人类文明作出过巨大的贡献。当今世界，和平与发展是时代的两大主题，在世界风云变幻中，中国成为维护国际和平、正义和进步的重要力量，然而其经济发展水平和综合国力却和上述这些情况极不相称。

现代化是中国几代人为之奋斗的理想。实现现代化，首先就是要缩短中国与世界上发达国家的差距，在国际竞争中处于领先的地位。这就要求我们埋头苦干，奋起直追，尽最大的努力加快经济发展速度。否则，在国际竞争中就会处于被动地位而受制于人。坚持“一国两制”方针，争取台湾早日回归祖国，完成统一大业，要靠正确的方针政策，但归根结底取决于经济发展水平和综合国力的提高。经济发展了，实现统一的力量就强大了。

总之，发展生产力是克服各种困难、抵御各种风险的法宝。经过 30 多年的改革开放，

中国已经走出了一条光明大道，但前面的路并不平坦，还会有各种困难和风险。只要坚持大力发展社会生产力，坚持经济社会全面发展，中华民族就一定能自立于世界民族之林，立于不败之地。

三、社会主义初级阶段的国情特征

正确认识国情，正确认识中国所处的发展阶段，是当代中国建设和发展的一个重要问题。所谓国情，从广义上看，是指一个国家的自然情况、社会经济、政治结构、历史文化传统和国际环境的基本情况及其特点等方面的综合；从狭义上看，是指一个国家在某一历史时期的社会性质、结构及其环境。可以说，国情既是一个国家自然情况和社会情况的统一，又是其历史情况和现实情况的统一。建设也好，发展也好，都必须摸清基本国情，才能取得成功。认识国情，认识社会性质，很重要的一个内容就是要认清楚社会发展的阶段，正确认识现在所处的历史阶段。超越现实阶段，或者落后于现实阶段，都会带来危害。超越现实阶段，必然会操之过急，提出种种不切实际的任务，勉强去做种种当前无法实现的事情；落后于现阶段，必然会因循守旧，不能大胆地提出任务，以致丧失时机和机遇。

中国社会主义初级阶段在生产力发展状况、经济制度和政治制度各方面，都具有两重性：

（1）从生产力发展状况来看，经过60多年的建设，中国生产力水平有了很大的提高，综合国力大大加强。但是，由于人口多，底子薄，地区发展不平衡，中国生产力落后的状况仍然没有得到根本性的改变，生产力水平还很低，物质技术基础薄弱，同发达的资本主义国家相比还有很大的差距。这主要表现在我们工业化的任务还没有完成，更没有实现生产的商品化、社会化和现代化。一部分现代化工业，同以手工工具为主的农业和大量落后于现代化水平的工业同时存在；一部分经济比较发达的地区，同广大不发达地区甚至贫困地区同时存在；少量具有世界先进水平的科学技术，同较普遍的科技水平不高、文盲半文盲还占相当比例的状况同时存在。

（2）从经济制度来看，中国已建立起以公有制为主体、按劳分配为主要形式的社会主义经济制度。但是，由于社会生产力的落后和发展不平衡，市场经济不发达，自然经济和半自然经济还占相当比重，决定了中国在生产关系方面呈现出多层次、多形式的状况，以适应不同层次生产力发展的要求。在所有制结构上，表现为以社会主义公有制为主体的多种经济成分共同发展；在分配形式上以按劳分配为主体的多种分配形式将长期存在。

（3）从政治制度来看，中国实现了从几千年的封建专制统治向人民民主政治的伟大跨越，中国人民社会政治地位发生了根本的变化。但是，由于几千年封建统治的影响，而且新中国成立后在民主政治中又曾受到“左”的干扰，加上建设高度的社会主义民主还需要一系列经济文化条件，而这些条件中国还不具备，因而中国民主政治制度的具体制度、组织形式和工作方式还不完善，国家政治生活的民主化、经济管理的民主化乃至整个社会主义的民主化还不理想，社会主义民主法制还不够健全。

（4）从思想文化来看，全国人民的思想道德素质和教育科学文化素质不断提高，精神生活日益丰富，向世界展现了中华民族新的精神风貌。但是，落后、愚昧、专制的封建主义的残余，享乐主义、拜金主义和极端个人主义的资本主义腐朽思想，以及小生产的习惯势力，在社会上还有广泛影响，它导致了社会不良风气和丑恶行为的滋生，并且还侵袭到党的干部和国家公务员队伍中，出现了贪污腐败、以权谋私等现象。社会主义初级阶段先进的和落后的同时存在，这是我国基本国情的一个重要特点，也是中国综合国力的一个重要特点。从先进的方面来看，中国综合国力的提升令人惊叹；从落后的方面来看，中国的综合国力目前还不尽如人意。中国目前仍然处于社会主义初级阶段。

四、社会主义初级阶段具有长期性

中国社会主义初级阶段至少要有百年的发展进程，它的发展将呈现如下的特点：

（1）从现代化发展水平来看，社会主义初级阶段是逐步摆脱不发达状态，基本实现社会主义现代化的历史阶段。

（2）从产业结构和产业现代化方面来看，社会主义初级阶段是由农业人口占很大比重、主要依靠手工劳动的农业国，逐步转变为非农业人口占多数包含现代农业和现代服务业在内的工业化国家的历史阶段。

（3）从经济运行方面来看，社会主义初级阶段是由自然经济半自然经济占很大比重，逐步转变为经济市场化程度较高的历史阶段。

（4）从科技文化教育发展水平来看，社会主义初级阶段是由文盲半文盲人口占很大比重、科技教育文化落后，逐步转变为科技教育文化比较发达的历史阶段。

（5）从人民富裕程度来看，社会主义初级阶段是由贫困人口占很大比重、人民生活水平比较低，逐步转变为全体人民比较富裕的历史阶段。

（6）从地区发展差别状况来看，社会主义初级阶段是由地区经济文化很不平衡，通过有先有后的发展，逐步缩小差距的历史阶段。

（7）从社会主义改革来看，社会主义初级阶段是通过改革和探索，建立和完善比较成熟的充满活力的社会主义市场经济体制、社会主义民主政治体制和其他方面体制的历史阶段。

我国经济体制改革的目标

年份	2000	2010	2020
经济体制改革的目标	初步建立社会主义市场经济体制	建立比较完善的社会主义经济体制	形成更加成熟、定型的社会主义经济体制

（8）从社会主义精神文明建设来看，社会主义初级阶段是广大人民牢固树立建设有中国特色社会主义共同理想，自强不息，锐意进取，艰苦奋斗，勤俭建国，在建设物质文明的同时努力建设精神文明的历史阶段。

（9）从实现目标来看，社会主义初级阶段是逐步缩小同世界先进水平的差距，在社会主义基础上实现中华民族伟大复兴的历史阶段。

上述九个方面表明了社会主义初级阶段是一个发展过程，是一个从不发达的社会主义国家到富强、民主、文明的社会主义现代化国家的转变过程。社会主义要经历一个由不成熟到成熟、不完善到完善的过程。其间可以区分出不同的阶段，但对中国来说，情况尤其复杂，不仅需要经历一个一般意义上的初始阶段，而且要在一个相当长的时期里，去实现别的国家在资本主义条件下实现的工业化和生产的社会化、商品化和现代化，从而为自身建立一个巩固的物质技术基础。这段时间就构成了特定意义上的中国社会主义初级阶段。从1956年社会主义改造基本完成、社会主义制度在中国确立算起，社会主义初级阶段已经持续了近半个世纪，现在还处在这个阶段上。至少要到21世纪中叶，在完成工业化和生产的社会化、商品化和现代化的基础上使社会主义大大完善起来，才能进入另一个较高的阶段。因此说，要实现现代化，要把中国建设成为富强、民主、文明的社会主义强国，还有很长的路要走。

问题思考

1. 简述中国特色社会主义道路初步探索的成就与失误。
2. 当代中国为什么要改革？
3. 当代中国为什么要将对外开放作为长期的基本国策？
4. 简述当代中国社会主义初级阶段的基本概念。
5. 当代中国社会主义初级阶段的主要矛盾和根本任务是什么？
6. 当代中国社会主义初级阶段的国情特征是什么？举例说明。
7. 当代中国社会主义初级阶段具有长期性，为什么？

参考书目

1. 谢庆奎等：《当代中国政府与政治》，北京：高等教育出版社2004年版。
2. 高中课程标准试验教科书《思想政治》（②），北京：人民教育出版社2007年版。
3. 高雄飞主编：《当代中国概论》，广州：暨南大学出版社2004年版。
4. 蒲兴祖：《当代中国政治制度》，上海：复旦大学出版社2000年版。
5. 虞云耀主编：《“三个代表”重要思想概论》，北京：人民出版社2006年版。
6. 吴爱明：《当代中国政府》，北京：中国人民大学出版社2005年版。
7. 蔡武主编：《人权知识干部读本》，北京：人民出版社2006年版。
8. 刘美珣：《中国特色社会主义》，北京：清华大学出版社2004年版。

中编 时代篇

文明多样性是人类社会的客观现实，是当今世界的基本特征，也是人类进步的重要动力。历史经验表明，在人类文明交流的过程中，不仅需要克服自然的屏障和隔阂，而且需要超越思想的障碍和束缚，更需要克服形形色色的偏见和误解。意识形态、社会制度、发展模式的差异不应成为人类文明交流的障碍，更不能成为相互对抗的理由。我们应该积极维护世界多样性，推动不同文明的对话和交融，相互借鉴而不是相互排斥，使人类更加和睦幸福，让世界更加丰富多彩。

——胡锦涛

第五章

天下兴亡　匹夫有责

——当代中国社会政治发展

民为贵，社稷次之，君为轻。是故得乎丘民而为天子，得乎天子为诸侯，得乎诸侯为大夫。

——《孟子·尽心下》

制度好可以使坏人无法任意横行，制度不好可以使好人无法充分做好事，甚至会走向反面……制度问题，关系到党和国家是否改变颜色，必须引起全党高度重视。

——邓小平

目标导向

通过本章学习，使学生了解中国特色社会主义政治制度的架构和内容以及政治体制改革的进程，进而认识当代中国社会主义初级阶段的政治国情，并加深学生对社会主义政治文明建设的理解。

要点提示

中国是工人阶级领导的、以工农联盟为基础的人民民主专政的社会主义国家。中国宪法规定："中华人民共和国的一切权力属于人民。"人民代表大会制度是当代中国的根本政治制度。中国共产党领导的多党合作和政治协商制度以及民族区域自治制度符合当代中国基本国情，鲜明地体现了中国特色社会主义民主政治的本质和特点，具有自己的优势和强大的生命力。随着改革的不断深化，要进一步坚持和完善当代中国的政治制度；进一步坚持转变行政职能，完善行政体制，推动当代中国社会政治发展。

第一节　坚持和完善人民代表大会制度

人民代表大会制度是全国各族人民按照民主集中制的原则，依法定期选举产生自己的代表，组成各级人民代表大会作为行使国家权力的机关，并由人民代表大会组织其他国家机关，以实现对整个国家和社会的有效管理的一种政治制度。人民代表大会制度是当代中国的根本政治制度。

人民代表大会会场

一、人民代表大会的法律地位

中国宪法第二条规定："中华人民共和国的一切权力属于人民。""人民行使国家权力的机关是全国人民代表大会和地方各级人民代表大会。"全国人民代表大会是最高国家权力机关，地方各级人民代表大会是地方各级国家权力机关。全国人民代表大会和地方各级人民代表大会一起构成了当代中国国家权力机关的完整体系。

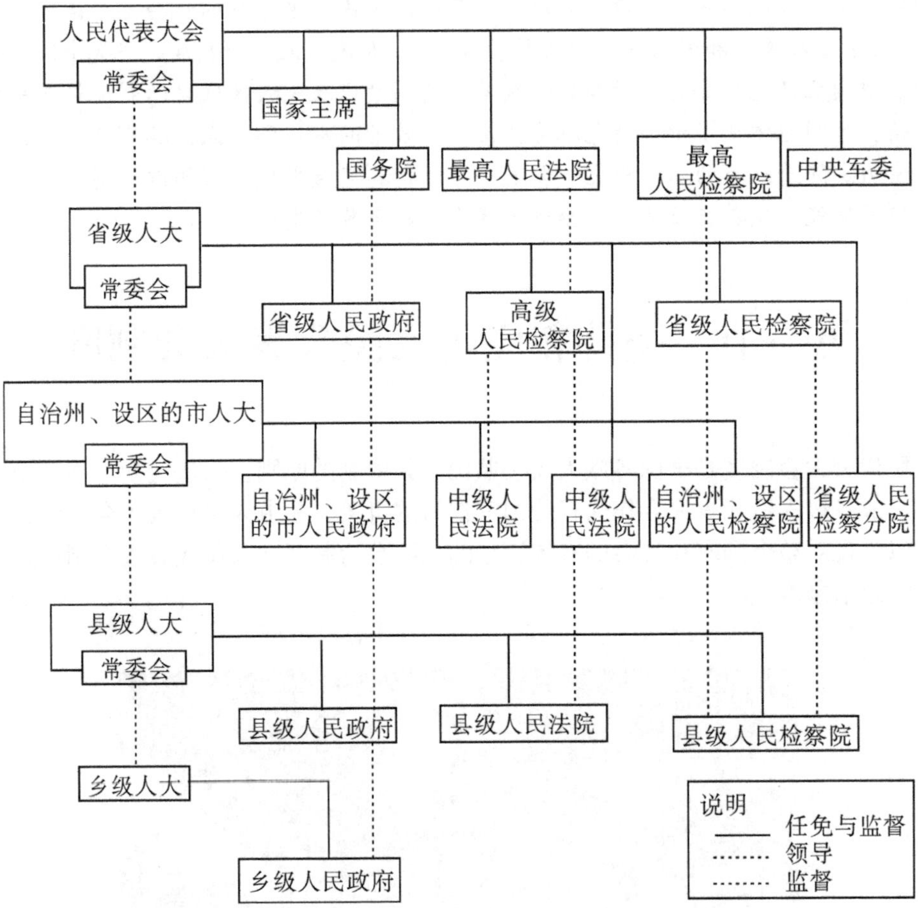

1982 年宪法及有关法律规定的国家机构系统简图

资料来源：浦兴祖：《当代中国政治制度》，上海：上海人民出版社 1990 年版。

（一）全国人民代表大会

全国人民代表大会是最高国家权力机关，全国人民代表大会在当代中国的国家机构中居于最高地位，其他国家机关，包括国家元首、行政机关（政府）、审判机关（法院）、检察机关（检察院），都由全国人民代表大会产生，并受它监督，对它负责。

全国人民代表大会的常设机关是全国人民代表大会常务委员会。全国人民代表大会及其常务委员会行使立法权、任免权、决定权、监督权。

（1）最高立法权。最高立法权包括修改宪法、制定和修改基本法律的权利。

（2）最高任免权。最高任免权即选举、决定和罢免最高国家机关的领导人和有关组成人员，具体包括选举国家主席和副主席，中央军委主席，最高人民法院院长，最高人民检察院检察长，全国人大常委会委员长、副委员长、委员、秘书长；根据国家主席的提名，决定国务院总理的人选；根据国务院总理的提名，决定国务院副总理、国务委员、各部部长、各委员会主任、审计长、秘书长的人选；根据中央军委主席的提名，决定中央军委其他组成人员的人选；罢免由它选举或决定的上述所有人员，接受这些人员的辞职。

（3）最高决定权。最高决定权包括审查和批准国民经济和社会发展计划以及计划执行情况的报告；审查和批准国家的预算以及预算执行情况的报告；批准省、自治区和直辖市的建置；决定特别行政区的设立及其制度；决定战争与和平的问题。

（4）最高监督权。最高监督权用来监督宪法的实施，监督最高国家机关的工作。全国人民代表大会每年只召开一次会议，重要的日常工作由全国人民代表大会常务委员会（下简称“全国人大常委会”）负责处理。近年来中国颁布实施的法律约有70%是由全国人大常委会制定和审议通过的。全国人大设立了各种专门委员会作为辅助性工作机构，其任务是在全国人大及其常委会的领导下，研究、审议、拟定有关议案。

（二）地方各级人民代表大会

地方各级人民代表大会是地方各级国家权力机关。地方各级人民代表大会是本行政区域内行使国家权力的机关，本行政区域内的一切重大问题都由它讨论决定，并由它监督实施。

地方各级人民代表大会拥有下述权力：

（1）立法权。立法权即制定法律的权力。全国人民代表大会及其常委会行使国家立法权，省、直辖市的人大及其常委会可以制定地方性法规，报全国人大常委会备案。

（2）决定权。决定权是宪法和法律赋予各级人大和县级以上各级人大常委会，依照法定程序决定国家和社会或本行政区域内重大事项的权力。

（3）任免权。任免权是各级人大及其常委会对相关领导人及其他组成人员进行选举、任命、罢免等权力。

（4）监督权。监督权是监督宪法和法律的实施，监督“一府两院”工作的权力。

地方各级人民代表大会的运作与全国人民代表大会基本一致。

二、人民代表的地位和职责

人民代表是当代中国国家权力机关的组成人员。全国人民代表大会代表是最高国家权力机关的组成人员，地方各级人民代表大会代表是地方各级国家权力机关的组成人员。

人民代表由民主选举产生。产生方式有两种：全国、省、自治区、直辖市和设区的市、自治州的人民代表大会的代表由下一级人民代表大会选出；县、自治县、不设区的市、市辖区、乡、镇的人民代表大会的代表由选民直接选举产生。在中国，人民行使国家权力的方式目前还不是直接的，而是间接的，即通过选举人大代表，组成各级人民代表大会来代表人民统一行使国家权力，人民代表才是国家权力的直接行使者。全国各级人民代表大会的代表每届任期5年。

人民代表享有审议权、表决权、提案权、质询权。人民代表应该与人民保持密切的联系，听取和反映人民的意见和要求，努力为人民服务，并接受人民的监督。

三、人民代表大会的主要原则

(一) 一切权力属于人民

“中华人民共和国的一切权力属于人民。”就是说，人民是一切权力的根源和所有者。人民为了有效地运用国家权力，通过普选，将全部国家权力委托给自己选出的代表，让他们组成各级人民代表大会去统一行使；人民代表大会又通过选举或表决，代表人民将行政权、审判权、检查权、军事领导权、国家元首权分别委托给它所产生的政府、法院、检察院、中央军委、国家主席等国家机关，由它们各自行使。

只有人民代表大会等国家机关可以代表人民直接行使国家权力，因为唯有人民代表大会获得了人民（通过普选行为所明示）的权力委托，唯有政府等国家机关间接地获得了人民（通过人民代表大会的选举行为所明示）的权力委托。因此，人民可以而且应当随时以国家权力所有者的身份关注自己的国家权力被直接行使的情况，包括通过各种有效途径，监督自己的代表以及所有国家机关的工作人员，要求他们忠实地当好人民的公仆，对人民负责，为人民行使国家权力；并以主人的身份直接或间接地撤换其公仆，从而保障国家权力永远属于人民、受人民的支配和控制。人民主权原则是人民代表大会制度的灵魂与基石。

(二) 中国共产党的领导

共产党的领导和“一切权力属于人民”并不矛盾。首先，中国共产党是当代中国社会主义事业的领导核心，共产党集中人民的意志，形成路线、方针和政策，然后通过人民代表大会使之上升为国家意志，从而实现对国家的领导。其次，一切权力属于人民，只有通过人民普选产生的人民代表大会以及其他国家机关才能根据人民的委托直接行使国家权力，但并不排除中国共产党通过适当的途径，以其正确的路线、方针和政策，去领导（组织、支持）人民选举和监督自己的代表机关，去领导（支持、保证）人民代表大会及其他国家机关为人民行使好国家权力。相反，坚持中国共产党的领导是健全和加强人民代表大会制度的根本保证。

(三) 民主集中制

民主集中制既是人民代表大会的一种组织原则，又是一种活动原则。作为组织原则，主要表现在三层关系上：①在人民代表大会与人民的关系上，人民代表大会的代表由人民选举产生，对人民负责，受人民监督。②在人民代表大会与其他国家机关的关系上，人民代表大会是国家权力机关，国家行政机关、司法机关都由人民代表大会产生，对它负责，受它监督。③在中央与地方国家机构的关系上，在中央的统一领导下，合理划分中央和地方国家机构的职权，充分发挥中央和地方两个积极性。作为活动原则，民主集中制主要体现在国家机关的决策过程中。其具体表现形式在不同的国家机关的决策过程中有所差别：一是在国家权力机关中，一切重大问题必须经过充分讨论，然后付诸表决，按少数服从多数的原则作出决定，这叫集体负责制（或称会议制、委员会制）。二是在国家行政机关中，对一切重大问题进行充分民主讨论后，行政首长有权采纳正确的意见，作出最后的决策，这叫首长负责制。

（四）民族平等与民族团结

中国是一个多民族的国家，坚持各民族一律平等，维护和发展各民族之间的平等、团结和互助关系极为重要。人民代表大会制度遵循这一原则，主要表现在以下三个方面：①在全国人民代表大会中，各少数民族都有适当名额的代表，人口特少的民族，至少也应有一名代表；全国人大常委会和地方各级人大中，都有适当名额的少数民族代表，以保障各民族通过自己的代表，平等地决定和管理国家大事。②各国家机关通过自己的活动，保障少数民族的权利，帮助他们加速经济和文化的发展。全国人大以及由它产生的国务院分别设立了专门从事民族工作的机构，在民族事务比较突出的地区，地方国家行政机关也都设立类似的机构，从组织上保证民族平等和团结原则的实施。③按照宪法规定，在各少数民族居住的地方实行民族自治。那里的人大和人民政府，即自治机关依法行使自治权。

四、坚持和完善人民代表大会制度

改革开放以来，人民代表大会制度随着中国政治体制改革进程而不断完善，初步形成了以宪法为核心的法律体系，国家政治、经济和社会生活的基本的、主要的方面已经有法可依，2010 年已形成有中国特色的社会主义法律体系。国家事务的重大决策，经由全国人大及其常委会进行审议，作出决定，也已形成制度。各级人大在对人大常委、行政、审判、检察等机构干部的选举、任命方面有明显改进，特别是人大代表 10 人以上联名，就可以提出同级人大常委会和同级人民政府、人民法院、检察院有关组成人员的候选人；将等额选举改为差额选举办法，有利于人民代表更好地行使民主权利。为了规范和保障人大对行政、司法机关行使监督职权，委员长会议拟定了《中华人民共和国全国人民代表大会和地方各级人民代表大会监督法（草案）》，一旦经审议、修改、通过，将对建立有中国特色的人民民主监督机制起到重大的推进作用。

人大自身的建设也作了一些改革，在选举制度上把直接选举的人大代表的范围从乡一级扩大到县一级，实行候选人多于应选名额的差额选举办法等；在人大机构建设上，全国人大设立了民族、法律、财经、科教文卫、外事、华侨、内务司法、环境资源保护及农村等 9 个委员会，扩大全国人大常委会的职权，相应地规定人大常委会成员不得兼任行政、司法职务，在县级以上地方各级人大设立常委会并授予省一级人大及其常委会相应的地方法权限等。

当然，要真正做到依法治国，需要一个相当长的历史过程。相应地，真正发挥人民代表大会最高国家权力机关的作用也是一个相当长的历史过程。人民代表大会的立法工作进程还需要进一步加快；人民代表大会的监督职能还需要进一步加强；人民代表大会制度自身还需要进一步改革和健全。如果说经济建设需要本世纪中叶才能达到中等发达国家的水平，那么建设高度民主、法制完备的法治国家也需要几十年的时间。但重要的是，“坚冰已经打破，航向已经开通”，只要我们沿着依法治国的方向前进，就一定能建设成文明、民主、现代化的社会主义国家。

第二节　中国共产党领导的多党合作与政治协商制度

政党制度，是指政党执掌政权或参与政治的方式以及各政党之间的关系。当代世界绝大多数国家都是由政党来领导的，中国也是。中国共产党领导的多党合作和政治协商制度，是中国特色的政党制度，也是当代中国的一项基本政治制度。

一、中国特色的多党合作制度

中国共产党和各民主党派的合作关系是伴随着近代中国反帝反封建民主革命的发展而形成的，是建立在深厚的政治基础之上的。这种政治基础的具体内容随着时代和历史任务的变化而变化。在社会主义制度建立以后，中国共产党和各民主党派合作的政治基础是四项基本原则，即坚持社会主义道路，坚持人民民主专政，坚持中国共产党的领导，坚持马克思列宁主义、毛泽东思想。这四项基本原则已载入现行宪法。它不仅符合中国广大人民的意志，同时也符合中国各民主党派多次宣布的政治主张。正因为中国共产党同各民主党派有共同的、牢固的政治基础，因此能够长期合作，共同奋斗。

中国人民政治协商会议

目前，与中国共产党合作的八个民主党派分别是：中国国民党革命委员会、中国民主同盟、中国民主建国会、中国民主促进会、中国农工民主党、中国致公党、九三学社、台湾民主自治同盟。

（一）合作历史

在新中国成立后的第一届人民政府中，民主党派人士有3人担任国家副主席职务，第一届人大常委会副委员长13人中，民主党派和无党派人士有8人（占61%）。在政府中曾长期占有2/5的部长职务（至文化大革命前仍占1/5左右）。新中国成立后的头7年中，民主党派成员总数增加了6.5倍。1957年后，由于中共“左”倾错误逐渐发展，民主党派社会活动逐渐减少，实际成为进行自我改造的社会团体，成员减少了14%以上。文化大革命中，各民主党派被迫停止活动，成员又减少了1/5。直到1978年中共十一届三中全会纠正了“左”的错误，各民主党派才恢复并发展了组织，重新以国家主人翁的姿态活跃在社会政治、经济、文化等各个领域。它们的成员从1979年的6.5万增加到近年的50多万。政府许多部、厅、局，全国绝大多数省、自治区、直辖市副省长、副主席、副市长乃至副厅局长、副市专员、副县（区）长都有各民主党派和无党派人士任职。此外，各民主党派和无党派人士被聘为监察部特邀监督员、最高人民检察院特约检察员、审计署特约审计员、教育部特约教育督导员、国家土地管理局特邀国家土地监察专员、国家税务局特邀监察员已形成制度。全国30多个省、直辖市、自治区，281个地、州、市及一半以上的县级纪检监察机关，都已经聘请了特邀监察员，人数已达2万多人。政治协商制度恢复并逐渐形成制度。

（二）主要特点

中国共产党领导的多党合作制度具有两个基本特点：一是多党合作制；二是中国共产党的领导。

从字面上讲，多党合作制是指中国共产党与八个民主党派之间的合作。从制度上讲，这一制度包含了三个方面的内容：①多党合作制以宪法为活动的根本准则。宪法是国家大法，具有最高的权威和最高的效力。中国共产党同各民主党派在法律上是平等的，都是中国的合法政党。各民主党派可以按照自身的纲领、章程，独立地开展各种活动。中国共产党尊重和支持各民主党派独立自主地处理内部事务。②多党合作制具有共同的奋斗目标。在现阶段，不论是中国共产党，还是各民主党派，都把建设社会主义现代化强国作为自己的奋斗目标。③多党合作制具有政治协商、民主监督、参政议政的传统，有利于促进执政党的决策民主化和科学化。

在多党合作制中，中国共产党处于领导地位，这是中国多党合作制的前提和关键。没有中国共产党的领导，就没有多党合作制。当然，中国共产党的领导是政治领导，即对政治原则、政治方向以及重大决策的领导。而民主党派接受共产党的领导，必然体现在其承认并支持共产党的执政党的历史地位和其肩负的使命。

（三）基本方针

1982年9月，中共十二大报告指出，中国共产党和各民主党派的合作要继续坚持

“长期共存、互相监督、肝胆相照、荣辱与共”的基本方针。中国共产党的十六字方针包含了三层含义：①十六字方针表明了中国共产党希望同各民主党派长期合作的决心。只要中国还存在不同的阶级和阶层，只要中国共产党存在，多党合作就会坚持下去。②十六字方针体现了监督的双向性。长期共存的目的就是要在共产党同民主党派之间实行互相监督。一方面是共产党对民主党派进行监督，即共产党通过正确的路线、方针、政策实现对民主党派的监督，保证多党合作的政治方向。另一方面是各民主党派对共产党实行监督。作为参政党，各民主党派有权利和义务对执政党进行监督，提出意见和建议。这有助于执政党保持清醒的头脑，自觉地抵制、克服官僚主义和各种腐败现象，始终同人民保持血肉联系，担当领导现代化建设的重任。③十六字方针体现了共产党同各民主党派之间坦诚相见，高度信任。十六字方针的根本精神是为了巩固和发展共产党同各民主党派的长期合作，充分发挥各民主党派的重要作用。

（四）合作方式

（1）参政议政。参政议政是指在共产党的领导下，各民主党派成员参加国家政权，参与国家大政方针和国家领导人选的协商，参与国家事务的管理，参与国家方针、政策、法律和法规的制定和执行。例如，在各级人大、人大常委会和人大专门委员会中，在政协常委和政协领导人员中，各民主党派人士均占有一定比例；民主党派成员被推选到国务院有关部委和县级以上地方人民政府及其有关部门，以及各级司法机关担任领导职务或参加咨询工作；有关民主党派成员被邀请列席各级人民政府召开的全体会议或有关会议，商讨重要问题。中国共产党还通过民主协商会、高层谈心会、双月座谈会等形式，同各民主党派进行协商。这一活动正逐渐走向制度化、规范化。

（2）民主监督。民主监督主要指各民主党派对共产党和国家机关的监督。各民主党派监督的主要渠道有：各民主党派成员在中共中央、国务院及中共各级党委和政府召开的民主座谈会上提出意见和批评；人大组织和政协组织中的民主党派成员参加有关问题的调查；民主党派成员参加政府检察、审计、工商等部门的重大案件调查和财政税收检查；一批符合条件和有专门知识的民主党派成员被聘为特约监察员、特约审计员和教育督导员。由于民主党派人才聚集，具有一定的代表性和影响力，提出的意见和批评通常切中时弊，因而它的民主监督往往具有很大的社会效应，对于保证党和国家重大决策的正确性和贯彻执行起到了很好的作用。

（3）服务沟通。服务沟通是指民主党派积极开展为社会主义物质文明和精神文明建设，为祖国统一大业服务的各类活动，以及通过各种渠道沟通它们所联系的一部分人民群众同党和国家机关之间的关系。例如，在各民主党派中不少人有较高的文化技术知识和较丰富的实践经验，他们充分发挥人才智力优势，在技术咨询、人才培养等方面成效显著。又如，民主党派中有相当一部分是归国华侨、台湾同胞、港澳同胞和原国民党军政人员等，他们在充分发挥同港澳台和海外联系广泛的优势、协助引进资金、努力促进祖国和平统一、实践“一国两制”等方面起着不可替代的作用。

二、人民政协

人民政协是中国共产党和各民主党派合作的组织机构，是中国共产党领导的、具有广泛代表性的爱国统一战线组织，是当代中国政治生活中发扬社会主义民主的重要形式。它成立于1949年9月，在1954年10月第一届全国人民代表大会召开之前，曾代行人民代表大会职权，此后不再行使最高国家权力，而成为由各政党、各人民团体、各少数民族和社会各界的代表所组成，通过政治协商会议，经常就国家的大政方针进行民主协商的一种制度。

政治协商制度的主要特点有：①政治协商是以坚持中国共产党领导为前提条件的。②政治协商的主体是有组织的、高层次的和具有广泛代表性的，包括各政党、各人民团体和社会各界的代表人物，是中国知识层次最高的一个政治群体。③政治协商的内容具有政治性和全局性，包括党的路线、决策，国家的大政方针，有关民族和人民的前途和命运的重大问题，有关全国和各地区经济建设的重要问题等。④政治协商的结果不具有法律效力，也不形成国家意志，但对执政党和国家的工作具有重要的建议、咨询和参考作用，在不同程度上对执政党和国家的决策产生影响。

人民政协围绕团结和民主两大主题，履行政治协商、民主监督和组织参加本会的各党派、团体和各族、各界人士参政议政的职能。1989年1月27日，人民政协第七届全国委员会常务委员会通过了《全国政协关于政治协商、民主监督的暂行规定》。1995年1月14日，政协第八届全国委员会常务委员会第九次会议通过了《政协全国委员会关于政治协商、民主监督、参政议政的规定》，对政治协商、民主监督、参政议政的目的、内容、组织等重大事项作出了明确规定。

（1）政治协商是指对国家和地方的大政方针，政治、经济、文化和社会生活中的重要问题以及政协内部各方面的关系等问题进行的协商。

（2）民主监督是指对国家宪法、法律和法规的实施，重大方针政策的贯彻执行，国家机关及其工作人员的工作，通过建议和批评方式所进行的监督。

（3）参政议政是政治协商和民主监督的拓展和延伸，主要侧重于选择人民群众关心、党政部门重视、政协有条件做的课题，组织调查和研究，积极主动地向党政领导机关提出建设性的意见。

目前，中国多党合作、监督的形式主要有：①参加人民代表机构。②参加国家最高权力机构的常设机构（人大常委会）。③参与组织政府。④人民政治协商会议。⑤民主协商座谈会。⑥聘请监察员、检察员、督导员、审计员等对国家权力机关进行监督。⑦民主党派自主提出政策建议等。政治协商会议已形成制度，推广到全国各地。

三、加强对执政党的监督

加强和改善执政党的领导，重要的任务之一是建立、健全适合中国国情的人民民主监督机制，使执政党及其领导的国家权力机关更好地接受人民的监督，这是中国共产党需要认真探索并解决好的一个历史课题。

建立对执政党监督的制度是一项艰巨的系统工程，主要包括：①执政党党内的民主监督，如制定和完善《党内监督条例》、《干部任选条例》，完善党代表大会制度，防止个人专断等。②权力制约监督，如制定和完善《监督法》，加强全国人大对行政、司法机关的监督；建立完善党领导下工、检、法、司相互协调、制约但又能保证司法审判权、检察权独立的机制；行政权力之间也要建立相互制约的制度；涉及群众切身利益的部门要实行政务公开制度等。③中共和民主党派“长期共存，互相监督”，如探索切实可行的对执政党的监督机制；广开贤路，使各民主党派在国家权力机关中真正发挥参政党的作用等。④经济工作中的监督。要建立健全适应社会主义市场经济要求的监督机制，如房地产交易基本建设中的招标制度、监理制度；金融证券中的监督制度；加强审计工作；建立国有资产及国有企业的监管制度等。⑤廉政监督。教育、制度、监督三管齐下，治本的是制度建设。⑥舆论监督。制定和完善《舆论监督法》，使舆论监督真正成为执政党联系人民群众的喉舌，政府改革发展工作的镜鉴。⑦人民群众来信来访监督。⑧基层民主监督。它包括村民大会、村民代表会议对农村政务的监督，职工代表大会对企业的监督，等等。

总之，把人民民主落实成为对执政党执政监督制度，是一个长期、艰巨的系统工程，是中共跳出政权兴衰周期率的关键之一。

第三节　中国政府的构架及改革

一、中央与地方行政机关

行政机关，即狭义的“政府机关”，是贯彻国家权力机关和执政党的意志、管理国家行政事务的机关，是国家行政权的组织体现。中国是单一制结构形式的国家，行政机关由中央行政机关和地方各级行政机关共同组成。

中央行政机关即国务院，也称中央人民政府，是管理国务和政务的国家最高行政机关。国务院拥有广泛、全面、统一领导国家行政活动的直接权力，以及为了保障这种领导得以实现的间接权力。国务院的主要行政方式有参与立法、行政立法、编制和执行国民经济和社会发展计划及国家预算、直接命令、收集信息和要求地方政府报告工作、审计和行政监察、行业管理和部委联系企业、专项拨款、设立派出机构或代表、垂直管理等。

地方政府，是指出中央人民政府以外的、按照国家行政区域建立起来的地方各级行政机关。按照中国宪法和地方组织法的规定以及中国的实际情况，地方政府的层次分为省级、地市级、县级和乡级四级行政体制。从法律地位看，地方各级行政机关具有两重性：一方面，它们是地方各级国家权力机关的执行机关，对同级国家权力机关负责并报告工作；另一方面，它们接受上级国家行政机关的领导，并服从最高国家行政机关（即国务院）的统一领导。

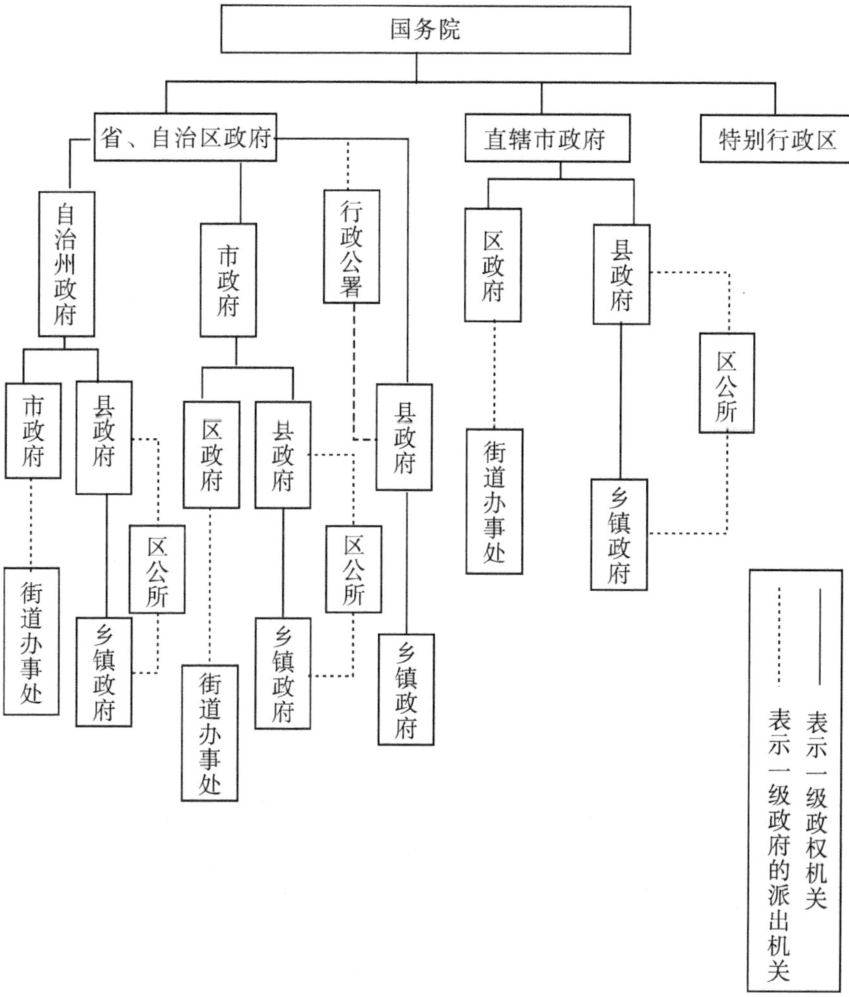

中国政府机构纵向结构图

23 个省、5 个自治区、4 个直辖市、2 个特别行政区

此外，中国还在一些特别区域内设置特别地方行政机关，包括民族区域自治政府和港澳特别行政区政府等类型。

二、特别地方行政机关

（一）民族区域地方的自治机关

中国是统一的多民族国家，民族区域自治是解决民族问题的基本政策，也是当代中国的一项基本政治制度。

民族区域自治是在国家的统一领导下，以少数民族聚居区为基础的地方自治体制。中国民族自治地方分为自治区、自治州、自治县（旗）三级。截至 2004 年，中国已建内蒙古自治区、新疆维吾尔自治区、广西壮族自治区、宁夏回族自治区和西藏自治区等5个省级自治区、30个地级民族自治州、120个民族自治县（旗），共有155个民族自治地方。

各民族自治地方设立自治机关，行使自治权，管理本地区的国家事务和本民族的内部事务。各民族自治机关，即自治地方的人民代表大会和人民政府，其在行使一般地方国家机关职权的同时，享有和行使自治权。

自治权是民族区自治制度的核心内容。自治权是自治机关根据本地方实际情况贯彻执行国家法律、政策，自主地管理本民族自治地方内部事务的权力。宪法和民族区域自治法赋予自治机关的自治权，其范围、内容十分广泛，涉及政治、经济、文化和社会生活各个方面，包括立法权、变通执行或者停止执行权、经济发展权、财政权、少数民族干部培养使用权、发展教育和民族文化权、语言文字使用和发展权，以及科技文化发展权等，是少数民族当家作主权利实现的标志。

（二）特别行政区机关

《中华人民共和国宪法》第三十一条规定：“国家在必要时得设立特别行政区。在特别行政区内实行的制度按照具体情况由全国人民代表大会以法律规定。”1997年7月1日、1999年12月20日，香港、澳门特别行政区先后正式成立。台湾一旦回归祖国也将成立特别行政区。

根据《基本法》的规定，特别行政区是一个享有高度自治权的地方行政区域，直辖于中央人民政府，除外交和国防事务外，享有行政管理权、立法权、独立的司法权和终审权、独立的地方财政权、独立的外事权。它的政治体制包括以下内容：

（1）行政长官是特别行政区的首长，代表特别行政区，对中央人民政府和特别行政区负责。行政长官必须是在当地居住连续满20年的永久性居民中的中国公民，在当地通过选举或协商产生，由中央人民政府任命。行政长官除行使一系列行政职权外，还可以委任部分立法会议员、拒绝签署立法会通过的法案和解散立法会。

香港特别行政区会徽

澳门特别行政区会徽

（2）行政机关是特别行政区政府机关，特别行政区政府的首长是特别行政区行政长官。特别行政区政府设政务司、财政司、律政司和各局、处、署。特别行政区行政会议是协助行政长官决策的机构，而非决策机构。行政会议的意见对行政长官决策有一定的影响力，但没有约束力。特别行政区政府行使下列职权：①制定并执行政策；②管理各项行政事务；③办理《基本法》规定的中央政府授权的对外事务；④编制并提出财政预算、决算；⑤拟定并提出发案、议案、附属法规；⑥委派官员列席立法会并代表政府发言。

（3）立法会是特别行政区的立法机关，行使立法权。立法会的议员是由选举产生的，包括直接选举，即全体选民一人一票选举立法会议员；间接选举，即由各界，包括工商界、金融界、劳工、宗教界等功能团体或一个有广泛代表性的选举委员会选举立法会议员。立法会议员人数逐步增加，直、间接选举产生的议员人数逐步扩大，最终将达到全部议员由普选产生的目标。《基本法》规定，特别行政区政府要对立法会负责。立法会还可以对行政长官提出弹劾。行政、立法从而可以相互配合、相互制衡。

（4）司法独立。特别行政区法院独立行使审判权。各级法院的法官根据由当地律师和知名人士组成的独立委员会的推荐，由行政长官任命。

三、行政体制改革

自1978年改革开放以来，随着中国由高度集中的计划经济体制向社会主义市场经济体制转变，行政改革也迈出了新的步伐，相继进行了1982、1988、1993、2003年围绕下放权力、转变职能这个重点进行的五次大改革，并取得了积极成效。

（一）1982年的改革

针对长期以来行政管理权力过分集中，影响地方和企业的积极性，干部队伍严重老化，机构臃肿，一级领导职务终身制等不适应现代化建设需要的问题，通过改革，在下放经济管理权限、财政收支权限、人事管理权限的同时，对各级政府机构进行了较大幅度的精简，提出了干部队伍年轻化、知识化等方针，开始建立正常的干部退休制度，实行行政首长负责制，取消了实际存在的领导干部职务终身制。以国务院为例，其机构由改革前的100个精简为61个，工作人员总编制缩减1/3左右。

（二）1988年的改革

从1988年开始，在继续下放权力的基础上，中央第一次提出了转变政府职能的要求，并且按照转变职能、精干机构、精简人员、提高行政效率以及克服官僚主义、逐步理顺政府同企业事业单位和人民团体的关系的目标，再次进行了机构改革。国务院部委由原来的45个减少为41个，其直属机构由原来的22个减少为19个，人员机构编制比原来的实际人数减少19.2%。

（三）1993年的改革

这次改革与前两次的最大不同点，在于把适应社会主义市场经济发展的要求作为改革的目标。改革的重点是转变政府职能，中心是“政企分开”。具体要求有：按照建立社会主义市场经济体制的要求，加强宏观调控和监督部门，强化社会管理职能部门，减少具体审批事务和对企业的直接管理；理顺国务院各部门之间的关系，合理划分职责权限，避免交叉重复，调整机构设置，精简各部门的内设机构和人员。据此，国务院组成部门由原来的41个减少1个，其直属机构由19个调整为13个，办事机构由9个调整为5个，国务院不再设置部委归口管理的国家局。

（四）1998年的改革

这次改革的目标是：建立办事高效、运转协调、行为规范的行政管理体系，完善国家公务员制度，建立高素质的专业化国家行政管理干部队伍，逐步适应社会主义市场经济体制和有中国特色的行政管理体制。这次改革的重点是国务院组成部门，包括其直属机构和办事机构。据资料统计，在此次国务院机构改革中，各部门内设机构减少了1/4，有100多项职能下放给地方政府、企业和社会，还有100多项职能在本院各部门内进行转移、合并。机关人员编制由3.2万人减少为1.67万人，从而为1999年开始的各级地方政府的机构改革提供了榜样。

（五）2003年的改革

这次改革的具体内容如下：①深化国有资产管理体制改革，设立国务院国有资产监督管理委员会。②完善宏观调控体系，将国家发展计划委员会改组为国家发展和改革委员会。③健全金融监管体制，设立中国银行监督管理委员会。④继续推进流通管理体制改革，组建商务部。⑤加强食品安全和安全生产监管体制建设，组建国家食品药品监督管理局。⑥将国家计划生育委员会更名为国家人口和计划生育委员会。⑦撤销5个机构。

历届国务院机构数量

1949年	政务院下设35个机构	1981年	国务院下设100个机构
1954年	国务院下设64个机构	1982年	国务院下设61个机构
1956年	国务院下设81个机构	1987年	国务院下设72个机构
1959年	国务院下设60个机构	1988年	国务院下设68个机构
1965年	国务院下设79个机构	1992年	国务院下设70个机构
1970年	国务院下设32个机构	1993年	国务院下设59个机构
1998年国务院下设部委由40个改为29个；2003年为28个。			

注：（1）表内数字包括国务院部委、直属机关、办事机构、部委归口管理的国家局。
（2）1987年后数字不含部委归口管理的国家局。
（3）1993年后不再设部委归口管理的国家局。

2003年的行政改革，紧紧抓住政府职能转变的主题，突出加强监督和监管力度，有助于推进政治体制改革和依法行政。近年来，行政改革的重点是继续转变政府职能，依法规范中央与地方的职能和权限，推进政府机构改革、行政执法体系改革、事业单位改革和国有资产管理体制改革，建立和完善决策机制、权力监督和约束机制，大力推进电子政务建设等。以转变政府管理模式，提高行政效能，建立一个服务型的、面向市场的、负责任的政府。

2003 年以来改革后的国务院组成部门

①外交部	⑮劳动与社会保障部
②国防部	⑯国土资源部
③国家发展和改革委员会	⑰建设部
④教育部	⑱铁道部
⑤科学技术部	⑲交通部
⑥国防科学技术工业委员会	⑳信息产业部
⑦国家民族事务委员会	㉑水利部
⑧公安部	㉒农业部
⑨国家安全部	㉓商务部
⑩监察部	㉔文化部
⑪民政部	㉕卫生部
⑫司法部	㉖国家人口和计划生育委员会
⑬财政部	㉗中国人民银行
⑭人事部	㉘审计署

问题思考

1. 阐述当代中国根本政治制度。
2. 如何进一步完善人民代表大会制度？
3. 阐述当代中国政党制度及中国特色。
4. 如何进一步加强执政党建设？
5. 简述特别行政区制度的内容。
6. 阐释中国民族区域自治制度的概念。

参考书目

1. 谢庆奎等：《当代中国政府与政治》，北京：高等教育出版社 2004 年版。
2. 高中课程标准试验教科书《思想政治》（2），北京：人民教育出版社出版 2007 年版。
3. 高雄飞主编：《当代中国概论》，广州：暨南大学出版社 2004 年版。
4. 浦兴祖：《当代中国政治制度》，上海：复旦大学出版社 2000 年版。
5. 虞云耀主编：《“三个代表”重要思想概论》，北京：人民出版社 2006 年版。
6. 吴爱明：《当代中国政府》，北京：中国人民大学出版社 2005 年版。
7. 蔡武主编：《人权知识干部读本》，北京：人民出版社 2006 年版。
8. 刘美珣：《中国特色社会主义》，北京：清华大学出版社 2004 年版。

第六章

山重水复　柳暗花明

——当代中国社会经济发展

时止则止，时行则行，动静不失其时，其道光明。

——《周易·艮卦》

十二亿人口怎样富裕，富裕起来以后财富怎样分配，这都是大问题。……要利用各种手段、各种方法、各种方案来解决这些问题。

——邓小平

目标导向

通过本章学习，帮助学生掌握当代中国社会主义初级阶段的基本经济制度和分配制度，了解当代中国选择社会主义市场经济体制的理论和实践基础，掌握社会主义市场经济的性质和内容，进而加深学生对当代中国社会主义经济重大方针的理解和认同。

要点提示

改革开放30多年来中国经济的发展取得了令世界瞩目的成就，目前中国已经成为世界上经济发展最活跃也最快的国家。长期以来，当代中国坚持以公有制为主体，多种所有制经济共同发展的基本经济制度，同时在初次分配中实行按劳分配为主，多种分配方式并存的基本制度，很好地保证了中国经济30多年来的迅速发展。

当代中国正在积极探索寻找一条符合国情、有特色、渐进式的市场经济发展道路，并逐步确立有中国特色的社会主义市场经济体制。实践表明，在科学发展观的指引下，中国是有可能实现国民经济又快又好并持续发展的。

第一节　当代中国基本经济制度——所有制结构

一、确立当代中国现行所有制结构的客观依据

生产资料所有制是从事一切生产活动的基础，指在生产活动中生产资料的归属问题，即生产资料归谁所有，它决定着人们在生产活动中的地位和相互之间的关系。生产资料所有制是生产关系的基础，不同的生产资料所有制形式决定人们在生产中的地位及其相互关系；生产资料所有制形式和人们在生产中的地位及其相互关系，又决定劳动产品的分配形式。以公有制为主体、多种所有制经济共同发展，是社会主义初级阶段的所有制结构，也是当代中国的一项基本经济制度。这一制度的确立，是由中国当前的社会经济发展状况和基本国情决定的。同时这也是当代中国社会主义初级阶段在经济制度上的基本特征。

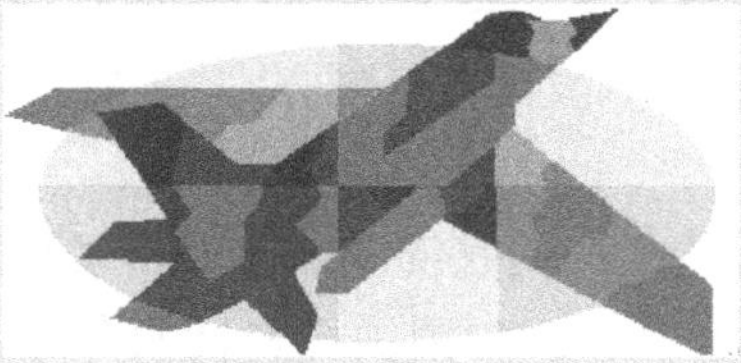

当代中国现阶段所有制结构的演变趋势："飞机模型"

国有经济——飞机头

集体经济——机身

私有经济——机两翼

合宜比例为3:4:3

生产资料所有制结构是指各种不同的生产资料所有制形式在一定的社会经济形态中所处的地位、所占的比重，以及它们之间的相互关系。它所反映的是社会当中各种所有制的外部关系。一个国家或地区实行哪一种所有制结构，必须依据该国家、地区的社会生产力发展水平、社会经济发展状况和一系列相关基本国情因素来决定。当代中国的发展在这方面有着深刻的历史教训。在改革开放以前的很长时期，由于种种原因，中国曾经力图建立单一的公有制结构，以致在 1975 年中国的工业总产值中，全民所有制工业占 83.2%，集体所有制工业只占 16.8%；在商品零售总额当中，全民所有制的商业占 90.2%，集体所有制的商业仅占 7%，几乎形成了公有制一统天下的局面，也导致社会生产力的发展遭受严重的阻碍。1978 年，当时中国的城乡私营经济几乎不复存在，个体经济也为数极少（城镇个体经济实体 1956 年还有 104 万个，到 1978 年只剩下 15 万个）。历史的经验证明，单一的所有制结构不符合目前中国生产力发展的需要，不利于生产力的进一步发展。改革开放以后，中国总结历史经验，确定以公有制为主体，允许和鼓励个体、私营、外资经济（外商投资经济）等非公有制经济发展的政策，并提出要长期坚持下去。还明确提出，只要是符合三个“有利于”（有利于提高社会生产力、有利于提高综合国力、有利于提高人民生活水平）标准的所有制形式，都可以而且应该为社会主义建设服务。

中国现行的多元化所有制结构是由生产力发展水平和其他经济发展水平决定的。具体来说有以下几个原因：第一，任何社会经济制度下的所有制结构都是多样化的。即便是西方发达国家既有大量的私有制经济，也有为数不少的国家所有制经济形式和其他经济成分的存在。同样，中国也可以在公有制经济居主体地位的同时，允许其他经济成分的存在。第二，这种多元化的所有制结构是由中国现阶段的基本国情决定的。当代中国正处于并将长期处于社会主义初级阶段，一方面，中国已经确立了社会主义的基本制度，社会主义在经济、政治、文化上都已占据了主导地位，在所有制结构上必然要求以公有制为主体；另一方面，中国还是世界上比较贫困的国家之一，生产力水平总体上比较低，生产社会化程度不高，而且发展很不平衡，不同所有制在各自领域发挥着不可替代的作用。因此，有必要让非公有制经济在主体经济的引导下得以相当的发展，以利于各种所有制经济之间互相取长补短，充分调动各方面的积极因素，繁荣社会经济。第三，多元化的所有制结构是中国实行市场经济的必然要求。市场经济的基本功能是让市场在资源配置中起基础性的调节作用，它是不同生产者之间进行商品交换和竞争的经济。如果只有公有制经济，那么就不存在真正意义上的商品交换和竞争，当然也没有市场经济的存在。多元化的所有制结构的存在，有利于发挥各种所有制形式的长处，避免只有单一的所有制存在从而造成垄断的局面。第四，多元化的所有制结构是中国实行对外开放的必然结果。随着生产力的不断发展，生产过程、交换过程和资本运作的国际化已经成为必然趋势。为了加快中国社会主义现代化建设的步伐，就必须利用国际资本，引进国外先进技术，学习国外先进的管理技术和经验。这样就有必要在国家的统一规划下，吸引外商到中国投资，创办“三资”企业，形成更大规模的多样化所有制经济模式。

由此可见，多样化所有制形式发展是同中国现阶段的生产力状况和国际经济发展的趋势相适应的，因而有利于中国生产力的发展。改革开放以来，中国国民经济每年以接近 10% 的速度增长，就充分证明了这一点。

二、当代中国社会主义初级阶段公有制经济

（一）社会主义公有制的含义及其主体地位

社会主义公有制经济就其实质而言，是社会主义条件下全体劳动者或部分劳动者共同占有生产资料的所有制形式。它同社会化大生产相适应，包括国有经济、集体经济以及混合所有制经济中的国有成分和集体成分。

公有制是社会主义经济的主体。公有制经济在整个社会经济中所占的主体地位主要体现在：首先，从数量上，公有制资产在社会总资产中占优势。公有制的主体地位是实实在在的，并非凭空捏造，它必须以强大的经济实力为基础。因此，公有制所拥有的生产资料必须在社会总资产中占优势，这是体现公有制主体地位的必要前提。其次，从质量上，公有制经济尤其国有经济是国家经济命脉，可对社会经济的总体发展起导向作用。再次，公有制的主体地位，还应体现为在竞争中不断发展和壮大自己的力量。在市场经济条件下，各种经济成分都能参与平等竞争，公有制经济只有在激烈的市场竞争中不断完善、壮大自己，才有可能保持自身的优势和主体地位。这表现为公有制经济整体素质要不断发展提高，包括技术进步、优化产业结构、扩大企业规模、提高优化管理水平以及生产更多更优质的产品等。公有制经济的主体地位是就国民经济整体而言的，并不意味着在所有领域和地区都必须这样。由于现阶段中国的社会生产力发展极不平衡，公有制经济所占的比例，在不同的地区、不同行业中会有很大的差别。

公有制经济的主体地位是由社会主义的性质以及它在国民经济中的作用决定的。第一，社会主义公有制经济是与社会化大生产相适应的，是同社会发展的方向相一致的。第二，公有制经济是社会主义制度的基本特征，是社会主义社会的经济基础，只有依靠作为主体的公有制经济的力量，社会主义国家才能充分利用经济手段引导个体经济、私营经济和外资经济沿着有利于社会主义的方向发展。第三，公有制经济控制着国民经济的命脉，拥有现代化的物质技术力量，控制生产和流通。第四，社会主义公有制经济是满足社会成员日益增长的物质文化需要，实现劳动人民经济上、政治上的主人翁地位和全体社会成员共同富裕的不可缺少的物质保证。

（二）社会主义公有制的实现形式

所有制不仅仅包括生产资料的归属问题，还包括与之相关的占有、处置、使用和收益等方面的经济关系。这些经济关系在法律中表现为相应的财产关系，相应的权利关系在法律上被认定为所有权、占有权、处置权、使用权和收益权（包括所有者收益权和经营者收益权）。所谓所有制的实现形式，就是在经济过程中界定和实现所有权及其派生权益的形式。所有制的实现形式如何，直接影响到所有制所容纳的生产力能否或在多大程度上发挥出来。公有制的实现形式，具体指的是公有资产的组织形式和经营方式。

生产资料所有制的实现形式是指社会或劳动者集体支配、经营生产资料，并对产品进行分配的具体方式，它主要包括以下几组关系，即资产或资本的组织形式和经营方式；资产的所有、占有、支配、使用关系；资产的运行方式和经营机制；产权制度的管理制度。

过去，中国对公有制经济的认识存在着一定的片面性，因此公有制一直采取国家所有制和集体所有制的特定实现形式，即在国家所有制中，国家集所有权和经营权于一身。企业完全成为行政机关的附属物，导致企业经济效率低下。集体所有制也采取了类似于国家所有制的实现形式。在农村，实行“三级所有，队为基础”和“政社合一”的实现形式，结果严重挫伤了农民的生产积极性。城镇集体所有制同样也是如此。国家一方面按国家所有制的管理办法进行管理，实行政企合一，统负盈亏，使集体企业成为各级政府的附属物；另一方面，人为地造成集体企业与国有企业的差别，把集体所有制看成公有制的低级形式、过渡形式，使集体所有制难以发挥应有的作用。历史证明，正是实现形式上的缺陷限制了公有制优越性的发挥。要发挥公有制的优越性，就必须大力改革公有制实现形式，寻求能够极大发挥和促进生产力发展的公有制实现形式。在中国改革开放的实践中，公有制的实现形式呈现出多样化的发展趋势，主要有以下几种：

一是社会主义全民所有制。社会主义全民所有制是社会全体成员共同占有生产资料的一种公有制形式，同工业、交通运输业中高度社会化的生产力相适应。社会主义全民所有制也是我们通常俗称的国家所有制（国有独资经营）。国家独资经营作为一种重要的公有制实现形式，主要集中在涉及国家主权、安全的领域，基础性、公益性很强的产业以及关系国计民生的基础产业、资源型产业、支柱产业、幼稚产业等方面。这些重要行业掌握在国家的手中，对维护国家社会政治的稳定、确保国家经济安全是非常必要的。

二是社会主义集体所有制。它是部分劳动者共同占有生产资料的一种公有制形式，是劳动群众根据自愿互利原则组织起来，实行独立经营、自负盈亏的合作经济组织。社会主义集体所有制经济是比较灵活的经济形式，可以容纳不同水平的生产力，可以广泛地适用于不同地区、不同生产类别。它的公有化程度、合作方式和分配方式，可以根据集体劳动者的需要和意愿进行调整和确定。目前，中国集体经济的主要形式有农村集体经济和城镇集体经济两种。在农业经济中，集体所有制以大量的合作社经济存在于广大农村并占绝对优势；在城镇，集体所有制以各种各样的股份合作制经济主要存在于工业、手工业、建筑业、运输业、商业、服务业等行业。

三是混合所有制经济。混合所有制经济是指在生产社会化和专业分工进一步发展的条件下，各种不同所有制经济按照一定的原则，主要以入股的方式将生产要素组织起来，进行统一经营、按股分红并负有限责任的所有制经济形式。混合所有制经济中的国有成分和集体成分并不改变自身公有制经济的性质。国有经济成分和集体经济成分通过与其他所有制经济的融合，可以更好地发挥公有制经济凝结其他经济成分，形成规模经济效益，保证和促进公有资本保值增值的作用。

三、当代中国社会主义初级阶段的非公有制经济

（一）社会主义初级阶段非公有制经济的主要实现形式

在中国社会主义初级阶段，在以公有制为主体的条件下发展多种所有制经济，允许非公有制经济存在发展，并使其成为中国社会主义市场经济的重要组成部分。中国的非公有制经济主要实现形式有个体经济、私营经济和外商投资经济（包含港澳台投资经济）。

《国务院关于鼓励支持和引导个体私营等非公有制经济发展的若干意见》

指出

改革开放以来，我国个体、私营等非公有制经济不断发展壮大，已经成为社会主义市场经济的重要组成部分和促进社会生产力发展的重要力量。积极发展个体、私营等非公有制经济，有利于繁荣城乡经济、增加财政收入，有利于扩大社会就业、改善人民生活，有利于优化经济结构、促进经济发展，对全面建设小康社会和加快社会主义现代化进程具有重大的战略意义。

要求

进一步解放思想，深化改革，消除影响非公有制经济发展的体制性障碍，确立平等的市场主体地位，实现公平竞争；进一步完善国家法律法规和政策，依法保护非公有制企业和职工的合法权益；进一步加强和改进政府监督管理和服务，为非公有制经济发展创造良好环境；进一步引导非公有制企业依法经营、诚实守信、健全管理，不断提高自身素质，促进非公有制经济持续健康发展。

提出

放宽非公有制经济市场准入。允许非公有资本进入法律法规未禁入的行业和领域。允许外资进入的行业和领域，也允许国内非公有资本进入，并放宽股权比例限制等方面的条件。在投资核准、融资服务、财税政策、土地使用、对外贸易和经济技术合作等方面，对非公有制企业和其他所有制企业一视同仁，实行同等待遇。

要求

加大对非公有制经济的财税金融支持，完善对非公有制经济的社会服务，维护非公有制企业和职工的合法权益，引导非公有制企业提高自身素质，改进政府对非公有制企业的监管，加强对发展非公有制经济的指导和政策协调。

资料来源：王永卓编制（新华社发）。

第一，个体经济，指劳动者个人占有生产资料，并以个人（包括家庭成员）劳动为基础的一种所有制经济。个体经济具有规模小、工具简单、操作方便、经营灵活等特点。一般来说，个体经济同分散的生产力相适应，但也可以同社会化大生产相联系。中国社会生产力的发展水平普遍不高，因而在相当广泛的范围内，特别是在以劳务为主和适宜分散经营的经济活动中，在那些群众需要而国家和集体又不能有效地经营的行业中，都应长期地大力发展个体经济。即使将来中国的生产力有了相当的发展，个体经济仍会在一定范围内存在，以弥补现代化大企业生产的不足。

第二，私营经济，指以生产资料私人占有和雇佣劳动为基础，以获取利润为生产经营目的的私有制经济。在社会主义市场经济中，私营经济具有双重性质：一方面，私营经济是私人占有和支配生产资料，依靠雇佣劳动进行生产经营，私营企业主凭借其占有和支配的生产资料占有雇佣劳动者的剩余劳动；另一方面，它是在社会主义公有制占主体地位的条件下产生和发展的，它的生产经营活动与公有制经济有着密切的联系，并要在社会主义国家法律所规定的范围内进行，是为发展社会主义经济服务的。另外，它的雇工是社会主义国家的主人，他们的基本经济利益和政治权利是受国家相关法律保护的。

第三，外商投资经济（包括港澳台投资经济），指外国投资者和港澳台投资者根据中国法律、法规在中国内地开办的独资企业、合资企业和合作企业中的外商和港澳台投资部分。独资企业是指外商和港澳台投资者经批准，在中国境内租赁土地、独自投资、独自管理、自负盈亏的企业。合资企业是中国经济组织同外商合作，港澳台投资者共同投资、共同经营、共负盈亏、共担风险的企业，它的分配按双方投资者的投资份额进行。合作企业是指由外商和港澳台投资者出资金、设备，中方出土地、劳动力，双方签订合同，合作经营的企业；在合同期限内，外商和港澳台投资者可以用提取折旧的办法收回投资，按照合同规定享有权利、履行义务、分享企业利润，合同期满后，企业归我方所有。

（二）社会主义初级阶段非公有制经济的作用

非公有制经济是社会主义市场经济的重要组成部分，是社会主义市场经济中与公有制经济平等竞争、相互融合的成分，并将在以后相当长时期内发挥作用。具体来说：①非公有制经济已经成为中国国民经济最具活力的部分之一，是国民经济发展的一个增长点，生产了大量的物质产品和劳务产品，在满足人民不同层次需要方面发挥着重要作用。②它们增加了社会资本，为国家提供了大量的税金。③它们吸纳了大量人员就业，为社会稳定作出了贡献。④它们促进产业结构的调整和升级，加快了第三产业的发展。⑤它们促进了公有制经济的改革，加快了社会主义市场经济体制的建立。

非公有制经济发展适应了中国现阶段生产力发展水平，有利于社会主义市场经济的发展，有利于建设中国特色社会主义事业。因此，要积极鼓励、引导非公有制经济，使其健康发展，主要从以下几个方面入手：一是贯彻实施以公有制为主体、多种所有制经济共同发展的方针，鼓励非公有制经济健康发展。国有经济要充分利用自身优势，发挥控制力和影响力，带动集体经济和非公有制经济共同发展。二是加强对非公有制经济发展的引导。把非国有经济发展纳入国民经济和社会发展计划，纳入有关的产业政策。三是加强对非公有制经济的监督。制定有关的法律法规和宏观政策，为各种所有制经济平等竞争、共同发展创造良好的体制环境和政策环境；完善有关管理法规，使管理有法可依，进一步规范企业的组织形式和经营行为；加快管理体制改革，改进管理方法，逐步由以行政手段为主转向以经济手段和法律手段为主；加强监管力度，坚决制止不正当行为和侵犯消费者权益的行为，打击违法经营行为；发挥各种协会等中介组织的作用，加强行业自律机制，建立党团组织，加强群众组织的监督作用。

第二节　当代中国基本分配制度

一、中国个人收入分配制度的变迁

传统体制下的个人收入制度是以国家为中心构建起来的，就其基本规定来看有以下三个方面：一是国家以社会的名义直接对个人进行分配，劳动者创造的国民收入首先要交由国家集中控制，国家在进行了各项必要的社会扣除后，直接对劳动者个人进行分配。二是收入分配过程不是通过微观主体间的相互等价交换，而是通过纵向的收入分配机制，通过国家确定的分配形式和分配渠道来实现的。三是在这种分配制度下，收入分配过程和收入调节过程被统一为一个过程。因此，国家确定的收入分配标准即为可支配收入分配的标准，劳动者个人按此标准取得的收入即为可支配收入。由此看来，传统的个人收入制度带有集中统一性、单一性的特点。

随着中国经济体制改革的不断深化，中国收入分配关系和个人收入分配方式发生了深刻变化，单一的分配方式逐步为多种分配方式并存所取代，既有体现社会主义公有制经济关系的收入分配方式，也有体现非公有制经济关系的收入分配方式；既有体现市场经济一般特性的分配方式，也有体现社会主义市场经济独特性的收入分配方式。多种收入分配方式大体上可以分为五类：一是按劳分配；二是按资分配；三是按劳动力价值分配；四是按资产分配；五是其他方式，如国家按公平原则进行的再分配等。多种收入分配方式并存是中国个人收入分配制度的一个重要特点。

二、按劳分配为主体、多种分配方式并存的分配制度

中国自改革开放以来逐步确立了以按劳分配为主体、多种分配方式并存的分配制度，即按劳分配和按生产要素分配相结合的分配制度，这是当代中国的基本分配制度。

（一）按劳分配是当代中国现阶段最基本的分配方式

按劳分配是指在社会主义社会，每一个有劳动能力的人都应该尽自己的能力为社会劳动，社会以劳动作为分配个人消费品的尺度，按照劳动者提供的劳动数量和质量分配个人消费品，等量劳动领取等量报酬，多劳多得，少劳少得，不劳不得。

实行按劳分配原则是由中国现阶段的经济发展状况所决定的：①中国现阶段实行坚持

公有制为主体、多种所有制经济共同发展的所有制结构，分配原则要与之相适应。当代中国要坚持并发展多种形式的公有制，必然要求在分配中坚持以按劳分配为主要原则，这体现了劳动者在生产资料公有制方面的平等。②现阶段中国社会生产力发展水平是实行按劳分配的物质条件。现阶段的社会生产力发展水平还比较低，远没有达到产品极大丰富的程度，所以只能实行按劳分配，以适应目前的社会生产力发展水平的要求，并促进生产力继续向前发展。③现阶段劳动还是作为个人的谋生手段，这是实行按劳分配的直接原因。在当今社会的现实中，由于社会分工以及人们的劳动差别仍然存在，因此只有把劳动者的劳动状况与劳动报酬联系起来，才能调动劳动者的生产积极性，才能推动社会生产的发展。实践证明，有什么样的社会生产力水平，就要有与之相适应的分配方式，按劳分配原则必须坚持，但是按劳分配的具体实现形式又必须依据社会主义社会生产力发展的现实状况进行探索。

（二）按生产要素分配及其具体形式

现实中由于社会和经济的种种原因，当代中国现阶段按劳分配还不能作为完全覆盖全社会的唯一分配方式，所以多种分配方式的同时存在有其客观必然性：①现阶段存在多种所有制形式，不仅存在多种公有制的实现形式，还存在多种非公有制的实现形式。与此相适应，必然存在多种分配形式。②社会主义社会市场经济的存在和发展，决定了商品及商品化了的生产要素都有自己的价格，使用者必须支付等价才能获得这些商品及商品化了的要素。这样，与要素价格相联系的分配范畴和分配方式如股息、利息、租金等必然相应存在。③现阶段中国的所有制实现形式的多样化，必然导致分配方式的多样化。总之，多种分配方式并存是同当代中国现阶段的客观经济条件相适应的。按生产要素分配产生于生产要素个人所有的基础之上，是指根据生产要素个人所有者投入生产要素的贡献大小，获取相应要素报酬的分配方式。

生产要素分配形式：

（1）按劳动力价值或价格分配。即劳动者向企业提供劳动，企业按劳动力的价值向劳动者支付报酬——工资的分配形式。

（2）按科学技术分配。指科学技术的所有者将其自身技术投入生产，并根据其贡献大小获取报酬的分配形式。

（3）按信息分配。指信息所有者依据其所提供的信息在生产中的贡献获得相应报酬的分配形式。

（4）按企业家才能分配。即企业家根据自己投入生产经营中的管理才能对企业贡献的大小，获取相应报酬的分配形式。

（5）按资本分配。指个人消费资金剩余后用于投资，依据资金量的多少获取投资收益的分配形式。

（6）按土地分配。指居民以土地使用权获取收入的分配形式。

中国现阶段按生产要素分配原则的确立和发展，将有助于居民和家庭确立其市场经济条件下生产要素供给主体的地位，使之由过去的单一消费主体，逐步转变为消费主体、要素供给主体和市场交易主体等多元主体，有利于优化资源配置，提高效率，促进经济发展，维持社会稳定，并促进中国整个分配制度以及工资政策的改革和调整，从而有助于中国市场经济的发展和人民生活水平的提高。

三、社会主义初级阶段的收入分配政策

（一）“先富”、“共富”的分配政策

改革开放以来，中国实行允许一部分人、一部分地区通过诚实劳动先富起来，最终实现共同富裕的政策。共同富裕是社会主义社会的本质要求，是长期奋斗所必然要实现的最终目标。但是，在当前社会转轨时期，由于种种因素的制约，在地区之间、社会不同阶层之间存在着收入差距。要缩小这种收入差距，实现共同富裕，需要相当长的历史过程。因此，让一部分人、一部分地区先富起来，就具有客观的必然性。

（1）“先富”、“后富”是实行按劳分配原则的必然结果。承认按劳分配的原则实际上是承认不同的个人天赋和劳动能力的天然差别。由于劳动者在现实生活中存在体力、智力以及赡养家庭人口的差别，在以劳动作为唯一尺度分配个人消费品时，不同的劳动者获取的劳动报酬不同，其生活水平和富裕程度也会不同，由此而形成的个人收入差距是必然的，并将在中国社会中长期存在。

（2）“先富”、“后富”是实行多种所有制和多种分配方式并存的必然结果。当代中国存在多种所有制形式，实行多种经营方式，与之相适应实行了多种分配方式，这种由所有制和分配方式不同造成的个人收入差距，远远大于按劳分配所造成的差别，在约束条件不太完善的情况下，这种差距在一定时期还会扩大。

（3）“先富”、“后富”是发展市场经济的必然结果。市场竞争使得企业之间的优胜劣汰成为不可避免的现实。经营不善的企业一旦破产，其企业的职工就要面临下岗、失业；而在竞争中占优势的企业则生意兴隆，其职工的收入自然上升。这必然会导致个人收入上的差别。

（4）“先富”、“后富”还是由于地区经济发展不平衡所造成。当代中国城乡之间、地区与地区之间发展极不平衡，这是历史、地理、文化、交通以及现实政策等多种因素共同作用的结果，而且在短期内难以消除。因此，个人收入的千差万别也必定在现实生活中存在。

可见，当代中国实行的从“部分先富”走向“共同富裕”的政策，是基于对中国现实国情的充分认识而提出来的。实践证明，这项政策的提出有着重大的现实意义，它极大地鼓励和激发了企业和劳动者的积极性，使他们能更好地发挥各自的优势和潜能，为社会的发展创造财富。“部分先富”的地区和个人还能产生极大的鼓励和示范作用，未富裕起来的地区和个人要在这种示范、激励、带动作用下发愤图强，努力赶超，而不应该只消极等待政府政策的倾斜和投入的增加；先富起来的地区和人民在为国家多作贡献的同时，也要帮助欠发达地区脱贫致富，携手实现共同富裕的目标。当然，让一部分地区、一部分人

先富起来，自然会在一定时期内引起地区和个人收入之间富裕程度的极大不同，问题的关键是要把这种差别控制在社会可以接纳的合理范畴。为此，国家在执行政策时既要引导先富起来的地区帮助那些相对落后的地区，同时国家还可以通过对先富地区的人民征收合理的所得税，用于落后地区的经济建设。

（二）“效率优先、兼顾公平”的收入分配总政策

效率与公平的平衡是一个世界性难题，许多市场经济国家在处理这个问题时常常会陷入顾此失彼的尴尬境地。“效率优先、兼顾公平”是作为个人收入分配的总政策提出来的，其确切含义是在对各类主体进行国民收入初次分配时，必须按照有利于充分调动各产权主体（包括人力资本产权主体和非人力资本产权主体）进行劳动和投资的积极性和创造性的原则（即效率优先的原则）来进行，承认个人在生产要素拥有的质和量以及个人对生产或财富创造上贡献大小的差别，进而承认个人之间按劳动收入和生产要素收入的差别；同时强调政府要通过相应的常规性制度安排和灵活的宏观收入调节政策或再分配手段，来协调社会成员之间的收入差距，把他们之间的收入差距控制在经济上比较合理和社会成员在心理上能够承受的范围内，以始终保证缺乏要素禀赋的社会成员（弱者）的基本生存权和相应的发展权，并防止因社会成员之间的收入差距过分悬殊而导致的经济发展梗阻和社会震荡，进而保证经济和社会的全面发展及共同富裕的社会主义目标逐步实现。

把“效率优先、兼顾公平”作为社会主义初级阶段收入分配总政策，首先是因为中国总结了过去国内外经济发展的历史经验，得出经济效率与社会公平即收入分配平等之间的最佳抉择是“效率优先、兼顾公平”。发展社会主义市场经济意味着以“效率优先”为主要目标的经济政策在实践中要加以有效贯彻执行。“兼顾公平”需要有一整套社会收入分化的调节与整合机制，它能把市场化所带来的个人收入差距控制在经济上比较合理和社会成员普遍可以接受的范围内。但是在效率上有合理性的市场收入分化，也会带来两个方面的负面影响：一是使缺乏要素禀赋的社会成员（弱势群体）的生存权受到威胁；二是使经济发展面临相对过剩的经济危机的干扰和破坏。因此，对市场经济作用的必然后果我们必须保持清醒的头脑，并运用适当的宏观政策和制度安排对此加以及时而有效的调节与整合。

（三）不断调整和完善收入分配政策，深化收入分配制度改革

中国要构建全民共享的和谐收入分配制度就要不断调整和完善收入分配政策，深化收入分配制度改革。

一是要努力构建和谐收入分配制度。首先要从资本、劳动、技术等生产条件的分配开始，“创造条件让更多群众拥有财产性收入”。尽管现代生产中技术、管理、信息等要素的作用越来越大，但在分配中处于支配地位的要素仍是资本（或财产），谁拥有的财产多，谁在分配中就越有机会处于有利地位。因此，让人们共享发展成果的最根本的办法是让他们逐步获得、拥有并能够有效地支配、运用财产。

二是要不断完善初次分配的和谐制度。处理好初次分配中公平与效率的关系，是构建和谐收入分配制度的重点。“提高居民收入在国民收入分配中的比重”，让发展成果为全体民众所共享。“提高劳动报酬在初次分配中的比重”，使那些只能凭劳动力赚取收入的低收

入者，更多地分享到经济发展的果实。“取缔非法收入”，“打破经营垄断”，一方面要通过制度规范来彻底铲除权力寻租等非法收入；另一方面要通过制度的创新和完善改变垄断行业的特殊地位。

三是重点强化再次分配的和谐制度。再次分配是确保完整的一次生产的分配和谐的最后一道防线，也是下一次生产开始前的条件分配，进而再一次的初次分配是更好地符合社会公平与社会效率统一目标的重要保证，因此“再分配更加注重公平”对经济长期稳定协调发展至关重要。具体来说：①“强化税收调节”，调节过高收入，通过合理征收个人所得税、遗产税等来限制合理的高收入。②“扩大转移支付”，提高低收入者的收入，从而保障他们基本的生存和发展需求，进而提高他们以及其后代在新一轮社会生产中的竞争地位。③“加快建立覆盖城乡居民的社会保障体系”。目前，低收入者在教育、医疗、就业和社会保障等许多方面都处于弱势的地位，结果是收入差距的代际传递。要尽快完善社会保障体系，再分配向低收入者倾斜，特别是要由侧重“生存保障”转为侧重“发展保障”。

第三节　社会主义市场经济体制

一、计划和市场都是经济手段

（一）社会资源及其配置方式

各种各样的物质资源是人类满足自身生存所必须具备的最基本的条件。在现实社会中，满足人们需要的物质和劳务通常称为社会资源。它包括自然资源和经济资源。随着社会的发展，人类的物质需求不断扩大，而资源相对于人类的需求来说是有限的。这就形成了资源的稀缺与人类需求无限之间的矛盾，从而迫使人类必须合理地利用资源，并研究资源的配置方式。到目前为止，资源配置的方式即手段主要有两种：一种是通过行政手段实现的资源配置方式；另一种是通过市场机制导向实现的资源配置方式。以行政手段为主来配置资源就是计划经济，以市场为主来配置资源就是市场经济。

计划经济一词有双重含义：一是从经济的运行方式来看，指明这种经济靠人们预先规划，用行政手段在各种经济行为主体之间配置资源；二是从经济的运行状况来探讨，指明在这种经济中，社会能够有意识地保持国民经济的平衡发展，即按一定的比例发展。而市场经济则是以竞争性的市场机制为主，以自治、自律、自负盈亏的企业为主体来配置各种经济资源的一种经济体制或经济运行方式。资源配置是任何国家政府，在任何经济体制、经济制度下都必须要进行的活动。计划经济和市场经济都是资源配置的手段，不应相互排斥。事实上，当今国际上大部分国家和地区都是同时运用这两种手段配置资源的。

（二）计划经济体制的基本特征

计划经济体制的基本特征是：①高度集中的行政性指令计划由中央机构制订，以行政指令形式层层下达到企业。作为行政机构附属物的企业没有独立的经济决策权。②生产要素统一调拨，按计划供应。③计划平衡决算的差额成为显示产品稀缺程度的主要信号。④收入统一分配，即企业利润上交，个人收入实行固定等级工资制。

选择计划经济体制曾有其特定的历史条件，计划经济体制曾有过重要的历史作用。在军事上，它在对抗外来势力的层层封锁和军事压力方面曾经起过有效的作用。例如，苏联实行这种体制，能够集中最大的人力、物力发展重工业，为第二次世界大战中反法西斯战争的胜利奠定了物质基础。在经济上，它曾经取得过震惊世界的高速增长。例如，中华人民共和国在成立初期曾借助这种体制，在较短的时间内建立了比较完善的工业体系，迅速地增强了国家的经济实力，从而能以大国的姿态自立于世界。在经济体制上，计划经济的实施，推动了西方国家走向有宏观调控的市场经济。第一个走向有宏观调控的市场经济的美国政治家——罗斯福总统实行的新政，就借鉴了苏联计划经济的经验，走出了世界经济危机的险境。

计划经济体制也存在历史局限性。计划经济体制的致命弱点在于它不能起到有效的激励作用，即计划经济体制在整体运作上是低效率的，具体表现为：

（1）假设利益追求一致的不可实现性。计划经济体制的一个重要出发点是假设社会全体是一个没有利益冲突矛盾的共同体。在事实运行的社会中，迄今为止世界上任何一个国家，无论作为个人还是团体，都有其自身的特殊利益追求。计划经济体制则以抹杀人的利益差别为前提，这显然是不可能实现的。

（2）精确预先核算的不可行性。计划经济体制是以“社会理性”、“万能政府”作为假定前提的。这种假定前提包括社会能精确无误地了解社会需求、社会资源、生产者的各种生产因素以及每个劳动者的劳动贡献，具有高度发达的社会信息手段、高度精确的计算技术和高度灵敏的反馈机制。这些假设在现实社会中是难以实现的。

（3）高度集权的运作模式导致整个社会的行政化、官僚化、等级化和神秘化，造成整体社会活力逐渐萎缩，经济运行效率低下。由于计划经济体制缺乏激励的驱动力，因而它的运行只能把行政控制扩展到全社会。所有的企业、单位的人、财、物都必须遵守行政指令，社会所有资源只能是“公有制一统天下”。因此，人们的劳动表现与物质利益失去必然联系，而经济运行的本身又必须调动人们的劳动积极性，所以整个计划经济体制的运行只能依赖无休无止的政治运动和各种各样的行政指令。

计划经济体制存在以上种种弊端，其局限性限制了社会经济的发展，为此人们不得不另辟蹊径，寻找新的有效的资源配置方式。

（三）市场经济体制的基本特征

资源配置主要通过市场机制导向的作用来实现的就称为市场配置。以市场配置为主的经济体制称为市场经济。它不是某种特定社会制度所独有的，而是现代商品经济配置资源的一般方式。

市场经济的主要特征是：①经济主体决策分散化。在市场经济体制下，经济决策是由各个独立的经济主体分散进行的。每个市场主体既是决策主体、责任主体，也是行为主体和利益主体。②生产要素流动市场化，推动资源优化配置。③市场机制是社会经济运行的基础。

供求、价格、竞争的相互作用，使资源流向最有效，实现社会经济的高效运行。④按生产要素贡献和市场效益分配市场份额，刺激市场主体最佳地投入生产要素，在竞争中提高市场效率，以实现收入最大化，有助于在整个国民经济范围内实现资源配置的高效率。

现代市场经济作为一种克服传统计划经济体制弊端的经济体制，它解决了经济运行中的两个根本问题，即经济主体的内在动力和整个社会的经济运行效率。实践证明，到目前为止市场经济是较好的资源配置方式。一是市场经济的优势在于它克服了计划经济体制下高度集权、信息不灵、缺乏活力等弊端。市场经济通过以价格为主的信息结构，使每个市场主体以此为导向，主动地调整自己的技术、经营行为，从而使微观经济活动趋向宏观管理目标。二是市场经济以利益驱动和竞争压力为主的动力结构，有利于发挥人们的主动性和创造力，以促进生产技术、生产组织和产品结构的不断创新，使整个国民经济日趋繁荣。三是市场经济中的各个经济主体，由于其内在的利益冲突和外部竞争压力的驱使，其生产要素不断地在企业之间、部门之间、地区之间流动，即使是存量资源也会随着市场条件的不断变化而重新流动，自觉进行资源的再配置。这种资源和资产重组的过程，做到了物尽其用。

市场经济体制也存在自身不可克服的缺陷，即市场失灵。例如，公共消费品的生产和供给问题；市场竞争机制中如何解决公平竞争和垄断问题；企业、生产者或消费者对生态、环境和资源的污染和破坏等问题；消费者信息不对称造成交易不公平的问题；社会成员收入分配不公的问题等。此外，由于利益的驱动，市场在其运行的过程中必然会出现某些无序状态和失范行为，如市场进入规则不完善，导致无证经营、假冒伪劣产品充斥一时；市场交易规则不完善，导致不法行为常有发生等现象。这是市场机制本身无法有效克服和纠正的。所以当代市场经济国家无一例外地进行政府的宏观调控。由于各国的历史背景和所处发展阶段不同，政府干预和宏观调控的力度、方式和手段也是不一样的。当代中国是一个发展中国家，经济发展还很落后，正处在经济转轨时期，更需要健全宏观调控体系，以确保经济持续、稳定、健康发展。

二、社会主义市场经济体制的建立

（一）社会主义市场经济的基本属性

社会主义市场经济就其本质而言，既属于现代市场经济的范畴，又是一种新型的具有特殊性的社会主义经济形式，是社会主义市场经济与社会主义基本经济制度结合在一起的新型市场经济，因此存在因基本社会制度差异而体现出来的特殊属性。主要表现在：①社会主义市场经济在所有制结构上，坚持公有制为主体、多种所有制经济共同发展的市场经济；②社会主义市场经济在分配方式上，坚持按劳分配为主、多种分配方式并存的市场经济，其实施效率优先、兼顾公平的原则，追求逐步实现共同富裕；③社会主义市场经济是社会主义国家能够实施有效调控的市场经济，即在宏观调控上使人民的眼前利益、局部利益与整体利益结合起来，更好地发挥计划与市场两种调节手段的长处，是客观市场调节和国家宏观调控的有效结合。④社会主义市场经济是以社会主义基本经济规律为主导的市场经济。社会主义基本经济规律和按劳分配原则是社会主义特有的经济规律，它决定了社会主义市场经济的发展是以提高最广大人民的物质、文化生活水平为出发点和最终目标的。

（二）当代中国社会主义市场经济的完善

建立社会主义市场经济体制是一项艰巨而又复杂的社会系统工程。当代中国经济体制改革的目标是建立社会主义市场经济体制。从1979年开始，中国经过30多年的深化改革，传统的计划经济体制已经被打破，市场机制已经开始发挥基础性调节作用，中国的市场化改革取得举世瞩目的成就。但是目前传统旧体制的因素还在某些领域发生作用，双轨制的现象在现实生活中仍然存在。因此中国要建立起比较完善的市场经济体制，就要完成以下几个市场化改革的主要环节，也就是当代中国市场经济体制必须具备的基本框架。

1. 改革国有企业，建立现代企业制度

现代企业制度，是指适应社会化大生产需要，反映社会主义市场经济要求，产权明晰、权责明确、政企分开、管理科学的企业制度。产权明晰指的是要使企业财产所有权和企业法人财产权都有明确界定。国有企业中的国有资产所有权属于国家，企业拥有包括国家在内的出资者投资形成的全部法人财产权，成为享有民事权利、承担民事责任的法人实体。权责明确是指所有者（出资者）同企业经营者各自均有明确的权利和责任。企业以其全部法人财产，依法自主经营、自负盈亏、照章纳税，对出资者承担财产保值增值的责任。出资者按照其投入企业的资本额，享有所有者的权益，即资产受益、重大决策和选择管理者等权利。企业要受到所有者的约束，不得损害所有者的权益。政企分开是指政府部门和国有企业各司其职、各尽其责。企业按照市场要求组织生产经营活动，以提高劳动生产率和经济效益为目的，政府作为社会经济管理者不能直接参与和干预企业的生产经营活动。管理科学是指建立科学的领导体制和组织管理制度，调节所有者、经营者和职工之间的关系，形成有激励、有约束的经营机制。当然，建立现代企业制度是一项艰巨复杂的任务，必须通过试点积累经验后再逐步推行。

2. 培育和完善市场体系

经过30多年的深入改革，当前中国的商品市场已经基本形成，绝大多数的生产资料和消费品的生产、分配销售和价格的形成，都已经纳入市场调节的轨道。但是生产要素市场的发育目前还比较薄弱，当前的重点是发展生产要素市场，包括发展金融市场、劳动力市场、房地产市场等。要改革金融体制，完善金融市场。要改革劳动制度，逐步形成劳动力市场。要规范和发展房地产市场，加强土地管理，加快城镇住房制度改革，促进住房商品化和住房建设的发展。进一步发展技术、信息市场。引入竞争机制，保护知识产权，实行技术成果有偿转让。进一步发展要素市场和商品市场，还要深化价格改革。在保持价格总体水平相对稳定的前提下，开放竞争性商品和服务的价格；加速要素价格市场化的进程，建立和完善少数关系国计民生的重要商品的储备制度，平抑市场价格，改善和加强对市场的管理和监督。建立正常的市场进入、市场竞争和市场交易秩序，保证公平交易和平等竞争；建立有权威的市场执法和监督机构，加强对市场的管理；打破地区和部门对市场的分割和封锁，形成统一、竞争、有序的大市场。

3. 转变政府职能，建立健全宏观调控体系

政府的经济管理的职能应该主要是制定和执行宏观调控政策，搞好基础设施建设，创造良好的经济发展环境。同时要培育市场体系，监督市场运行和维护平等竞争，调节合宜的分配方式和组织社会保障，控制人口增长，保护自然资源和生态环境，管理国有资产和监督国有资产经营，实现国家的经济和社会发展目标。政府运用经济手段、法律手段和必要的行政手段管理国民经济，不直接干预企业的生产经营活动。为此进一步深化财税、金融、投资及计划体制的改革，从而建立计划、金融、财政之间相互配合的宏观调控机制。国家制订各项社会经济发展计划要以市场为基础，计划工作的重点是国家社会经济生活中的中长期计划，突出宏观性、战略性以及政策性。计划工作的任务是合理确定国民经济和社会发展的具有战略性意义的宏观调控目标和产业政策，搞好经济预测，规划重点经济结构、生产力布局、国土整顿和重点建设。要建立新的国民经济核算体系，完善宏观经济的监测预警系统。合理规划中央和地方的经济管理权限，充分发挥中央和地方两个不同层面的积极性。

4. 建立合理的个人收入分配制度

在社会主义市场经济条件下，分配制度应该体现效率优先、兼顾公平的原则，实行按劳分配为主体、多种分配方式并存的制度。贯彻效率优先、兼顾公平的原则，国家依法保护法人和普通居民的一切合法收入，在劳动者个人劳动报酬方面引入竞争机制，多劳多得，允许一部分地区、一部分人通过诚实劳动和合法经营先富起来；同时，通过分配政策和税收进行调节，防止收入过分悬殊和两极分化明显；倡导先富的带动和帮助后富的，逐步实现共同富裕的目标。此外，对侵吞公有财产和采用偷税抗税、行贿受贿、贪赃枉法等非法手段谋取收入的，要依法进行查处和惩罚。

5. 建立合理的多层次的社会保障制度

社会保障体系包括社会保险、社会救济、社会福利、优抚安置、社会互助、个人储蓄积累保障。社会保障水平必须和中国当前的社会生产力发展水平以及各方面的承受能力相适应。受社会经济发展水平的制约，中国难以像某些发达国家那样实行高福利的社会保障制度，而为了社会稳定，不导致收入分配过分悬殊，也不能像某些发展中国家那样只保护少数人的利益。目前，中国正处在新旧体制转变的过程中，要建立社会主义市场经济体制、转换企业的经营机制，改革当前中国社会保障制度中的社会保险制度就显得尤为紧迫。因此，目前在中国要建立和完善社会保障体系，必须以社会保险特别是养老保险、失业保险和医疗保险的改革为重点，确实照顾到转轨时期社会各个阶层、集团和最广大民众的切身利益。

第四节　国民经济又好又快发展

一、国民经济又好又快发展的提出

中国自改革开放以来，实施现代化建设“三步走”的发展战略，国家经济持续快速发展，经济总量大幅增长，人民生活水平也由原先的温饱不足发展到小康。又好又快发展是要求在经济发展中把质量和效益放在突出位置，在注重质量和效益的基础上追求发展速度。

“快”是对经济发展速度的强调，“好”是对经济发展质量和效益的要求。中国 GDP 总量从 1990 年的全球第十一位上升到 2006 年的第四位，并成为世界第三贸易大国。但多年来粗放型的经济快速增长方式造成资源相对短缺、生态环境脆弱、环境容量相对不足的局面，提出国民经济又好又快发展是中国社会经济持续发展的迫切需要，是确保 2020 年全面实现小康社会奋斗目标的需要。同时，提出国民经济又好又快发展也是中国应对世界科技革命和提高中国竞争力的需要。当今世界新科技革命迅猛发展，科技成果转化和产业更新换代的周期越来越短，科技作为第一生产力的地位和作用越来越突出，坚持走中国特色自主创新道路、提高自主创新能力是根本出路。

又好又快发展是有机统一的整体，既要保持经济平稳较快增长，防止大起大落，更要坚持好中求快，注重优化结构，努力提高经济运行的质量和效益。

二、国民经济又好又快发展的主要实现途径

（一）首先是要提高自主创新能力，建设创新型国家

创新是一个国家、民族发展进步的源泉和动力。创新型国家是指以技术创新为经济社会发展核心驱动力的国家。其主要表现为整个社会对创新活动的投入较高，重要产业的国际技术竞争力较强，投入产出的绩效较高，科技进步和技术创新在产业发展和国家的财富增长中起重要作用。

改革开放以来中国科技发展水平和产业结构的技术构成发生了重大变化，劳动力素质也有了相当提高。但面对日新月异的科学技术变革，面对日益强化的资源环境约束，面对以创新和技术升级为主要特征的激烈的国际竞争，中国自主创新能力薄弱的问题已经日益成为发展的瓶颈。当前中国把推进自主创新、建设创新型国家作为落实科学发展观的一项重大战略决策。中国增强国家的自主创新能力的重要措施主要有加强知识产权保护；加速科技成果转化，实现资金变为技术、技术变为资金、资金变为更高层次技术的良性循环；进一步完善以企业为主体、产学研结合的创新体系，对自主创新企业给予税收优惠政策；大力改善科技人员的待遇，用高薪吸引优秀人才，有选择性地引进国外高科技人才，建立高科技创业资金，为高新技术企业提供宽裕的发展环境；政府加大科技投入，特别是基础科学以及航天、生物、新能源等高科技领域的投入；政府大力扶持一批拥有自主知识产权、自主创新能力、全球知名品牌的重点企业；政府采购时首先考虑采购拥有民族自主知识产权的产品；努力改变目前的应试教育体系，大力培养青少年的创造力。

（二）转变经济发展方式，坚持走中国特色新型工业化道路

转变经济发展方式，走中国特色新型工业化道路，是根据现阶段中国发展的客观现实提出的重大战略思想，是推动国家经济社会发展必须坚持的正确方向。主要包括以下三项内容：

第一，促进经济增长由主要依靠投资、出口拉动向依靠消费、投资、出口协调拉动转

变。促进消费与投资的结构调整，努力扩大消费。扩大国内消费的关键是努力提高居民收入水平。只有通过深化收入分配制度改革，逐步提高居民收入在国民收入分配中的比重，更加重视社会公平，才能从根本上解决扩大国内消费的问题，才能协调消费与投资对经济增长的拉动关系。第二，促进经济增长由主要依靠第二产业带动向依靠第一、第二、第三产业协同带动转变。调整产业结构，首先必须毫不动摇地巩固农业在国民经济中的基础地位，加强农业基础地位，使农业生产由弱变强；提高工业生产水平，使工业由大变强；加快发展服务业，使服务业发展由慢变快，实现三大产业协同带动经济增长。第三，促进经济增长由主要依靠增加物质资源消耗向主要依靠科技进步、劳动者素质提高、管理创新转变。长期以来，中国经济增长过多地依靠增加物质要素投入，而技术进步、劳动者素质提高、管理创新等对经济增长的贡献不大，如果不及时改变资源消耗过大的现状，经济增长将难以为继，也将导致中国环境问题日趋恶化。

（三）建设社会主义新农村

社会主义新农村建设是指在社会主义制度下，按照新时代的要求，对农村进行经济、政治、文化和社会等方面的建设，最终实现把农村建设成经济繁荣、设施完善、环境优美、文明和谐的社会主义新农村的目标。

2005 年 10 月《十一五规划纲要建议》提出要按照“生产发展、生活富裕、乡风文明、村容整洁、管理民主”的要求，扎实推进社会主义新农村建设。具体来说包括以下方面：一是经济建设。社会主义新农村的经济建设主要指在全面发展农村生产的基础上，建立农民增收长效机制，千方百计增加农民收入。二是政治建设。社会主义新农村的政治建设，主要指在加强农民民主素质教育的基础上，切实加强农村基层民主制度建设和农村法制建设，引导农民依法实现自己的民主权利。三是文化建设。社会主义新农村的文化建设，主要指在加强农村公共文化建设的基础上，开展多种形式的、体现农村地方特色的群众文化活动，丰富农民群众的精神文化生活。四是社会建设。社会主义新农村的社会建设，主要指在加大公共财政对农村公共事业投入的基础上，进一步发展农村的义务教育和职业教育，加强农村医疗卫生体系建设，建立和完善农村社会保障制度，以期实现农村幼有所教、老有所养、病有所医的愿望。五是法制建设。社会主义新农村的法制建设，主要指在经济、政治、文化、社会建设的同时大力做好法律宣传工作，进一步增强农民的法律意识，提高农民依法维护自己的合法权益、依法行使自己的合法权利的觉悟和能力，努力推进社会主义新农村的整体建设。

（四）统筹区域发展

政府提出了以人为本，全面、协调、可持续的科学发展观，强调“按照统筹城乡发展、统筹区域发展、统筹经济社会发展、统筹人与自然和谐发展、统筹国内发展和对外开放的要求”，推进改革和发展。在“五个统筹”中，统筹区域发展具有十分重要的地位，它的提出既是中国区域发展战略理论发展的结果，又是中国区域经济发展的现实需要。

统筹区域发展是政府在科学发展观指导下，从全局出发全面综合地考虑区域发展的各个层面、各个环节，以政府资源为基础，以制度建设为保障，整合社会资源，鼓励各区域在发挥比较优势基础上的发展，主要指合理控制区域间发展差距，有重点地治理区域问题，逐步协调区域关系并促进各种类型区域的经济社会全面发展，最终实现动态的区域经济协调发展。

统筹区域发展涵盖了四大要素：一是统筹区域发展的主体是政府。区域发展的统筹是对社会关系中区域关系的统筹，目标是国家经济整体实现平稳、持续和协调地发展。二是统筹区域发展的客体是区域经济活动和区域经济关系。统筹区域发展的客体包括两个方面：一方面是各区域的经济活动，另一方面则是中央政府与各区域之间以及各区域彼此之间构成的区域经济关系。三是统筹区域发展的关键在于发挥政府的杠杆作用。在统筹区域发展中，政府应当充分发挥四两拨千斤的功效，整合和撬动庞大的社会资源，实现区域协调发展的目标。四是统筹区域发展的层次涉及标准区域和问题区域的划分。区域统筹的层次应该在两种区域划分框架的基础上展开讨论：第一种是标准区域划分。标准区域的划分从空间上看是覆盖全部国土的，中国标准区域的分类目前还只是停留在战略区域的层次上。第二种是问题区域划分。这是针对特殊区域问题所设计的，不需要覆盖全部国土，它会随着老问题的解决和新问题的出现而不断调整变动。

（五）建设资源节约、环境友好型社会

资源节约型社会是一个复杂的系统，它包括资源节约观念、资源节约型主体、资源节约型制度、资源节约型体制、资源节约型机制、资源节约型体系等。

资源节约观念是指人们从节省原则出发，克服浪费，合理使用资源的意识。节约意识（观念）作为客观存在的反映，是建立在对资源严重稀缺的认识基础上的；资源节约型主体主要包括资源节约型政府、资源节约型社会团体、资源节约型军队、资源节约型企业、资源节约型事业单位、资源节约型家庭等。

资源节约型企业是指既追求企业生产成本节约又兼顾企业生产的社会成本节约，既考虑企业自身效益又兼顾社会效益、生态效益，既考虑当前利益又兼顾长远利益，能使企业自身效益与社会效益之和达到最大值，使企业生产成本和社会因企业生产而必须支付的社会成本之和达到最小值的企业。

资源节约型制度是约束人们浪费资源，规范人们合理使用资源的经济制度、政治制度、法律制度以及有关道德规范等相互联系、互为补充的各种制度的总称；资源节约型体制是资源节约型制度的实现形式和组织方式，包括资源节约型经济体制、政治体制、法律体制等；资源节约型机制是资源节约型制度、体制在经济运行过程中形成的互为关联、相互作用、彼此约束、协调运转的各种机能的总和。

建立资源节约型社会，必须从国情出发，坚持以科学发展观为指导，努力做好以下六方面工作：一是深化经济体制改革。要完善社会主义市场经济体制，建设统一开放、竞争有序的现代市场体系，完善宏观调控体系，更大程度地发挥市场在资源配置中的基础性作

用。二是完善产权制度。既应明晰自然资源的产权，优化自然资源配置，节约自然资源，使自然资源利用率达到最高，又应保护知识产权，提高人们研究、开发和推广应用资源节约型技术的积极性。三是实施科教兴国战略。深化科技体制改革，加快国家创新体系建设，大力发展应用技术，促进全社会科技资源高效配置和综合集成，提高资源的利用率。四是制订和完善战略性资源的中长期开发和利用规划。重点制定节电、节水、节油、资源综合利用等专项中长期规划。五是发展循环经济。加快制定中国循环经济发展战略，明确中国循环经济发展的思路、目标、步骤和政策措施；加快建立促进循环经济发展的法律法规体系和相关技术体系，为循环经济发展提供有力的法律保障和技术支撑。六是加强法制建设。加强环境资源、粮食资源、水资源及各种主要矿产资源保护法的制定和完善；制定反对浪费的法律法规，为惩罚严重破坏环境资源者和严重浪费资源者提供法律依据；完善产权法律制度，规范和理顺产权关系，保护各种产权权益，提高资源使用效率；完善产品质量和市场交易法律法规，严厉打击坑蒙拐骗以及制假售假行为，规范市场交易，减少资源损失。

问题思考

1. 如何理解以公有制为主体，多种所有制经济共同发展是当代中国一项最基本的经济制度？
2. 如何正确理解公有制经济在中国社会主义初级阶段的主体地位？
3. 社会主义初级阶段非公有制经济的地位和作用是什么？
4. 当代中国为何要坚持以按劳分配为主体，多种分配方式并存的基本分配制度？
5. 如何正确理解社会主义初级阶段的收入分配政策？
6. 什么是计划经济？它的历史地位和作用是什么？
7. 当代中国的市场经济体制包含哪些基本内容？
8. 如何才能促使中国国民经济又好又快地发展？
9. 请运用理论结合实际的方法论证经济发展又好又快与当代中国发展的相互关系。

参考书目

1. 中共中央马克思恩格斯列宁斯大林著作编译局译：《资本论》，北京：人民出版社 2004 年版。
2. 徐茂魁：《当代中国经济研究》，北京：中国人民大学出版社 2005 年版。
3. 史晋川、李建琴：《当代中国经济》，杭州：浙江大学出版社 2008 年版。
4. 苏星：《邓小平社会主义市场经济理论与中国经济体制转轨》，北京：人民出版社 2002 年版。
5. 吴敬琏：《当代中国经济改革》，上海：上海远东出版社 2004 年版。
6. ［法］雅克·阿达：《经济全球化》，北京：中央编译出版社 2003 年版。

第七章

大风泱泱　大潮滂滂

——当代中国社会文化发展

刚柔交错，天文也；文明以止，人文也。观乎天文以察时变，观乎人文以化成天下。

——《易经·贲卦》

以天下之至柔，驰骋天下之至坚。

——老子

目标导向

通过本章学习，帮助学生了解当代中国文化是在继承和发扬中国优秀的传统文化，吸收和借鉴外来进步文化的基础上，顺应时代的发展，不断更新创造而形成的；了解中国特色社会主义文化之魂——社会主义核心价值体系；了解推进文化创新、建设和谐文化是当代中国文化的发展之路。培养学生的问题意识和人文素养，做自觉的文化传承者。

要点提示

当代中国文化是在继承和发扬中国优秀的传统文化，吸收和借鉴外来进步文化的基础上，顺应时代的发展，不断更新创造而形成的；社会主义核心价值体系，是当代中国在思想文化建设上的重大理论创新，揭示和确立了中国社会主义意识形态和价值体系的基石；当代中国文化的发展之路就是推进文化创新、建设和谐文化，建设中国特色的社会主义先进文化。

文化“也许是世上唯一的兼具着最富历史性、最多义与至今尚无统一意义这三个特征的概念”①。1871 年，英国文化人类学家爱德华·泰勒（Edward B. Tylor）在《原始文化》一书中对文化的“万物式”理解——“文化或文明，就其广泛的民族学意义来说，是包括全部的知识、信仰、艺术、道德、法律、风俗以及作为社会成员的人所掌握和接受的任何其他的才能和习惯的复合体”②，已成为经典性的文化定义。当代中国文化概念形成了两个层面的理解：“广义文化”是指人类在社会历史发展过程中所创造的物质文明和精神文明的总和；“狭义文化”是指人类社会实践活动的精神现象或产物。本章是从文化的狭义要领出发对当代中国文化进行探讨的。

第一节　当代中国文化之源——文化的传承和传播

一、文化的民族性与文化发展

文化具有民族性，也就是说任何文化都是在一定的生活实践中产生的，都出自一个民族的人们对自身生存方式的认知、理解和体验，因而无论在观念形态上、说话方式上，还是在所关注的生存问题上，都具有鲜明的民族性特征。文化的民族性对于本民族来说是基础，是根。这是因为，民族文化都是历史长期发展的产物，它深入本民族一代又一代人的血脉之中。更为重要的是，民族性是文化的脊梁，是文化的价值所在，是文化能够发挥积

① 孙晶：《文化霸权理论研究》，北京：社会科学文献出版社 2004 年版，第 86 页。

② ［英］爱德华·泰勒著，连树声译：《原始文化》，上海：上海文艺出版社 1992 年版，第 1 页。

极作用的基础和前提。

当代中国特色社会主义文化是中华灿烂历史的荟萃和中华文明进步的结晶。毛泽东说过，“今天的中国是历史的中国的一个发展；我们是马克思主义的历史主义者，我们不应当割断历史。从孔夫子到孙中山，我们应当给以总结，继承这一份珍贵的遗产”①。没有文化的继承，就没有文化的积累，继承和发扬民族优秀文化是发展当代中国文化的必要条件。中国是世界上唯一一个文化没有被中断过、被替代过的文明古国，中华五千年形成的优秀传统文化源远流长、博大精深。这些优秀文化遗产作为一种文化积淀，其精华部分创造着民族的历史和文明，熔铸了民族的精神和灵魂，塑造了民族的性格和形象，需要我们继承和弘扬。如中国传统文化中追求崇高的思想品德，向往理想的道德人格；奋发图强、坚韧不拔、锲而不舍的精神；重视理智和智慧，把自然界和人类社会看作一个统一的整体，并力求从整体的相对独立和相互联系上来观察和分析这些现象；独特的审美意识和人文精神等。这些都被赋予了新的时代内容，成为当代中国先进文化的重要组成部分。

民族文化又是一个历史的范畴。民族文化总是在维护和继承民族传统文化核心的基础上，随着本民族经济、政治和社会的发展而不断发展的。从本质上说，一定的文化是一定社会经济、政治在观念形态上的反映。在人类历史的长河中，社会经济和政治总是不断发展的，文化的内容和形式也必然随之而不断发展。中国传统文化是以农耕小生产的自然经济为基础，以血缘宗法关系为纽带而发展起来的，不可避免地带有历史的、阶级的局限性。所以，一方面要剔除其封建性的糟粕，吸收其民主性的精华，批判地继承民族历史文化遗产；另一方面要适应社会发展的要求，不断从现实发展中发现和提出符合社会发展要求、符合群众利益的文化发展目标与任务，并加以实现。如在中国革命和建设的实践中形成的“井冈山精神”、“长征精神”、“红岩精神”、“延安精神”、“两弹一星”精神，以及当代中国改革开放、市场经济条件下崛起的现代文化，都是在继承和积累的基础上，不断融汇和发展的产物。当代中国文化作为具有中国特色的社会历史现象，既与我们国家、民族的具体的历史条件紧密相连，又反映着中华民族进步和发展中逐渐形成和不断光大的文化的基本精神，具有巨大的凝聚力和生命力，是各族人民共同的精神支柱。

“两弹一星”最初是指原子弹、导弹和人造卫星。对于中国而言，“两弹一星”是在非常艰苦、没有外援的环境下开发出来的成果。“两弹一星”精神象征了中华民族自力更生、在社会主义大环境之下集中力量从事科学开发研究，并创造“科技奇迹”的态度与过程。

（图片来源：新京报。）

① 《毛泽东选集》（第二卷），北京：人民出版社1991年版。

二、文化的多样性与文化传播

人类文化的多样性是自然生态多样性的历史的、精神的反映。2001 年，联合国教科文组织第 31 届大会通过的《联合国教科文组织文化多样性宣言》指出：文化多样性是发展的动力之一，它不仅是促进经济增长的因素，而且是个人和群体享有更加满意的智力、情感和道德精神生活的手段。漫长的世界历史告诉我们，人类文化的起源是多元的，从人类的历史来看，一部人类文明的历史，就是各民族多元文化发展的历史。几千年来古希腊文化、中国文化、印度文化、希伯来文化、非洲文化以及阿拉伯—伊斯兰等文化，共同为人类文化的发展作出了自己独特的贡献。

从文化演变的角度看，人类社会的发展就是一个多样文化不断扩大文化交流的过程。马克思和恩格斯曾指出："由于开拓了世界市场，使一切国家的生产和消费都成为世界性的了……过去那种地方的和民族的自给自足和闭关自守状态，被各民族的各方面的相互往来和各方面的相互依赖所代替了。"[①] 当代的每一个国家和民族，都被纳入世界范围的多向多元的文化交流之中。文化交流是文化发展的表现形式，其对社会发展的作用一方面表现在启迪思想，即当一种新的思想产生后，经传播而被另一个社会所接受，就会引起这个社会的巨变；另一方面表现在提供模式，即文化交流将物质的和非物质的文化模式从一个社会传播到另一个社会，并与该社会的文化相结合产生新的文化模式，影响人们的行为方式，并影响社会的结构及其发展。

文化传播的主要途径是商业贸易、人口迁徙和教育。特别是留学教育是一种更为直接的文化传播方式。

1872 年起，清朝政府先后遣送 120 名幼童赴美留学，从而开启了近代中国派遣留学之先河。1909 年，中国开始利用美国退还的庚子赔款余额，派遣学生留学美国，对中国社会产生了重要影响。右图为 1909 年第一批庚子赔款留美学生合影。

自古以来，人类社会都是在交流与互动中发展的。中华民族文化之所以在几千年的历史发展中长盛不衰，一个很重要的原因是它具有海纳百川、博采众长的包容性。在汉唐以来的漫长历史岁月中，中华民族文化实现了与外来文化的几次大的融合。第一次是汉唐时期印度文化伴随着佛教的输入，与中国儒学、道家学说的逐步融合；第二次是明末清初西

---

① 《马克思恩格斯选集》（第一卷），北京：人民出版社 1972 年版，第 254 页。

方文化伴随着天主教、基督教的输入，与中国传统文化的融合；第三次是“五四”时期马克思主义以及以民主和科学为主要内容的西方文化的输入，使中国传统文化发生了大的变革；第四次是改革开放以来西方现代科学和文化的输入，使中国文化更为丰富多彩。正是有了以上四次外来文化的大量的输入，与外来文化的几次大的结合，特别是由于传入的马克思主义与中国革命和建设的具体实践相结合，与中华民族文化的精华相结合，才形成了中华民族现代文化蔚为大观、生机勃勃、繁荣发展的新局面。

三、文化的交融性与文化创新

文化的交融就是文化在继承和吸收优秀文化的基础上发展，在与其他优秀文化交流的过程中传播，形成一种既有深厚的民族文化底蕴，又有广泛的交融共享性的文化创新。文化发展的实质，就在于文化创新，它是社会实践发展的必然要求，是文化自身发展的内在动力。

当代中国文化就是在理论探求与具体实践中，在切实把“着眼于世界文化发展的前沿”与“发扬民族文化的优秀传统”有机地结合起来的基础上形成的。一方面，着眼于文化的继承，“取其精华，去其糟粕”，“推陈出新，革故鼎新”，为传统文化注入了时代精神；另一方面，学习和吸收各民族优秀文化成果，“以我为主，取长补短”，“交流融汇，为我所用”，以世界优秀文化为营养丰富民族文化。这种文化本身的特性决定了当代中国特色的社会主义文化形态。

中国特色社会主义文化形态以马克思主义为指导思想，以培育社会主义“四有新人”为根本目标，以面向现代化、面向世界、面向未来为发展方向，以“民族的、科学的、大众的”为基本特征，以爱国主义、集体主义、社会主义的思想道德为核心内容。它植根于中华大地，又深刻反映着当今中国的发展和进步，同中国人的生活方式、思维模式、道德情操以及风俗习惯融为一体，具有鲜明的民族风格和中国气派；它既是中国传统文化的积淀，又是博采各国文化之长的开放型文化；它以社会主义初级阶段为历史定位，并为改革开放和现代化建设提供精神动力、智力支持和思想导向，体现了时代精神和时代风貌。中国特色社会主义文化在思想道德和科学文化两个层面代表人民群众的利益和意愿，满足人民群众精神生活需要；它的发展与社会发展是一个双向互动的过程，既是中国特色社会主义的经济和政治在观念形态上的反映，又与中国特色社会主义的经济、政治一起，构成中国特色社会主义的有机整体，是社会主义中国综合国力的重要标志和社会主义优越性的重要表现。

第二节　当代中国文化之魂——社会主义核心价值体系

价值体系是由一定社会崇尚和倡导的思想理论、理想信念、道德准则、精神风尚等构成的社会价值认同体系。核心价值体系在这个体系中居于核心地位，起主导和统领作用。

社会主义核心价值体系，是当代中国在思想文化建设上的重大理论创新。它鲜明地回答了在新的历史条件下，当代中国用什么样的精神旗帜凝聚民心、中华民族以什么样的精神风貌屹立于世界民族之林的重大问题。

一、社会主义核心价值体系提出的时代背景

一个人立足社会，总是在各自的价值观的引导下，形成不同的价值取向，追求各自认为最有价值的东西，它对一个人的发展是至关重要的。同样，一个国家、一个社会，也需要有社会成员普遍认同的价值体系来维系。2006 年 10 月，中共十六届六中全会通过的《中共中央关于构建社会主义和谐社会若干重大问题的决定》，第一次明确地提出“建设社会主义核心价值体系”的概念。建设社会主义核心价值体系，是在科学总结国内外历史经验，并对当前形势进行科学判断的基础上提出来的，体现了当代中国执政者面向未来的执政理念。

（一）建设社会主义核心价值体系是古今中外治国理政、安民固邦经验教训的科学总结

任何一个社会都存在多种多样的价值观念和价值取向，要把全社会的意志和力量凝聚起来，必须有一套与经济基础和政治制度相适应，并能形成广泛社会共识的核心价值体系。核心价值体系是一个社会的方向盘，是一个国家的稳定器。如果没有核心价值体系，社会就失去了前进的方向；就会导致人心涣散、社会混乱。构建核心价值体系，发展主流意识形态，整合社会意识，是社会系统得以正常运转的基本途径。

在中国古代，先秦典籍《管子·牧民》中就提出过“国之四维，一维绝则倾，二维绝则危，三维绝则覆，四维绝则灭。倾可正也，危可安也，覆可起也，灭不可复错也。何谓四维，一曰礼，二曰义，三曰廉，四曰耻。”后来，“礼义廉耻，国之四维”之说融入儒家礼教思想之中，形成了以“仁义礼智信”、“三纲五常”为主要内容的中国封建社会的核心价值体系。这一价值体系，经过长期的社会化过程，内化为绝大多数中国人信奉和践行的价值标准，外化为一整套家国同构、尊卑有序的制度体系，使古代中华文明形成了超稳定的结构，历经朝代更替和环境变迁而依然稳定延续。

在西方，希腊城邦制度奠定的高度发达的民主政治建构、古罗马创造的法律体系、欧洲的重商主义传统以及希伯来人创立的新教伦理也即资本主义的精神构成了西方文化的核心价值观。在此基础上，资产阶级在反对封建等级制度的斗争中，提出了自由、平等、民主、人权等口号，以此为思想武器赢得了人民的支持并取得了胜利，推动了社会的进步。这一西方文化中的核心价值，实现了个人价值和社会价值的有机融通并塑造了西方现代的人格心理结构——“浮士德人格”，认为以实现个人价值为起点对社会价值的贡献要大于以实现社会价值为起点对社会价值的贡献。由于崇尚个人自由，随着资本主义经济关系的发展，资本主义社会不可避免地形成了以拜金主义、享乐主义、极端个人主义为实质内容的核心价值观，但民主自由、平等博爱、人权法制的观念意识，还是获取了公众认同，其对缓和社会矛盾、化解社会冲突具有深刻意义。

总结当代中国社会主义现代化建设的历史经验，其中重要一条就是重视社会主义价值体系的建设。毛泽东同志强调党要有“共同语言”，社会主义国家要有“统一意志”。邓小平同志指出：“我们这么大一个国家，要团结起来、组织起来，一靠理想，二靠纪律，否则建设就不能成功。”江泽民同志指出：“一个民族、一个国家，如果没有自己的精神支柱，就等于没有灵魂，就会失去凝聚力和生命力。”胡锦涛同志多次指出，要增强“民族精神”，巩固“精神支柱”，形成“共同理想信念”。这强调的都是建设共同的思想基础。共同的思想基础，是一个党、一个国家、一个民族赖以存在和发展的根本前提。没有共同的思想基础，党就要瓦解，国家就要分裂，民族就要解体。

（二）建设社会主义核心价值体系是对当前形势的正确判断

建设社会主义核心价值体系是为了适应社会主义市场经济发展的要求，是为了适应社会主义先进文化建设的要求，是增加民族凝聚力、提高国家竞争力的迫切需要。

1. 建设社会主义核心价值体系是为了适应社会主义市场经济发展的要求

随着改革开放和社会主义市场经济进一步发展，随着中外文化交流和碰撞进一步扩大，随着人们思想活动独立性、选择性、多变性和差异性进一步增强，对社会主义价值体系的核心部位作出清晰的界定显得越来越迫切。究其原因就在于，在社会思想观念和人们价值取向日益多样的情况下，根本性的、原则性的东西有些时候却容易被自觉或不自觉地疏忽、淡化。核心价值体系就是一面旗帜，鲜明地亮出这面旗帜，就是要昭示人们不论在社会思想观念如何多样多变的情况下，不论在人们价值取向发生了怎样变化的情况下，中国社会主义意识形态的核心部位是不能动摇的。提出建设社会主义核心价值体系，有利于我们更清醒地把握社会主义意识形态的本质，有利于我们更清醒、更坚定地维护我们共同的思想基础。

2. 建设社会主义核心价值体系是为了适应社会主义先进文化建设的要求

建设社会主义先进文化要求全社会在思想道德上共同进步。思想道德是经济基础的反映，而不是脱离历史发展的抽象观念。同中国还处在社会主义初级阶段相适应，同中国多种所有制经济并存相适应，同中国多种分配方式并存相适应，同对外开放的环境相适应，人们的思想观念、道德意识、价值取向越来越呈现出层次性。这种层次性要求我们在思想道德建设上一定要从实际出发，既要鼓励先进，又要照顾多数，把先进性要求同广泛性要求结合起来，对不同层次的人们提出不同的要求。社会主义核心价值体系，既体现了思想道德建设上的先进性要求，又体现了思想道德建设上的广泛性要求；既坚持了先进文化的前进方向，又符合不同层次群众的思想状况；既体现了一致的愿望和追求，又涵盖了不同的群体和阶层，具有广泛的适用性和包容性，具有强大的整合力和引领力，是联结各民族、各阶层的精神纽带。

3. 建设社会主义核心价值体系，是增强民族凝聚力、提高国家竞争力的迫切需要

国家之间的竞争，既表现为经济、科技、军事等硬实力的竞争，又越来越反映在软实力之间的较量上。在软实力中，最关键的就是核心价值体系，它直接反映着民族的凝聚力和国家的核心竞争力。西方发达国家凭借雄厚的经济实力和传媒优势，对发展中国家进行思想文化的渗透，推销西方价值观念和制度模式，企图建立西方意识形态和社会制度一统天下的国际格局。但是，接受西方价值观念和社会制度的一些发展中国家政局动荡、经济萧条的事实，使西方社会制度和发展模式广遭诟病。特别是国际金融危机的爆发，进一步引发了国际上对西方制度模式的反思。我们如果照搬照抄，势必使民族、国家的主流文化失落，精神支柱崩塌。只有建立以社会主义核心价值体系为核心的先进意识形态，才能为当代中国社会发展筑起坚不可摧的文化长城。

（三）建设社会主义核心价值体系体现了当代中国执政者面向未来的执政理念

构建社会主义和谐社会，既是当代中国社会发展的题中之意，又是执政党适应国情、党情、世情的变化，有效驾驭中国特色社会主义发展方向的历史性课题。在当代，构建社会主义和谐社会，主要以“民主法治、公平正义、诚信友爱、充满活力、人与自然和谐相处”为总体要求。为实现这一总体要求需要构建起人与人，人与自然，人与社会，人的全面发展与经济、政治、文化协调发展的一种安全稳定的社会状态或和谐结构。而社会的和谐首先体现于人与人之间关系的和谐，具体表现为人与人之间在平等、互助、互爱、互相尊重的基础上所形成的一种协调、融洽的人际关系和道德规范。这就需要致力于加速经济社会发展，有效地缓解人与人之间的利益矛盾和冲突，在公平正义的经济环境中建立起良好的人际关系；需要致力于社会主义民主法治和道德体系的健全和完善，增强人们的法律意识和思想道德水平，在良好的民主法律制度和安定有序的社会环境中构建起和谐的人际关系；需要用社会主义核心价值体系引领人们的思想行为、精神风尚，使人们在多元化的价值观念的选择中，得到合理的调适和规范，使人们在彼此信任和相互关爱中，感受做人的价值和尊严，增加社会的价值认同和凝聚力，以促进人与人之间的和谐。

构建社会主义和谐社会必须建设和谐文化。我们建设的和谐文化，是以社会主义核心价值体系为根本、为内在规定的和谐文化。在和谐文化建设中明确了社会主义核心价值体系这个根本，才能形成全社会共同的理想信念，增强全社会的凝聚力；才能树立全社会的和谐理念，培育全社会的和谐精神；才能形成全社会的良好道德风尚，形成全社会的和谐人际关系；才能营造全社会的和谐舆论氛围，塑造全社会的和谐心态。为了构建社会主义和谐社会，我们要坚持以社会主义核心价值体系引领社会思潮，尊重差异，包容多样，最大限度地形成社会思想共识。当代中国社会主义现代化事业的发展需要紧扣构建社会主义和谐社会的主题，更需要在马克思主义理论指导下，大力弘扬以爱国主义为核心的民族精神、以改革创新为核心的时代精神，普遍地树立“民主、法治、科学、正义”的价值理念，大力倡导“公平、公正、自由、平等”的价值取向，不断提升“以人为本，促进人的自由而全面发展”的价值观念，这必将有助于实现中华民族的全面振兴及社会的全面和谐进步。

二、社会主义核心价值体系是有机统一的整体

（一）社会主义核心价值体系的基本内容

社会主义核心价值体系是从当代中国长期实践中形成的丰富的思想文化成果中提炼和

概括出来的，是现阶段中国大多数社会成员所要树立的世界观、人生观、价值观和道德观的有机整体，它包括了“马克思主义指导思想，中国特色社会主义共同理想，以爱国主义为核心的民族精神和以改革创新为核心的时代精神，社会主义荣辱观”四个方面的内容。这四个方面的内容具有鲜明的导向性、民族性和时代性，反映了中国特色社会主义建设当前和今后一个很长时期内全体社会成员必须遵循的思想追求、价值准则和行为规范。

马克思主义指导思想是社会主义核心价值体系的灵魂。中国是社会主义国家，马克思主义是立党立国的根本指导思想，是社会主义意识形态的旗帜。它为中国提供了科学的世界观和方法论，决定着社会主义核心价值体系的性质和方向。对于一个产生于150多年前的理论，今天为什么还要坚持呢？坚持马克思主义，是因为它是科学真理，它把严格的科学性和高度的革命性有机结合起来，揭示了人类社会的发展规律；坚持马克思主义，是因为它的立场、观点、方法为我们在错综复杂的社会现象中看清本质、明确方向提供了强大的思想武器；坚持马克思主义，是因为它是一个开放的理论体系，它始终以客观事实为根据，吸收、借鉴和融合了各种优秀的思想文化成果，在实践中不断前进、不断发展。在当代中国的现代化实践当中，我们依靠马克思主义的正确指导，取得了中国革命、建设、改革和发展的巨大历史性成就。

树立社会主义荣辱观的“八个为荣、八个为耻”

中国特色社会主义共同理想是社会主义核心价值体系的主题。理想是一个民族、一个社会的灵魂所系，中国特色社会主义共同理想反映了中国最广大人民的根本利益、共同愿望和普遍追求，它把国家的发展、民族的振兴与个人的幸福紧密联系在一起，把各个阶层、各个群体的共同愿望有机结合在一起，具有强大的感召力、亲和力、凝聚力。回顾近代以来一百多年的历史，实现民族复兴是中华儿女世世代代的追求和梦想。当代中国在现代化建设的过程中，找到了建设中国特色社会主义的正确道路。这条道路既坚持了科学社会主义的基本原则，又根据中国实际赋予其鲜明的中国特色，赋予民族复兴新的强大生命力。中国特色社会主义的共同理想不仅使中华民族长期追求的崇高理想一步步走向现实，而且表明中国在建设现代化的伟大征程中正在探索人类社会新的发展道路和方向。

以爱国主义为核心的民族精神和以改革创新为核心的时代精神，是社会主义核心价值体系的精髓。民族精神和时代精神是一个民族赖以生存和发展的精神支撑。一个民族没有振奋的精神和高尚的品格，是不可能自立于世界民族之林的。胡锦涛同志指出："民族精神是我们民族的生命力、凝聚力和创造力的不竭源泉。"在五千年历史演进中，中华民族形成了以爱国主义为核心的团结统一、爱好和平、勤劳勇敢、自强不息的伟大民族精神；在改革开放新时期，中华民族又形成了以改革创新为核心的与时俱进、开拓进取、求真务实、敢于创新的时代精神。两者相辅相成、相互交融，已深深熔铸在中华民族的生命力、创造力和凝聚力之中，共同构成了中华民族自立自强的精神品格，成为时代发展进步和中华民族复兴的精神动力和力量源泉。

社会主义荣辱观是社会主义核心价值体系的基础。一个社会是否和谐，一个国家能否实现长治久安，很大程度上取决于全体社会成员的思想道德素质的高低。只有分清荣辱，明辨善恶，一个人才能形成正确的价值判断，一个社会才能形成良好的道德风尚。以"八荣八耻"为主要内容的社会主义荣辱观，把与社会主义市场经济体制相适应、与社会主义法律规范相协调、与中华民族传统美德相承接的社会主义思想道德观念有机融合在一起，鲜明地指出了什么是真善美、什么是假恶丑，以何为荣、以何为耻，为人们在社会主义市场经济条件下判断行为得失、作出道德选择、确定价值取向，提供了基本规范。在中国这样一个有13亿人口、56个民族的发展中国家，要实现事业发展、社会和谐的目标和追求，需要确立起人人皆知、普遍奉行的价值准则和行为规范。所以，在全社会树立和践行社会主义荣辱观，成为构建社会主义核心价值体系的基础。

（二）社会主义核心价值体系的内在结构

社会主义核心价值体系结构严谨、定位明确、层次清晰，是完整的、系统的，它坚持了社会主义又有中国特色，总结了成功经验又有新的提升概括，反映了现实的迫切需要又是能够通过努力实现的，可以最大限度地促进和形成全社会的共识。社会主义核心价值体系四个方面的基本内容相互联系、相互贯通、有机统一，共同构成了完整的社会主义核心价值体系，共同构成了社会主义意识形态的主体内容。没有马克思主义科学理论的指导，社会主义意识形态就失去了方向和灵魂；没有中国特色社会主义共同理想，社会主义意识形态就失去了内核和主题；没有民族精神和时代精神，社会主义意识形态就失去了精髓和主旋律；没有社会主义荣辱观，社会主义意识形态就失去了价值坐标和道德标准。

社会主义核心价值体系是一个结构明晰和内在组成部分密切相关的有机整体。坚持马克思主义的指导地位是社会主义核心价值体系的灵魂，中国特色社会主义共同理想是社会主义核心价值体系的主题，民族精神和时代精神是社会主义核心价值体系的精髓，社会主义荣辱观是社会主义核心价值体系的基础。社会主义核心价值体系的灵魂提示：当代中国的马克思主义理论就是中国特色社会主义理论；没有马克思主义的指导，没有马克思主义中国化的最新成果的指导，就无法铸就全国各族人民的共同理想。社会主义核心价值体系的主题昭示：伟大的共同理想基于伟大的共同事业；离开建设中国特色社会主义的伟大实践，就不可能形成社会主义核心价值体系。社会主义核心价值体系的精髓启迪：中国特色社会主义的共同理想是中国各民族人民民族精神和时代精神的统一，以改革创新为核心的时代精神已经深深地融入以爱国主义为核心的民族精神之中；弘扬和培育伟大的民族精神和时代精神，是建设中国特色社会主义的精神支柱和力量源泉。社会主义核心价值体系的基础要求：社会主义社会应该是物质文明、政治文明、精神文明和社会文明协调发展的社会；没有良好的道德规范，就无法实现社会的和谐发展；社会主义荣辱观集中体现了社会主义道德规范和行为规范的基本要求，是实现中国特色社会主义事业和谐发展的基本保证。

社会主义核心价值体系又是一个系统的文化体系，它的四个基本内容涵盖了政治、思想、精神和道德等四个文化层面。马克思主义指导思想是从政治文化层面告诉人们，中国作为全世界最大的社会主义国家，马克思主义是立党立国的根本指导思想，毛泽东思想和中国特色社会主义理论是马克思主义基本原理同中国具体实际相结合的产物。中国特色社会主义共同理想从思想文化的层面为人们提供了共同的理想蓝图，这就是高举中国特色社会主义伟大旗帜，走中国特色社会主义道路。这个理想蓝图得到广泛的社会认同。以爱国主义为核心的民族精神和以改革创新为核心的时代精神则侧重于精神文化层面。民族精神和时代精神相互交融，使中华文化生生不息，自立于世界民族文化之林。以“八荣八耻”为主要内容的社会主义荣辱观，从道德文化层面旗帜鲜明地指出了在我们社会主义社会里绝对不能混淆是非、善恶、美丑的界限，分清荣辱，明辨善恶，是形成良好道德风尚的基础。

总之，社会主义核心价值体系是一个多元化的、丰富的价值体系。它既体现了共产主义远大理想这一最高价值，又反映了现阶段中国社会主义现代化建设的宏伟目标和总体布局，既体现了民族精神和时代精神的文化价值，又反映了当代中国社会最基本的价值取向和行为准则。它是社会主义物质文明、政治文明、精神文明和社会文明、生态文明的有机统一。社会主义核心价值体系丰富的价值内涵具有高度的凝聚力和推动力，是与构建社会主义和谐社会，实现中华民族复兴的伟大实践相应的主导价值取向。

（三）社会主义核心价值体系的特点

科学理解社会主义核心价值体系的基本特点，是构建中国社会主义核心价值体系的重要前提。社会主义核心价值体系具有以下基本特征：

1. 主导性

随着改革开放的进一步深入，现代社会生活的多样性为每个人提供了更多选择的权利，但这种选择是受一定核心价值观规约的。社会主义核心价值体系追求中国特色社会主义共同理想，弘扬民族精神和时代精神，倡导社会主义荣辱观，集中反映了当代社会最基本的价值取向和行为准则，具有明确的主导性。

2. **现实性**

社会主义核心价值体系是在当今时代各种思潮相互激荡、各种文化相互交融、各种观念相互碰撞的时代背景下提出来的，具有很强的现实针对性。只有立足于时代发展要求，反映时代发展特点，针对社会发展中存在的实际问题，才能真正发挥社会主义核心价值体系对社会主义意识形态的主导和引领作用。

3. **包容性**

胡锦涛同志在十七大报告中明确指出，要“积极探索用社会主义核心价值体系引领社会思潮的有效途径，主动做好意识形态工作，既尊重差异、包容多样，又有力抵制各种错误和腐朽思想的影响”。社会价值观的多样化为促进创造活力的迸发提供了条件，也为充实社会主义核心价值体系提供了丰富的资源。如果没有核心价值体系的有效引领，势必导致价值失序甚至社会秩序的紊乱。

4. **超越性**

社会主义核心价值体系源于一般价值体系，又高于一般价值体系，是对社会主义一般价值体系的哲学概括和理论升华。社会主义核心价值体系的构成要素都包含着对现实生活的超越，从而标识社会主义核心价值体系的基本特征，凸显了社会主义核心价值体系较之其他价值体系的差异所在。

5. **开放性**

社会主义核心价值体系是一个开放的、不断发展着的体系。其基本内容具有稳定性，但也要在实践中不断丰富和发展。开放性为马克思主义伴随实践和时代的发展而不断与时俱进提供了源泉和动力；开放性是中华民族得以生生不息、薪火相传的精神血脉；开放性培养了中华民族富于进取的思想品格与精神风貌。

三、社会主义核心价值体系的建设途径

把社会主义核心价值体系内化为人们的价值追求，外化为人们的自觉行为，是一项长期的战略任务，建设核心价值体系绝非一日之功，需要一个长期艰苦的过程。

（一）在理论上不断深化对社会主义核心价值体系的认识

一种价值体系要被一个民族、一个国家、一个社会广泛接受和自觉遵循，必须具有科学性、时代性和实践性。社会主义核心价值体系是中国共产党理论创新的重要成果，是社会主义意识形态的本质体现，已经在实践中显示出科学性和真理性。然而，现阶段中国还面临不少亟待解决的重大理论问题和实际问题，社会各层次人群也还存在许多思想困惑。这就要求党和国家立足人们的思想实际，针对实践提出的新课题，不断丰富社会主义核心价值体系的时代内涵，把先进性要求与广泛性要求结合起来，既鼓励先进又照顾多数，既弘扬主流又包容差异，最大限度地团结不同阶层、不同群体的人们，在更深层次上形成社会思想共识，不断增强社会主义意识形态的吸引力和凝聚力。

一要不断加强对马克思主义的研究和创新。马克思主义是开放的、不断发展的科学，

是我们行动的指南。随着改革开放实践的不断发展，完善马克思主义的基本观点和理论体系，使党的思想理论工作更具创造力、说服力和感召力，更能为群众所掌握并转化为自觉行动。二要深入研究社会主义核心价值体系的内容。社会主义核心价值体系是由经济价值观、政治价值观、文化价值观、社会价值观等丰富内容构成的，是内涵十分丰富的完整体系，建设社会主义核心价值体系，对许多具体、细致的内容还需要深入研究、分析，给予有说服力的回答。三要不断丰富社会主义核心价值体系的时代内涵。社会主义核心价值体系，是构建和谐社会进程中的根本思想基础，是中华民族伟大复兴的共同精神力量，社会主义核心价值体系建设是一个逐步积累的过程，需要顺应时代的潮流，把握社会的需求，进一步丰富和发展社会主义核心价值体系的内涵。

（二）在实践上最大限度地形成对社会主义核心价值体系的思想共识

一种价值体系要真正发挥作用，只有被人民群众普遍接受、理解和掌握，并转化为社会群体意识，让人们在实践中感知它、领悟它，才能为人们所自觉遵守和奉行。离开了生活，离开了实践，再好的价值体系也只能是空中楼阁。围绕社会主义核心价值体系的基本内容，要充分运用各种手段，营造浓厚的舆论氛围，广泛宣传，使社会主义核心价值体系为广大人民群众所感知、所认同、所接受。

推进社会主义核心价值体系建设，一要在“知”上下工夫。古人说：“论先后，知为先。”正确的价值体系只有被人民群众普遍接受、理解和掌握并转化为社会群体意识，才能为人们所自觉遵守和奉行。建设社会主义核心价值体系，要加大宣传力度，营造浓厚的舆论氛围，使其家喻户晓、人人皆知。二要在“信”上下工夫。社会主义核心价值体系的吸引力和感召力，主要依靠的是当代中国的社会实践，人们只有在践行的过程中获得了实实在在的实惠、利益和幸福，才有助于在内心深处认同社会主义核心价值体系并由衷地转化为自己的自觉信念、价值追求和道德规范。三是在“行”上下工夫。注重实践养成，把社会主义核心价值体系融入日常工作生活之中。按照社会主义核心价值体系的基本要求，引领人们根据身边实实在在的先进典型去选择、塑造自己的生活，健全各行各业的规章制度，使核心价值体系成为人们日常工作生活遵循的基本价值。

（三）在制度上保障社会主义核心价值体系建设

制度是社会成员共同遵守、按一定程序办事的行动准则。任何一个社会的稳定和发展，都必须依靠一套制度规范来调整和维系。加强社会主义核心价值体系建设，必须实现核心价值体系建设与制度体制建设的良性互动。

一要充分发挥社会舆论的规范作用。牢牢把握正确的思想舆论导向，是有效引导社会舆论的基本前提。建设社会主义核心价值体系，必须十分重视发挥社会舆论的这种规范、制约和影响作用，采取灵活多样的方法和群众喜闻乐见的形式，增强价值认同，形成与社会主义市场经济相适应、与社会主义法律规范相协调、与中华民族传统美德相承接的社会主义核心价值体系。二要注重制度的整体设计，协调推进制度与文化建设。坚持把社会主义核心价值体系融入精神文明建设全过程，精神文明建设要体现社会主义核心价值体系的基本内容和要求；坚持把社会主义核心价值体系融入国民教育全过程，把践行社会主义核心价值体系的成效，作为评估国民教育的主要内容；坚持把社会主义核心价值体系融入党的干部队伍建设全过程，提高干部自身素质，确保中国特色社会主义事业后继有人。三要完善各类奖惩制度，把社会主义核心价值体系的要求体现在各类法律制度、政策规定之中，充分发挥其激励约束作用，让体现这一体系要求的行为得到鼓励；完善实践养成机制，把社会主义核心价值体系的要求转化成具体的、可操作的日常行为细则；完善工作机制，引导各级各类部门把建设社会主义核心价值体系作为一项重要工作来抓，形成全社会建设社会主义核心价值体系的合力。

第三节　当代中国文化之路——推进文化创新　建设和谐文化

国家发展、民族振兴、人民幸福，不仅需要雄厚的经济实力，而且需要先进思想文化的引领，需要强大的思想文化力量。大力弘扬社会主义先进思想文化，积极发展文化事业和文化产业，培育文明风尚，建设社会主义精神文明，是发展中国特色社会主义的必然要求。

一、把握先进文化的前进方向

先进文化是人类文明进步的结晶，是一种符合人类社会发展方向，为人类社会进步提供强有力的思想保证、精神动力和智力支持的文化。当代中国先进文化，应当是服从和服务于社会主义初级阶段的基本路线，为当代中国现代化建设提供精神动力的文化；是弘扬民族精神的文化；凝聚各族人民的意志和力量，积极、健康、向上的文化；是继承和发扬中华民族一切优秀文化传统的文化；是具有中国风格和中国气派的文化；是博采各国文化之长，吸收国外一切优秀文化成果的文化；是面向现代化、面向世界、面向未来的，民族的、科学的、大众的文化。

（一）先进文化体现社会生产力发展要求

物质决定精神，存在决定意识。人类的文化是不会脱离人类的物质生产而孤立地存在和发展的，先进的生产力是先进文化发展的物质基础。衡量先进文化的首要标准是是否有利于生产力的解放和发展，有利于社会全面进步，有利于人自身的解放和发展。中国先进文化是推动人类先进生产力发展和社会全面进步的精神动力，是民族的血脉和灵魂，是凝聚各族人民的重要力量和坚强的精神支柱。判断中国先进文化的首要标准主要是看它是否适应和推进中国社会生产力的发展，凡是适应和推动社会生产力发展的文化，就是先进文化；凡是阻碍社会进步和社会生产力发展的文化就是腐朽的甚至反动的文化。

（二）先进文化代表社会成员最根本的利益

人民群众是历史的创造者，是物质财富与精神财富的创造者。先进文化必须要反映人民群众的理想愿望和审美要求，必须要代表人民群众的根本利益，必须要满足广大人民群众的不断增长的精神生活需求，必须要对人民群众有陶冶、教育和愉悦的作用。不断满足人民群众日益增长的多样化、多层次、多方面精神文化需求，形成民族的、科学的、大众的社会主义文化，促进人的全面发展，是发展当代中国先进文化的根本目的和内在要求。所以，先进文化具有与广大人民群众利益紧密联系的特征，是凝聚和鼓励各族人民的重要力量，是衡量综合国力的重要标志之一。

（三）先进文化面向现代化、面向世界、面向未来，具有鲜明的时代性和前瞻性

先进文化是现代文化，它不是古代文化和外来文化的简单重复，而是现代人集古今中外之大成并且面向未来的创造。任何先进文化都是与时俱进的文化，都注入了时代的精神、时代的活力、时代的内容、时代的审美要求和审美情趣，都有其鲜明的时代特征。当代中国先进文化蕴涵着以改革创新为核心的时代精神，集中体现了解放思想、实事求是、与时俱进的品格，总是随着时代的发展而不断丰富和发展自己的内容。先进文化是一种面向世界、面向未来、面向现代化的文化。要面向世界，就要开放；要面向未来，就要有相对的前瞻性、导向性和方向性。当代中国先进文化从波澜壮阔的现实生活中汲取营养，在历史的进步中实现文化进步，具有鲜明的时代性和前瞻性的特征。

（四）先进文化坚持继承与创新统一，具有鲜明的开放性

先进文化是一种海纳百川、博采古今中外、广集世间百家的文化。当代中国的先进文化吸收和借鉴了人类思想文化发展中一切有价值的成果。一方面，当代中国先进文化始终坚持继承和发扬中华民族的优秀传统文化，继承和发扬“五四”运动以来形成的文化传统，遵循继承优秀传统文化与弘扬时代精神相结合的原则，使优秀传统文化熔铸到时代精神中去。另一方面，又以博大的胸怀积极学习和借鉴世界各国人民创造的一切优秀文化成果，着眼于世界科学文化发展的前沿，开展多种形式的对外文化交流，博采各国文化之长。坚持古为今用、洋为中用，综合创造、推陈出新，熔铸为包容所有文化之精华的中国先进文化。

二、发展文化事业和文化产业

文化是民族凝聚力和创造力的重要源泉，是综合国力竞争的重要因素，是经济社会发展的重要支撑。自改革开放以来，人民群众的文化需求日益增长，文化建设内容的丰富性和文化活动形式的多样性，要求我们寻求适应社会主义市场经济要求、符合文化发展规律的新路径，积极发展文化事业和文化产业是新形势下丰富文化生活、增强文化竞争力的重要内容。

（一）文化事业和文化产业

从文化体制改革的角度讲，党的十六大报告在强调文化建设时第一次将文化分成文化事业和文化产业，强调要积极发展文化事业和文化产业。文化事业主要是原创性文化创造和公共文化建设；文化产业是在文化事业基础上的延伸与拓展，主要通过经济手段和市场机制使文化增值。

虽然文化事业与文化产业是文化的两种形态，但两者有机地构成了中国特色社会主义文化的统一体。文化事业与文化产业是当代中国社会主义文化的重要组成部分。文化事业是文化产业之源，文化产业为文化事业发展提供相应的物质保障；文化事业的繁荣能够为文化产业提供良好的发展基础，文化产业的发展又促进文化事业的繁荣。文化事业与文化产业两者的根本要求和终极目标具有一致性。文化事业和文化产业的根本要求都是要贯彻先进文化的要求，始终把社会效益放在首位，终极目标都是满足人民群众日益增长的精神文化需求。因此，坚持一手抓公益性文化事业，一手抓经营性文化产业，始终把社会效益放在首位，实现经济效益和社会效益的有机统一，是顺应时代要求、深化文化体制改革、推动社会主义文化大发展大繁荣的基本路径。

（二）推进文化事业与文化产业发展的总体战略

推进文化事业与文化产业发展，必须坚持事业与产业两翼推进，加快文化发展；坚持城乡区域统筹，体现文化惠民；坚持体制机制全面改革，增强文化活力；坚持文化与科技深度融合，促进文化创新；坚持人才兴文和项目强文战略，实现文化永续发展。① 具体要求如下：

一是要构建“三大体系”：门类众多、特色鲜明的文化事业和文化产业发展体系；覆盖全社会、全民共享的公共文化服务体系；充满生机、富有活力的文化创新体系。

二是要形成“四大格局”：城乡优势互补、良性互动的文化发展格局；以公有制为主体、多种所有制共同发展的文化产业格局；统一开放、竞争有序的文化市场格局；民族文化为主体，吸收外来有益文化的文化开放格局。

三是要实施“五个一批”：推出一批有世界影响的文化精品、强势品牌和优势门类；建成一批代表国家形象的标志性文化设施；培育一批具有规模效应、富有核心竞争力的主导产业、龙头企业和文化产业园区；建设一批具有较强实力、较大辐射力、较高品位的文化强省（区、市）；培养一批结构合理、素质优良和具有创新能力的领军人物和拔尖人才。

四是要建设“八大工程”：实施文化创新引领工程，推进文化体制机制创新；实施文化品牌示范工程，打造具有广泛影响力和持久竞争力的精品力作；实施文化龙头带动工程，培育一批综合实力强的国有文化龙头企业；实施文化产业跨越工程，建成一批产业基地和特色园区；实施文化建设惠民工程，建成完善的公共文化服务体系；实施文化展示传播工程，推动文化产品、文化服务和文化实体抢占国内市场，进军国际市场；实施文化保护利用工程，加强文物保护和非物质文化遗产传承工作；实施人才兴文工程，创新人才培

① 这部分内容参考燕少红等：《以新的理念推进文化事业和文化产业发展》，红旗文稿，2010 年第 18 期。

养、选拔、引进和使用机制。

国家大剧院

2009年7月，中国第一部文化产业专项规划——《文化产业振兴规划》由国务院常务会议审议通过。这是继钢铁、汽车、纺织等十大产业振兴规划后出台的又一重要产业振兴规划，标志着文化产业已上升为国家战略性产业。

两个月后，拍摄了众多“商业大片”的华谊兄弟传媒股份有限公司创业板上市申请获证监会批准通过，成为内地第一家成功上市的影视制作公司。虽然这是资本市场上的一件寻常事，却是中国文化产业发展的一大步。

（三）遵循市场规律，发展文化产业

文化产业是社会化大生产的运用方式作用于文化的生产过程的产物。联合国教科文组织把文化产业定义为：“按照工业标准，生产、再生产、储存以及分配文化产品和服务的一系列活动。”文化产业不是一种简单的行业划分，而是生产方式变革的结果；文化生产过程的产业化运作的标志不在于进行有偿的经营和服务，而在于采用什么方式进行有偿的经营和服务；文化按照产业化方式运作，也不是文化经营单位的数量增加，而是生产方式的本质变革。从这个角度看，文化产业基本上可以划分为三类：

一是生产与销售以相对独立的物态形式呈现的文化产品的行业（如生产与销售图书、报刊、影视、音像制品等）；二是以劳务形式出现的文化服务行业（如戏剧舞蹈的演出、体育、娱乐、策划、经纪业等）；三是向其他商品和行业提供文化附加值的行业（如装潢、装饰、形象设计、文化旅游等）。

在现代经济中，文化因素越来越重要，经济与文化越来越融为一体，新的文化产业群作为国民经济新的增长点在质和量上都迅速崛起，成为国家重要的支柱产业。在许多发达国家，文化产业已经不仅仅是国家文化的基本形态之一，而且越来越成为强大的经济实体，创造出可观的经济效益。美国在版权制度的有力保护下，实现了文化产业的高速发展。例如美国的影视业已成为全美居于前列的创汇产业，与航空航天业和现代电子业并驾齐驱。2009年，一部好莱坞大片《阿凡达》席卷全球收入达30亿美元，相当于中国一家造船企业年产值的3.1倍，中国三百多万农民2009年纯收入的总和。迪斯尼娱乐业等文化产业已跻身世界大型企业500强，1997年已进入世界企业前10名。截至2004年，文化产业增加值已占美国GDP比重的5.83%，在产业结构中仅次于军事工业，居于第二位；而到2001年，英国文化产业所创造的年产值接近900亿英镑，超过任何传统制造业的产值；以影视、服饰等为代表的“韩流”文化贸易输出，成为韩国仅次于汽车产业的第二大创汇产业。

文化是潜在的。人们呼吸它的空气，感悟它的精神，却摸不着、看不见它。文化必须借助文化产业化的有效机制才能转化为文化力。例如一些著名品牌，就是经济具有文化特性的表现。它以非物质形态存在，却可以反复地转化成物质财富。一些跨国公司由于创立

了自有品牌，即使没有工厂、不直接从事生产，也能获得丰厚的利益。长期以来，我们对创造、培育文化形态的无形资产重视不够。一个国家，当文化表现出比物质和货币资本拥有更强大力量的时候，当经济、产业和产品体现出文化品格的时候，这个国家的经济才能进入更高的发展阶段，才具有可持续发展和持续创造财富的能力。今天，文化产业的发展程度，文化软实力的发挥程度，以及文化与政治、经济、科技的相互渗透程度，直接决定了综合国力竞争的成败。

改革开放30多年来，中国的硬实力发展很快，但文化软实力与硬实力相比，两者之间的落差还比较大。从国际对比来看，中国文化产业在国内生产总值中所占的比例低于西方发达国家已经达到的10%以上的水平。因此，根据社会主义精神文明建设的特点和规律，适应社会主义市场经济发展的要求，推进文化体制改革就成为当务之急。2007年11月，党的十七大从中国特色社会主义事业“四位一体”总体布局的战略高度，提出兴起社会主义文化建设新高潮、推动社会主义文化大发展大繁荣的战略任务。随后，我国文化产业规模迅速壮大，文化及相关产业的增加值占国内生产总值的比重不断提高。据国家统计局的报告，2008年，我国文化产业增加值达到7 630亿元，相当于同期GDP的2.43%。2010年，影片《唐山大地震》上映17天，票房达5.32亿元，创造了国产电影票房新纪录。

三、培育文明风尚，建设和谐文化

构建社会主义和谐社会的过程，就是通过持续不断的社会改革和利益调整来化解社会矛盾的过程。在这一过程中，和谐文化建设特别是思想道德建设起着十分重要的作用。因此，我们要通过积极有效的文明和谐创建工作，弘扬主流价值观念，大力培育文明风尚，进一步提高全民族的思想道德水平和综合素质。

（一）加强文化建设，提高全民族文明素质

文化建设是现代化建设事业的重要组成部分。加强文化建设直接关系到社会文明进步，关系到民族素质提高，关系到广大人民群众精神需求。没有先进文化的发展，没有全民族文明素质的提高，就不可能真正实现现代化。

目前，人民群众对提高自身文化素质、丰富精神文化生活的要求日益迫切。为适应现代化建设和人民群众日益增长的精神文化需要，我们必须进一步加强文化建设。一是大力践行社会主义荣辱观，以增强诚信意识为重点，加强社会公德、职业道德、家庭美德、个人品德建设，引导人们自觉履行法定义务、社会责任、家庭责任。二是建立更加完善的现代国民教育体系，形成终身教育体系，提高全民受教育程度和创新人才培养水平。三是政府要履行好发展公益性文化体育事业的责任，以基层公共文化体育设施为重点，建设覆盖城乡的公共文化体育服务体系，推进公共博物馆、纪念馆、美术馆、图书馆、文化馆、体育场馆免费开放，努力满足人民群众基本文化、体育需求，保障人民群众的基本需要和权益。

（二）加强思想道德建设，开展精神文明创建活动

思想道德建设是社会主义精神文明建设当中的一个方面。思想道德是一种社会意识形

态，是调整人们之间以及个人和社会之间关系的行为准则和规范的总和。它依靠社会舆论、人们的信念、习惯、传统和教育，培养道德品质和形成理想人格，培育自觉的道德锻炼和道德修养，把道德规范转化为道德行为。一是要形成人们普遍认同的价值观念，能够对社会和谐发挥巨大的价值引领作用。形成求同存异、团结友爱、和睦相处的社会氛围，为建设和谐社会提供坚强的道德支撑。二是要加强和改进思想政治工作，注重人文关怀和心理疏导，用正确的方式处理人际关系。三是要积极发展新闻出版、广播影视、文学艺术事业，坚持正确的导向，弘扬社会正气，发挥道德模范的榜样作用，为青少年健康成长创造良好的社会环境。

（三）知行合一，人人参与，培育文明社会风尚

大力培育文明社会风尚，是推进文明和谐创建的一项基础性工作。文明和谐创建活动，在总体上要把握规律性、体现时代性；要在发展中创新、在创新中发展；要完善创建体系，丰富创建途径，充分调动社会成员投身于和谐社会建设的积极性、主动性和创造性。

暨南大学亚运志愿者“绿羊羊”风采

志愿者（volunteer）（香港称之为义工；台湾地区称之为志工）是自愿贡献个人时间和精力，在不计物质报酬的前提下为推动人类发展、社会进步和社会福利事业而提供服务的人员。

在中国，志愿服务是伴随改革开放而产生的新生事物。20 世纪 90 年代开始发起“中国志愿者行动”，1994 年 12 月中国青年志愿者协会正式成立，成为目前中国最大的志愿者组织。志愿服务作为一种高尚的社会行为和一项重要的社会公益事业，在弥补政府资源不足、维护社会安全稳定、服务经济建设与构建社会道德等方面发挥了积极作用，对于构建社会主义和谐社会具有重要意义。

作为社会文明程度的标志——志愿者目前成为良好社会风尚的倡导者，成为社会主义精神文明的传播者、实践者。我们一要继续广泛普及志愿理念，努力营造关心、支持和参与志愿服务的浓厚社会氛围。二要着力壮大志愿者队伍，坚持自愿参与和社会倡导相结合，既尊重人们的服务意愿，鼓励人们自主参与，又强调公民的社会责任，努力扩大志愿服务活动的覆盖面，为人们关爱他人、奉献社会搭建平台。三要进一步建立健全志愿服务活动的运行机制，不断提高志愿者服务的科学化、规范化、专业化和社会化水平；要把社会各方面组织动员起来，形成强大的工作合力，坚持志愿服务与政府服务、市场服务相衔接，有针对性地设计项目、开展活动，做到量力而行、务求实效。以此推动志愿服务有一个新的更大的发展，从而使更多的人成为志愿者。

总之，国家的影响力取决于经济、科技和军事实力，但归根结底取决于影响力更深

刻、更具渗透性的文化。中国有五千年的文明史，文化发展源远流长、底蕴深厚；今天的中华民族，凭借我们在文化上的创造力和海纳百川的胸襟，在经济上创造奇迹的同时，在文化上同样能够再创辉煌。

问题思考

1. 当代中国文化形成的基础和前提条件是什么？
2. 简述中国特色社会主义文化形态的主要内容。
3. 简述社会主义核心价值体系提出的时代背景。
4. 简述社会主义核心价值体系的基本内容及其相互关系。
5. 如何推进当代中国文化发展？
6. 大学生在培育文明社会风尚、建设和谐文化中应该怎么做？

参考书目

1. 本书教材编写组：《毛泽东思想和中国特色社会主义理论体系概论》，北京：高等教育出版社 2009 年版。
2. 刘国光：《有中国特色的社会主义》，北京：中国社会科学出版社 1993 年版。
3. 魏恩政：《中国特色社会主义文化建设》，北京：中共中央党校出版社 2006 年版。
4. 李建华：《和谐社会之魂》，长沙：湖南人民出版社 2007 年版。
5. 中共中央宣传部：《社会主义核心价值体系读本》，北京：学习出版社 2009 年版。
6. 人民教育出版社教育资源分社，人民教育出版社政治室策划组编：《高中政治——文化生活》，北京：人民教育出版社 2008 年版。

第八章

德惟善政　政在养民

——当代中国社会民生发展

民生就是人民的生活——社会的生存，国民的生计，群众的生命。

——孙中山

始终坚持把发展社会事业和改善民生作为贯彻落实科学发展观的重要任务，作为全面建设小康社会的迫切要求，作为转变经济发展方式、扩大国内需求的重要途径。

——温家宝

目标导向

通过对当代中国人权的发展、中国社会分层结构的变化和中国社会保障制度的学习，帮助学生了解当代中国社会民生发展的总体状况，引导学生认识当代中国社会始终坚持把发展社会事业和改善民生作为贯彻落实科学发展观的重要任务，进而提高学生对当代中国社会发展路径的认同。

要点提示

社会主义的建设发展同人权发展在本质上是一致的。改革开放以来，中国的国际人权形象不断得到改善，形成了发展社会主义人权的正确道路。同时，改革开放以来，中国社会群体本身和各个社会群体之间的关系发生了重大变化，社会分层结构也发生了重大变化。改革前，中国社会四大主要“社会聚合体”即农民、工人、干部和知识分子都出现了新的整合变化，也给中国社会的和谐发展带来了新的课题。随着中国经济社会的发展，建立一套完善的社会保障制度和与之相关联的具体保障体系成为迫切的需要。从具体实际的国情出发，社会保障制度及与之相关的体系应该和当代中国的社会生产力的发展状况相适应，鼓励发展多元化、覆盖面广泛的社会保障体系。

第一节　当代中国社会人权的基本理论与实践

一、人权及其内容

“人权”的英文原词是“human rights”，意指“人类的权利”或“人的权利”。

人权理论最初产生于近代资产阶级反对封建统治的斗争中，并在20世纪得到巨大发展。人权代表着人类社会文明和进步的方面。人权的中心思想是说，不论什么人，只要他属于人类，他就有权享受作为人应该享受的基本权利，如人身自由、信仰自由、人格尊严和生命权利。随着人权思想在全世界范围内被广泛传播，人权的内容有了爆炸性的增加，要求归入人权名下的东西越来越多。目前得到普遍承认的人权主要有：

1. 人身权利

人身权利是一项基本的人权，是最早确立的人权。迄今为止，各国国内法和国际人权法均对人身权利作了多项具体规定。具体指生命权利、人身自由、平等权、人格尊严等。作为一种观念，人身权利已被世界各国普遍接受。作为一种实践，人身权利的保护在许多地区尚需完善。

2. 政治权利

政治权利是人权的一部分，而非全部。它包括思想自由、宗教自由、发表意见的自由、和平集会的自由、结社的自由和参政权利。

3. 经济、社会和文化权利

第二次世界大战以后，尤其是20世纪五六十年代，以《经济、社会、文化权利国际公约》的制定和通过为标志，经济、社会和文化权利被确立为人权的重要组成部分。未来人权的发展，将主要是经济、社会和文化方面的扩大。经济权利包括财产权利、工作权利、同工同酬、同晋升的权利等；社会权利包括保障权、免于饥饿的权利、受教育的权利等；文化权利包括参加文化生活的权利、享受科学进步及其应用所产生的利益的权利，保障科学研究者和文化创造者的合法权益。

4. 集体人权

集体人权是指人们作为国家、民族等共同体集体享有的权利。我们前面列举的各项人权，其权利主体都是个人。但是，有些权利必须由集体共同享受，其权利主体为许多人组成的共同体。这种权利就是集体权利。集体权利不是个人权利的简单相加，它有自己特定的范围。集体人权传统上被排斥在人权之外，直到第二次世界大战之后才被列为基本人权。现在讲的集体人权主要指人民自决权、生存权和发展权。

●人民自决权。人民自决权给予各国人民独立自主地决定本国政治、经济和社会制度的权利，给予他们在没有外部压力的情况下解决本国内部问题的权利。各国人民有权自由处置他们的财富和自然资源。一句话，人民自决权实际上就是使民族国家拥有不折不扣的政治主权、经济主权和文化主权。

●生存权。生存权首先要求国家和民族均有权自立于世界民族之林，有权作为世界的平等一员。种族灭绝、武装侵略和残杀无辜，都是对生存权的严重侵犯。生存权还要求消除饥饿、疾病、贫困和营养不良，使人民的生存条件获得最基本的保障。这是个人的权利，更是国家的权利。

●发展权。联合国大会于1986年通过《发展权利宣言》宣布："发展权利是一项不可剥夺的人权，由于这种权利，每个人和所有各国人民均有参与、促进并享受经济、社会、文化和政治发展，在这种发展中，所有人权和基本自由都能获得充分实现。"

5. 特殊群体的人权旨在为人类成员制定一个最低限度的平等标准

但是，在目前的社会条件下，社会中有些弱势群体无法自动获得社会给予的基本人权。这些弱势群体包括妇女、儿童、残疾人和少数民族。为了让他们能够享受正常的人权，必须首先保障他们的若干特殊权益，提高他们的地位，使他们能同其他人一样享受基本人权。

●妇女权利。国际社会主要的人权文书均把性别平等列为基本人权。基本人权规定了妇女在社会政治生活中的平等权利，包括妇女选举权、担任公职权等，还强调妇女的政治、教育、民事立法以及与男子同工同酬的权利。妇女人权还包括女工劳动保护权、妇女保健权及特殊生育待遇等权利。

●未成年人的权利。儿童应享受社会安全的各种利益，应得到父母或社会的适当照料，有受教育的权利；儿童应被保护不受一切形式的虐待和剥削；不应成为买卖的对象；在一定年龄之前不应被雇佣；审理未成年人犯罪应采取特别程序，应顾及他们重新做人的需要，16 岁以下的未成年犯罪人不得处以死刑。

●残疾人的权利。首先，残疾人的人格尊严应得到尊重，不得歧视或侮辱残疾人。其次，为了实现工作权利，残疾人有权从社会获得种种旨在使他们尽可能自立的援助措施。再次，残疾人有权得到医疗照顾以及文化教育和职业培训，以使他们重新参与社会生活。最后，残疾人有权与亲属同住，并参加一切社会活动、创作活动或娱乐活动。

二、改革开放以来中国人权建设的成就

从 1978 年 12 月至今，是当代中国人权建设事业取得巨大成就的时期。

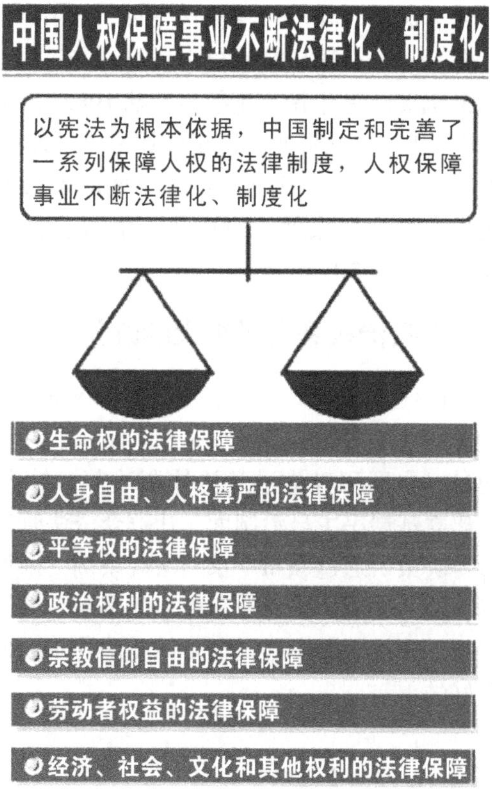

资料来源：国务院新闻办（新华社发）。

（一）中国人民的生存权和发展权发生了历史性巨变

2010 年，中国国内生产总值达 397 983 亿元，比 2009 年增长了 10.3%。在 2000 年人

民生活水平初步实现小康的基础上，进入全面建设小康社会的发展阶段。中国农村未解决温饱的贫困人口在改革开放之初有2.5亿人，到2010年，基本解决贫困人口的温饱问题，并在此基础上帮助初步解决温饱的贫困人口进一步改善生产生活条件，巩固温饱成果，提高生活质量和综合素质。城乡居民的储蓄存款余额1990年只有7.34亿元，目前已超过303 302亿元。城镇居民人均住房面积10多年前为6.7平方米，到今天，超过30平方米。2007年年底中国互联网上网计算机数6 710万台，上网用户数为8 900万户，居世界第二位。中国人的通信方式越来越快捷。随着中国人的生活水平逐渐提高，中国人的平均期望寿命已从新中国成立前的35岁上升到如今的78岁。

（二）中国人民的文化教育权利得到了空前的提高

改革开放30多年来，科技、文化、教育事业得到突飞猛进的发展。2003年，中国青壮年文盲已降到2%以下。联合国教科文组织统计局公布的全球过去10年扫盲最新统计数据表明：在所统计的40个国家中，中国在扫盲教育方面取得的成绩最大。国家实施“贫困地区义务教育工程”，到目前为止，二期实际到位资金30亿元。用于免费发放教科书的经费从每年的2亿元增加到4亿元。高等教育快速发展，2007年普通本专科招生约2 009万人，比2002年增加1 689万人；全国研究生招生从1982年的11 080人发展到2007年的418 592人，年均增幅为15.64%，其中博士生招生数从1982年的302人增加到2007年的58 002人。“十一五”以来，我国文化事业费逐年增加，增长速度保持在18%以上的较高水平。2009年，全国文化事业费292.32亿元，比上年增加44.28亿元，增长17.9%，大大改善了全国各地区人民的文化生活条件。2003年，中国首次载人航天工程取得圆满成功，成为中国科技事业发展的又一个里程碑。

（三）中国人民的民主政治权利有了很大的改善

改革开放以来，全国人民代表大会及其常务委员会审议通过的法律及法律解释近400件，地方各级人大制定地方性法规7 000多件，有效地保障了人民当家作主的民主政治权利。在经济体制改革的同时，中国积极推进政治体制改革。扩大选举范围，实行差额选举，直接选举已达县级。建立基层民主自治制度，让群众依法管理自己。通过各种组织方式，鼓励人民群众广泛参与决策。通过颁布一系列法规条例，来保障公民充分实现言论自由。建立开放的人才市场，使劳动者实现择业自由。放宽对公民出国的限制，使中国出国旅行、留学、探亲、经商和工作的人数不断增加。原美国驻华大使芮效俭称，现在中国的人权状况是近100年来最好的。

三、发展社会主义的人权

社会主义同人权在本质上是一致的。社会主义主张人权、捍卫人权，并为人权的实现创造了条件。建立在以生产资料公有制为主体、多种经济成分并存基础上的社会主义社会，使社会主义人权的主体具有最大的普遍性，使人民拥有广泛地参与国家事务的可能。人民不但获得政治上和法律上的平等权利，而且成了生产过程的主人，获得了管理生产的权利。社会主义人权是内容最为广泛的人权。社会主义人权坚持了政治权利和经济权利、个人权利与集体权利的统一与平衡，使人权获得了广泛、全面的进步。社会主义的原则就是维护人权的原则。

社会主义人权应当在社会主义的完善和发展中得到有效的保护。虽然，中国发展人权的道路并不平坦，但改革开放以来，中国的人权事业发生了极其重大的变化，成为一个在国际上积极参加人权活动、在国内积极倡导和宣传人权的国家。中国加入了一系列国际人权公约，尤其是签署了在人权领域内最重要的两项公约——《经济、社会、文化权利国际公约》（1997 年 10 月）和《公民及政治权利国际公约》（1998 年 10 月），树立了在国际事务中负责任的社会主义大国的形象。2004 年中国第十届全国人民代表大会第二次会议审议通过的《中华人民共和国宪法（修正案）》，首次将“国家尊重和保障人权”正式载入国家的根本大法，使尊重和保障人权由执政党和政府的政策主张上升为宪法原则，从而进一步确立了保障人权在中国法律体系和国家发展战略中的突出地位。2009 年，中国政府响应联合国关于制订《国家人权行动计划》的倡议，在认真总结经验、客观分析当前实际情况的基础上，制订了《国家人权行动计划（2009—2010 年）》，明确 2009—2010 年中国政府在促进和保障人权方面的工作目标和具体措施，坚定不移地推进中国的人权事业的发展。

第二节　中国社会分层结构发展与变迁

一、社会分层的定义

社会分层（social stratification）是按照一定的标准将人们区分为高低不同的等级序列。“分层”原为地质学家分析地质结构时使用的名词，是指地质构造的不同层面。社会学家发现社会存在着不平等，人与人之间、集团与集团之间，也像地层构造那样分成高低有序的若干等级层次，因而借用地质学上的概念来分析社会结构，形成了“社会分层”这一社会学范畴。社会分层是指建立在法律、规则和结构基础上的，已经制度化的比较持久稳定的社会不平等体系，即当社会不平等已经结构化或制度化以后，才会出现社会分层，当制度化以后，社会不平等就会在社会活动中不断地产生出来。社会分层是结构化、制度化了的社会不平等。当前，中国的社会分层概念是一个较为宽泛的概念，是反映社会地位差别的一般性概念，包括阶级差别、阶层差别以及层界差别等。

二、改革开放后中国社会分层结构的变化

传统的社会分层理论模式认为改革开放以前中国存在“两个阶级一个阶层”（工人阶级、农民阶级和知识分子阶层）。1978 年以后，中国实行改革开放政策，在政治、经济和其他各方面进行了重大调整。经济上，从单纯的公有制经济转变为多种所有制形式，从单一的计划经济转变为增加市场调节的成分并逐步形成了新型的社会主义市场经济体制，从

农村的人民公社体制转变为农民的家庭联产承包责任制；政治上，逐步健全了法治，调整社会各群体关系，知识分子的地位提高了，等等。进入20世纪90年代，国有企业、单位制改革深化，城市出现了住房、医疗、养老、就业四大体制的变革等。这些都在不同程度上导致了中国社会群体本身和各个社会群体之间的关系发生重大变化，社会分层结构也随之而发生了重大变化。

（一）身份制的变迁

改革开放30多年来，中国社会分层结构最主要变化的基本特征是从以“社会身份指标”来区分社会地位向以“非身份指标”来区分社会地位的方向转化。改革前中国社会分层的特点是非财产型的，即区分社会地位高低的标准不是财产、经济收入的多少，而是一种特殊的身份指标，包括政治身份的区别、户籍身份的区别、工人与干部身份的差异，等等。从社会分层的角度看，改革以后的最大变化就是，原有的身份制度或身份体系被逐渐瓦解或衰落，出现了重大的变迁，特别是表现在以下五个方面：

一是农民开始突破户籍身份的限制。20世纪80年代后中国的户籍制度有所松动，农民被允许进城就业。到了2008年，进城农民工总数达到了1.5亿人之多，其规模之宏大确实惊人。农民中也涌现出了一批“农民企业家”，但是他们的社会地位绝不是户籍体制所能限制得住的。在户籍制度的改革中，2003年6月20日国务院废止了《城市流浪乞讨人员收容遣送办法》，对于农村人口的城市化采取了更为积极推进的政策，将城乡居民的身份平等作为户籍改革的最终目标。

二是以单位级别和干部级别为基础的分层机制发生变迁。改革以前的单位级别和干部级别体系是单一经济成分的产物。改革使中国的经济成分多元化，同时也使得人们的收入多样化。市场经济的蓬勃发展直接改变着过去的官员等级身份制度，过去控制在各级政府官员手中的经济指挥权有所削弱。各级政府官员不再像过去那样单独占据着社会经济运行的中心位置，而只能与市场分享权力。在市场竞争中，企业地位高低的方式是以其资产、产值、利润来衡量的。这种衡量地位高低的方式是市场竞争、经营效益的结果，官定的级别逐渐失去意义，原来的等级分层次序被打乱了，社会分层更为多元化而不是单一的“官本位”化，这样的总趋势是明显的。

三是突破“档案身份”。改革以前绝大多数人几乎终生在一个单位就业，人们在单位之间的调动十分困难。难以调动的体制上的原因在于一套特殊的档案管理制度，或称作档案身份制度。“档案身份”是人才“单位所有”的重要基础。市场改革以后，在劳动就业出现大量流动的情况下，人才的“单位所有”受到了很大的冲击。从此没有档案的就业成为随处可见的现象，同时社会上也出现了负责保管档案的“人才交流中心”，以衔接不同体制之间的差异。流动是社会向前发展的活力，社会流动为中国改革30多年来经济持续增长作出了重要贡献。

四是传统先天身份的指认逐渐消失，人们通过后天努力获得的文凭、学历、技术证书等越来越成为社会分层、社会屏蔽和筛选的功能。自1977年中国恢复高考以来，文凭、学历就在社会地位的区分中起到愈来愈重要的作用。20世纪80年代中期以后中国正式恢复了学位制度，建立了学士、硕士、博士等一系列学位体制。90年代以后又逐步建立了一系列的技术证书制度，如会计证书、律师证书、资产评估员证书等。自中国加入 WTO 之后，与国际接轨的技术证书越来越成为区分社会地位的新的依据。

五是产权的“排他”作用突出。新中国成立之初，因为社会原本阶级体系和所有权体制被打碎了，户籍等制度成为取代阶级和所有权而维持社会秩序、资源分配秩序的基本制度。改革开放以后，整个社会的财产集中在政府手中或公共占有的程度有所降低，民间占有财产的份额和数量增长均十分明显。20 世纪 90 年代以来，私营企业、股份制企业以及多种所有权成分的各种企业更有了突飞猛进的发展。民间拥有财产的形式也多样化，如住房体制改革后，私人拥有住房的现象已经变得极为普遍。2007 年 3 月 16 日，全国人民代表大会通过了《中华人民共和国物权法》，明确提出对于私有财产和公有财产给予平等的保护。财产正逐渐成为显示经济地位和社会地位的主要指标，并有可能成为新的维持秩序的首要制度。

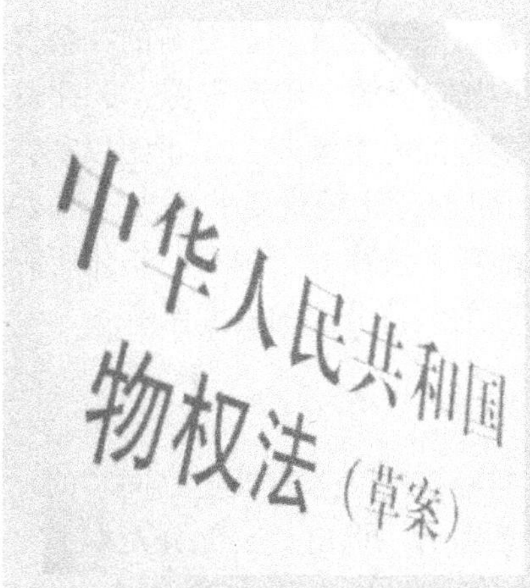

2007 年 3 月 16 日，历经八次审议的《中华人民共和国物权法（草案）》在十届全国人大五次会议闭幕会上高票通过。《中华人民共和国物权法》共 5 编 247 条，已于 2007 年 10 月 1 日起开始施行。

（二）经济分层取代政治分层

中国社会分层的一个重要特点是政治分层与经济分层的区分。中国改革开放以前是以政治分层为主的社会，改革开放后，政治地位的重要程度下降，经济地位的重要程度上升。因此中国社会分层结构的一个重大变化就是从以政治分层为主体的社会转变为以经济分层为主体的社会，即社会以经济上的不平等取代了政治上的不平等。

体制转变的起点是 1978 年 12 月中共中央十一届三中全会提出的关于“允许一部分人先富”的新政策。20 世纪 80 年代以后，在“允许一部分人先富”这一“基调理论”的指导下，出台了一系列的政策原则和具体政策，最终改变了原来的政治分层机制，塑造了新的经济分层机制。如在农村政策方面，从允许农民经营自留地、从事家庭副业，鼓励和扶持农民增加个人收入，到后来的包产到户、包干到户，最终形成了家庭联产承包责任制。同时逐步放开农产品价格，推进商品市场。从 1980 年开始，在城镇，企业普遍地实行了奖金制，开始了“打破大锅饭”的试验，取消平均主义的分配方式，鼓励多劳多得，计件工资、承包制、包干制等在企业中流行起来，逐步形成了企业的工资奖金由企业自行决定的机制，不少劳动者、工作人员从奖金中获得的收入大大超过了基本工资。1984 年起还明确提出，适当发展个体工商户和私营企业，承认雇工的合法性。中国内地的私营经济、个体经济迅速发展起来。此外，大力引入外资、外企，三资企业经济所有制的变化和就业方式的变化，也成为分层结构转变的一个重要方面。通过 20 世纪 80 年代的转型，到了 90 年代，经济分层的机制已经基本稳定了。从所有制方面到收入分配方面，几乎所有的经济政策都是更加促成经济分层的，即鼓励多种所有制并存，鼓励私营经济的发展；允许多种分配方式并存，个体经济收入、利息股息红利收入、资本收入都是合法的，劳动、资本、技术、管理等生产要素按贡献参与分配。

1990 年国务院第 55 号令《城镇国有土地使用权出让和转让暂行规定条例》和 1992 年建设部第 22 号令《城市国有土地使用权出让转让规划管理办法》实施以后，中国城镇土地的出租、批租就合法化了。从此房地产业迅速发展起来，而在社会分层中的富有集团如房地产集团和房地产商业也迅速成长起来。新的资源配置的机制在塑造着新的社会群体的分层。除了土地以外，其他一些资源如国有企业改革中的资源、矿产资源、医疗资源等，在 20 世纪 90 年代急速的市场转型中，也都出现了类似的配置倾向。21 世纪以来，一些重要的法律和法规进一步固化了业已形成的经济分层机制，比较重要的法规，如 2007 年 3 月通过的《中华人民共和国物权法》，十分详细地阐释了法律对于国有、集体所有权和私人所有权的保护。因此，所有这些法律、法规成为新的经济分层的制度保障。

（三）贫富差距的扩大

总的来看，贫富差距的出现与市场引入是同步的，与经济的急速发展也是同步的。在改革之初，生产效率与劳动效率十分低下，经济发展严重滞后。提出“一部分人先富”政策的用意在于通过刺激人们致富的心理，带动全民族的经济发展。开放 30 年来，致富、挣钱成为一种巨大的利益驱动，中国经济也由此进入高增长时期。所以，在研究贫富分化的问题上，不能抹杀该利益驱动在刺激中国经济增长上的巨大的社会功能。事物总是辩证的，一个国家经济动力不足是个严峻的问题，但是如果追求金钱的动力过大也会成为严峻的问题。今天的中国社会，财富成为很多人追求的重要目标。追求金钱的动力过大、贫富的迅速分化，也不可避免地带来了负功能。

什么是贫富分化的负功能呢？穷人群体与富人群体的差距拉得过大，两者之间的利益失衡，造成社会矛盾、社会冲突。当前此种利益失衡有多种表现，比如城市发展与农村发展之间的失衡，在国企改制中获得利益的群体与丧失利益的失业下岗群体的利益失衡，以及在城市拆迁改造、工程项目移民中的利益失衡，等等。总之贫富分化是个双刃剑，一方面它确实刺激了人们追求财富的欲望，刺激了经济的增长，但是另一方面它也带来了诸多的社会问题。中国贫富差距日益拉大后，问题的关键已不在于引入市场机制，而在于市场体制还有待逐步完善。

贫富差距日益拉大产生的社会后果是造成了社会关系的紧张。巨大的贫富差距所造成的“社会结构紧张”是一种客观结构，它确实使得社会矛盾的产生有了重要的基础。但是，矛盾是否出现或是否被激化，那还要看另一个环节，这就是“公正失衡”。“公正失衡”说的是一种民众的主观心态。也就是说，只有当贫富分化与“不公正”、“不合理”、“不公平”相关联的时候，才会真正激化社会矛盾。中国的改革应更加关注社会公正问题。如果出现严重的社会不公正，社会各个集团都会不满，就会激化社会矛盾。

改革开放30多年以来的经验证明，中国的改革是政府主导型改革，政府的政策对于经济的发展和社会的变革产生了巨大的影响。所以，缓解贫富差距的状况最重要的是需要政府在政策上作出调整。在收入分配问题上，就是“效率优先、兼顾公平”，即“初次分配注重效率”、“再分配注重公平”。2005年10月制定的《国民经济和社会发展第十一个五年规划的建议》中，强调“注重社会公平”，强调“努力缓解地区之间和部分社会成员之间收入分配差距扩大的趋势”。中共十七大报告指出：“逐步扭转收入分配差距扩大趋势。”中央最近还提出，要使全体社会成员共享改革的成果。以上可以看出从2004年开始国家在收入分配的政策上作出了明显的调整。如中央关于“五年内取消农业税”的决定，关于建设“新型农村合作医疗”以及2005—2007年对农村合作医疗增加中央拨款的决定等，都体现出了在收入分配上的调整。由于中国的改革与发展是政府主导型的，又由于中央在收入分配政策上的重要调整，采取了一系列更加注重公平的措施，采取了通过再分配向低收入者转移支付的政策，可以预见在未来的5~10年中，中国贫富差距拉大的趋势将会有所缓解，贫富差距的水平将会有所调整。

当然，从长远看，要真正解决贫富差距问题，以下五个方面的对策不可忽视：①城乡关系的调整。中国最为主要的贫富差距还是出现在城市与农村之间，所以，解决“三农”问题才是解决贫富差距问题的根本出路。②就业是民生之本，失业与贫困是孪生关系，所以，创造新的就业机会，减少失业下岗可以缓解贫困。③推进社会保障体系的建设。这是调节再分配、缩小贫富差距的重要渠道。④通过税金调整，完善累进的个人所得税等多种调节手段。⑤推进基础教育。以往的研究证明，一个国家的平均教育水平与贫富差距是呈反比例关系的，所以，提高基础教育水平可以缩小贫富差距，随着全民族文化教育水平的提高，中国社会最终将会步入“橄榄形”社会结构。

（四）社会中心群体与社会边缘群体关系的变化

中国社会两大重要群体“社会中心群体”和“社会边缘群体”的利益关系发生了重大变迁。

中国自秦以来始终是一个高度中央集权的社会，即中央集中管理的体制。中央高度集中管理的结果是形成了中国社会资源高度垄断化与集中化。由于各种资源往往由中央统一调配，因此，接近中心区域的人们就形成了中心的群体，该群体比较容易获得资源。如政府管理者、高级专业技术人员等。同样，如果用城市人口与农村人口相比较，城市居民更接近中心，城市居民所获资源明显多于农村居民。大城市与小城镇相比较，大城市更接近中心，其资源也大大多于小城镇。级别高的大单位与级别低的小单位的关系等也都可以依此类推。总之，从相对的意义上对比任何两个阶层，其中一个阶层更接近中心区域，从而能够获得更多的资源。更接近中心位置的一般称为“中心群体”（或“核心群体”），处在外围的称为“边缘群体”。这种现象在中国实行计划经济的时期尤为突出。

20 世纪 80 年代，中国引入市场经济体制以后，曾一度改变了传统的中心群体与边缘群体的关系。对于原来的计划经济体制，市场相当于一个外来物，在这个新的市场体制里面，奉行的是自由竞争和平等交易的原则，它与原来的计划经济体制从中央到地方、从中心到边缘层级分配资源的方式是完全不一样的。如果用图形来表现的话，就是两个资源配置的圆圈：一个是原来计划经济体制的圆圈，由中心群体和边缘群体的一系列同心圆构成；另一个是市场经济的圆圈。从配置资源的数量看，改革以来，计划经济体制的圆圈在不断缩小，市场经济的圆圈在不断扩大。从两个圆圈的关系看，市场经济的圆圈是从外部不断侵蚀计划经济的圆圈的。而这种侵蚀，最先是从计划经济的边缘地带，是从影响社会边缘群体的生产方式和生活方式开始的。20 世纪 70 年代末 80 年代初，中国改革之初，农村实施“联产承包责任制”，作为社会典型的边缘群体，农民可以到市场上自由出售粮食、蔬菜等农副产品了，这是社会边缘群体进入市场的典型事例。

在中国由计划经济向市场经济演变的过程中，劳动者参与市场经济的过程明显地分成两个阶段。第一个阶段，社会边缘群体大量参与到市场经济中来，并获得了较大的经济利益，而社会核心群体（干部、知识分子）参与市场经济的却比较罕见，因而他们从市场经济中获得的利益也就很少。在第二阶段，市场经济对于计划经济的侵蚀大大扩展，不仅是金融业、保险业、房地产业，就连科研、教育、文化、卫生等也纷纷与市场经济转轨。上述变迁使得社会中心群体（干部、知识分子等）在收入分配中明显受益，而体力劳动者等社会边缘群体在这种竞争中却处于明显的劣势。

社会中心群体进入市场的社会后果有正向和负向两个方面。从正向作用看，中国一度存在的“脑体倒挂”问题已经得到解决，从全社会的分配看，高技术、高新产业以及高教育、高素质等因素在财富分配中发挥的作用日益明显。同时，它也影响了“精英”的配置，即出现了“政治精英”队伍缩小、“经济精英”队伍扩大的局面。但同时社会中心群体进入市场的负向作用也是很严重的。随着社会中心群体进入市场，权力与市场相结合的机会大大高于市场转型的第一阶段。很多社会中心群体利用手中的公共权利牟取“小集团”的或个人的私利，使国有资产大量流失，公共财产通过各种渠道被转化进了私人的“腰包”。

近年来中国中心群体占有社会资源的特征显得愈来愈突出，无论是就城市居民与农村居民比较，还是用大城市与小城镇比较、用上级部门与下级部门比较，都会发现边缘群体与中心群体的差距日益扩大。这种现象与 20 世纪 80 年代形成强烈反差，当时，曾经出现过下级部门比上级部门有钱、小城市聚财相对而言比大城市容易、农民比工人更有生财之道、低学历的比高学历的更会赚钱等现象。虽然当时边缘群体占有资源的现象也很不合理，但是现在完全反过来，边缘群体利益严重受损，农民生活水平不能提高，这也是颇为严峻的问题。所以在现阶段应特别关注社会边缘群体利益受损的情况，要特别突出社会保障体制的建设，建立能够覆盖社会边缘群体、社会弱势群体的社会保障体制。

（五）新社会阶层的形成

中国社会分层的变化也表现在各个阶级阶层自身的突出变化上。改革前中国阶级阶层的特征是“整体型社会聚合体”，主要是四个大的“社会聚合体”即农民、工人、干部和知识分子。改革以来，这四个大的聚合体都发生了变化。

首先，农民群体出现根本性的职业分化。2006 年农村户口的劳动者总数为 4.809 亿人，其中 1.468 亿人在乡镇企业中劳动，实际上已经属于工人而不属于农民了。但是由于户籍制度的约束，在身份上还被视为农民。同时还存在一个人数大约超过 1 亿的农民工群体，远距离流动到中型、大型城市去打工，尽管对这部分人从来没有过一个准确的统计数据。此外，农民中有 2 147 万人从事个体经营，还有部分成功者自己当了老板，甚至经营规模比较大的企业。真正种地的农民在今日中国农村户口的劳动者中不足半数。

其次，工人群体也发生了很大变化。目前中国拥有全世界最大的体力劳动群体工人阶级队伍。当然这个群体内部也在不断分化中。主要可以分为三种情况。第一种是具有城市户籍的工人，第二种是农村中的工人，即上面所说的在乡镇企业劳动的工人，第三种是流入中型、大型城市里打工的农民工。改革以前的工人几乎清一色的是具有城市户口，在国营、集体企业里面工作的人，而今天这种持城市户籍、从事直接生产操作型的体力工人的人数和比例都大大下降了。体力劳动的位置大部分被外来农民所取代，城市户籍的劳动者大量进入到非体力型的“白领”工作岗位上了。

再次，干部队伍也经历了不小的变化。改革以前干部队伍被扩大化，企业经营管理者和许多专业技术人员均被视为国家干部。改革以后随着现代企业制度的发展，企业管理者逐渐与国家公务员队伍相脱离，国家公务员队伍的管理也逐步规范化。国家公务员专指在各级政府机关中行使国家行政职权、执行国家公务的人员。国家公务员队伍经历了几次精简机构的改革，同时也建立起了国家公务员的考试制度。在 30 多年的改革中，国家干部或公务员也曾经历了潮起潮落。1992 年后随着市场化浪潮的兴起，一度出现过大批国家机关干部“下海”的现象。然而到了 20 世纪 90 年代后期，一方面曾经下海的人群又有回归的现象，另一方面国家机关干部、国家公务员的角色，重新成为大学毕业生们激烈竞争的对象。

最后，知识分子的地位也发生了变化。改革前在政治斗争激烈的政治分层时期，曾经一度出现知识分子地位下降的局面。从改革伊始，提出“知识分子是工人阶级一部分”的口号，大力提高知识分子的政治地位。从此知识分子的政治待遇和经济待遇得到根本性的改善。尽管 20 世纪 80 年代一度出现过“脑体倒挂”的局面，但是到了 90 年代以后，知识分子的经济地位、政治地位和社会地位都有了很大的提高。

新的社会阶层的出现是 30 年来中国社会阶层最大的变化，所谓新的社会阶层大致可以归纳为六部分：民营科技企业的创业人员和技术人员，受聘于外资、外企的管理技术人员，个体户，私营企业主，中介组织的从业人员，自由职业者。其中最突出的两个群体是个体户和私营业主。这两个群体所参与的所有制模式都是私人占有的经济模式，这与改革前传统公有制的经济模式形成了巨大反差，因此一直备受社会的关注。1956 年中国社会主义改造的对象就是私营经济和个体经济。之后不仅私营和个体经济基本上消失了，就连私营和个体阶层也被改造为普通的劳动者或职工。所以改革以后，这两个阶层并不是简单的新生阶层，而是表现为一种再生或复兴的现象。到目前为止，这两个阶层已经发展为人数庞大的群体，成为在中国举足轻重的重要社会力量。

中国十大社会阶层表

	一	二	三	四	五	六	七	八	九	十
社会阶层	国家与社会管理阶层	经理人员阶层	私营企业主阶层	专业技术人员阶层	办事人员阶层	个体工商户阶层	商业服务人员阶层	产业工人阶层	农业劳动者阶层	城市失业半失业阶层
所占比例(%)	21	1.6	1	4.6	7.2	7.1	11.2	17.5	42.9	4.8

鉴于社会结构和新阶层发生了如此重大的变化，国家和执政党在政策上作出了重大调整。2002年11月中共十六大对《中国共产党章程》作出修改，关于党员条件第一条，从过去的“年满18岁的中国工人、农民、军人、知识分子和其他革命分子”，修改为“年满18岁的中国工人、农民、军人、知识分子和其他社会阶层的先进分子”。这一修改解决了长期困扰执政党的关于私有经济业主的阶层能否加入中国共产党的问题，同时也明确表明了作为执政党的中国共产党将把新产生的经济精英人士吸收到自己的队伍中来，这对团结社会精英队伍意义深远。据统计，到2005年，“全国县级以上人大代表中有私营企业主9 000多人，被推荐为全国县级以上政协委员的有3万多人，担任全国工商联执行委员的有233人（占执委总人数的56.0%），其中担任全国工商联主席的有8人”。从受教育素质的程度看，20世纪90年代末和新世纪以来中国私营企业主的构成发生了很大变化。1993年全国调查统计表明，当时私营企业主的文化教育程度是大学本科以上毕业的仅占5.5%，仅有0.6%是研究生毕业，大学专科毕业的占1.7%，中等专业技术学校、职业高中和普通高中毕业的合计占35.9%，初中毕业的最多，占36.1%，小学毕业的仅占9.9%，还有1.0%的人是文盲。这种文化素质较低的情况到了21世纪则有了彻底的改观。根据全国工商联2004年关于私营企业主的调查报告，在对2 998个有效样本的全国抽样调查中，全国私营业主的文化水平比1993年有了很大的提高。大学本科以上毕业的占20.7%，其中5.7%是研究生毕业，大学专科毕业的占31.1%，中等专业技术学校、职业高中和普通高中毕业的合计占33.6%，初中毕业的占12.9%，小学毕业的仅占1.7%。这种文化素质水平也大大高于同时期中国在业人员的平均水平。所以这一时期的私营企业主已经成为社会上的高素质群体。

私营企业主的社会来源也出现了很大变化。20世纪80年代末90年代初，私营企业主来自农民和工人的比例较高。农村私营企业主中有53.5%的人过去是农民，城镇私营企业主中来自工人的占25.2%，来自农民的占17.2%，两者合计占42.4%。21世纪以来，私营企业主在开办私营企业以前从事各类管理、专业技术型职业的占到了私营企业主总数的60%以上。这样一种职业来源的演变，从另一个侧面反映出了改革30多年来私营企业主构成的重大变化。私营企业主、私营工商层构成的变化以及其素质的迅速提高具有重要意义。这个阶层作为一种独立的经营者阶层，突破了中国过去的身份制与单位制的束缚，因而是市场经济中最有活力的群体之一。这一群体素质地位明显提高表明在未来的社会主义发展中它将发挥更大的正面作用。

第三节 中国特色社会保障体系的改革与完善

一、社会保障的含义和作用

社会保障指的是国家和社会通过各种各样的立法对国民收入进行分配和再分配，对社会成员特别是生活上有特殊困难的群体的基本生活权利给予保障的社会安全制度。社会保障属于分配范畴，体现了某种特定的分配关系。

社会保障是国民经济运行的“防震器”，也是社会人群的“安全网”。因为社会保障的基本目标是保证社会劳动力的正常再生产，从而保证国民经济持续、快速、健康地发展。社会保障是一个庞大的体系，其涵盖的基本内容有社会救济、社会保险、社会福利、社会互助、个人储蓄等。社会保障是经济发展、社会进步的产物，它一旦形成制度，会反过来对社会经济和社会发展发挥积极的作用。它有利于维护劳动者的合法权益，提高劳动者的素质，使他们解除后顾之忧；有利于调节社会经济利益关系，促进社会公平，维护社会安定；有利于国有企业和事业单位的进一步深化改革，调整社会经济结构；有利于劳动力的合理流动，形成繁荣健康的劳动力市场；有利于建立社会主义市场经济体制，促进国民经济持续、快速、健康地发展。

二、改革和完善当代中国社会保障制度的现实必要性

随着中国市场经济体制的发展和完善，必然要求建立一套与之相适应的、完善的社会保障制度和与之相关联的具体保障体系。因此，在推进中国的经济体制从传统的计划经济向社会主义市场经济转轨的进程中，必须高度重视社会保障制度及相关保障体系的转轨。从当今国际社会发展的范围看，对社会保障制度模式的选择主要有两种：

（1）现收现付模式。这种模式以德国最为典型，故又称“德国模式”。其基本特征是社会保障成本的代际转移是以收定支，即由在职职工承担已退休职工的社会保障成本；支付给退休者的社会保障资金是直接来自该时期的在职劳动者负担的社会保障费用。这一模式要求有较小的人口压力、年轻的人口结构、较强的国家实力、完备的税收体系等。但是，在这种模式下，社会保障负担随着支出的增长而逐年提高，而且完全没有资金积累。

（2）个人账户模式。这种模式强调雇员的个人缴费和个人账户的积累，退休者的社会保障权益来自本人在工作期间的积累，且所积累的资金通过投资基金进行运作。个人账户模式以智利的模式为代表。这种模式的特点是具有累积性和增长性，资金供给比较稳定，在经济波动中表现出较强的抵抗能力。

在现收现付模式中，政府在事实上承担了巨大的社会保障债务，尽管在许多情况下这一债务是隐性的。这就对政府的社会保障支出提出了相当高的要求。随着社会保障支出的增长，政府在各种压力下被迫提高收费标准，这必然会抑制经济增长，干扰经济运行中的正常的激励（incentive）机制的运行。因此，不仅许多人口压力较大的发展中国家难以承

担现收现付模式带来的债务压力，即便是一些经济实力强、人口压力小的发达国家也越来越意识到现收现付模式的负面影响。在一定意义上可以说，正是这种现收现付的社会保障模式，以及由此体系支持的较高的社会福利水平，是形成欧洲发达国家经济发展中的“福利病”的重要原因。因此，越来越多的国家开始实行个人账户模式。

三、当代中国社会保障制度模式的演变

中华人民共和国成立初期的20世纪50年代，中国建立了企业职工养老保险制度，以企业为单位，基本上采取现收现付的模式，将社会保障成本进行代际转移。这一模式当时之所以是比较有效的，是由于当时的人口年龄结构年轻，同时这一模式得到计划经济体制的支持。

随着中国开始实行市场经济，人口年龄结构也逐步趋于老化，社会保障问题开始引起关注。1991年6月，中国政府颁布了《国务院关于企业职工养老保险制度改革的决定》，开始着手改革社会保障制度。十四届三中全会进一步明确提出，要建立一个企业职工社会养老保险统筹和个人账户相结合的制度，其基本思路是逐步建立职工的个人账户，将企业与个人缴费的大部分积累于个人账户，以试图缓解现收现付制度与人口老龄化的矛盾，与此同时，促使职工承担一定的社会保障成本，以减轻企业的负担。在这一模式框架下，中国的社会保障部门正逐步着手扩大这一社会保障体系的覆盖范围，如逐步将私营企业、部分地区的农民等纳入这一框架。

中国目前的社会保障制度模式尽管从名义上讲是个人账户制度，但是其实质依然是现收现付制度，因为现收的记入个人账户的资金同时就用作社会保障的支出了，个人账户中的资金只是账面上的；与原来的现收现付模式相比，其差异就是将风险分散单位由企业转变为地方政府，同时中国当前实行的新制度不仅要负担上一代人的保障成本，还要为在职一代积累社会保障资金。因此，中国当前实行的这一模式是一个名义上、账面上的个人账户制，在实质上仍是一个高标准、高负担的现收现付模式。

尽管中国的社会保障部门为推行新的社会保障体系做了大量的工作，但是，当前中国社会保障制度模式及其运行状况还远远不能适应经济改革与发展的需要。而高效率的社会保障制度模式应该达到以下七个方面的目标：①社会安全网的建立；②社会进行储蓄与积累的重要手段；③维持对工作的积极的激励机制；④对所有权结构形成积极的影响；⑤建立一个低成本、高效率的管理体制；⑥确定适宜的收入分配目标；⑦解决失业救济及劳动力流动问题等。

从以上几点思路出发，在一定意义上可以说，当前的社会保障体系问题已经成为制约中国经济改革与发展的重大问题。这些问题主要表现在：

（1）当前以现收现付为基础的社会保障制度体系将不能适应中国正在进行的显著的人口年龄结构变迁，不能保证经济的可持续增长。中国当前的人口结构和独生子女政策，使得中国的人口结构将在不长的时期内进入老龄化社会。如果不在当前年轻人口较多的阶段及时建立以个人账户为基础的社会保障体系，中国政府必然会难以承担越来越庞大的社会保障成本，并且会被迫在经济发展程度较低的条件下进入老龄化社会，并被迫投入更大的成本来解决这一问题。

（2）当前以现收现付为基础的社会保障制度模式在老龄化社会到来后，会扭曲经济运行中的积极的激励机制。在退休职工占人口较大比重时实施当前的现收现付模式，就会使在职职工的个人所得收入在纳税后，一方面要负担相当比例的退休职工，另一方面还需要承担自身的社会保障成本，最后所剩余的个人可支配收入的比重实在有限。中国这样一个人口大国在进入老龄化社会以后，在职职工在社会保障方面的成本会相当高。如果按照目前的城市职工社会保险水平和标准，并采用现收现付模式，到2020年，工资的提取率将达到32.3%，到2040年将达到40.2%。高社会保障水平甚至造成社会救济收入大于劳动收入的现象，直接导致社会激励机制的紊乱。

（3）当前的社会保障制度模式不符合现代科技发展的新趋势。为了控制社会保障的成本，当前中国对于退休职工的消费、医疗等实施不同范围的控制，如限制特定的新药品的报销等。但是，当代科技进步主要体现在生物化工、医疗器械、信息技术等方面，这些领域的技术进步在很大程度上为退休职工扩大消费、改善医疗等创造了更好的条件；即便政府限制退休职工对这些新技术的应用，在社会观念、家庭观念的影响下，退休职工所在的家庭、企业也可能会积极地为退休职工创造条件运用这些成本较高的新技术，这就进一步扩大了事实上用于社会保障的成本。

（4）继续运用现收现付为基础的社会保障制度体系，企业所承担的巨大的社会保障职能必然会成为企业改革的重要障碍。从当代中国的现实情况来看，巨大的社会保障成本已经成为不少国有企业的经营陷入困境的重要原因。目前在企业改革的实际操作中也遇到不少类似的问题，在比较不同模式的基础上，开始尝试在一些打算上市的企业中划出一部分国有资产，为职工建立个人账户，从而设法解决社会保障成本对于企业改革的制约。

（5）继续运用现收现付为基础的社会保障制度体系，就会增大居民对于未来支出的不确定性预期，增大其储蓄倾向，这对于扩大消费、刺激内需的宏观政策形成了一个强烈的制约。

（6）以现收现付为基础的社会保障制度体系不利于全社会进行储蓄和积累。

四、当前中国社会保障制度模式的选择与方案设计

（一）建立以个人账户为主导的分层次社会保障模式

中国目前实施的以现收现付为基本特征的社会保障模式，可以说是一种令各个阶层、各个方面都不满意的模式：政府承担着过大的社会保障成本；企业的负担过大，不利于企业改革的深入；退休职工的社会保障权益得不到保障；在职职工需要承担过大的社会保障成本。因此，必须对这种社会保障模式进行改革和完善。综合考虑中国的人口压力和财政的承担能力，以及中国国情的复杂性，当代中国目前应该建立以个人账户模式为主导的分层次的社会保障模式，即大幅度地建立强制型个人账户，继续保留现收现付模式以满足社会的基本需求，对于少数高收入阶层可以通过购买额外的商业保险来进一步提高自身的社会保障水平。具体来说：

（1）在在职职工中大幅度、大范围实施个人账户模式，并将其作为整个社会保障体系中的主导性模式。这一模式的基本特点是强制缴款、政府免税、确定严格的比例要求、建立严格的资金管理程序和制度。

（2）保留现收现付模式以满足社会的基本需求。一方面可以保证低收入阶层的基本生活要求，同时，由于这一阶层的人口规模有限，政府用于这一阶层社会保障的财政负担也是有限的。

（3）对于一些高收入阶层，可以鼓励其购买额外的商业保险。

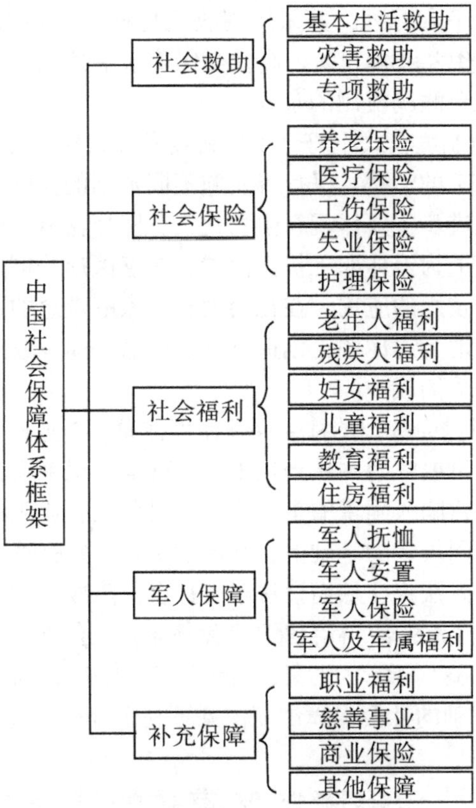

中国社会保障体系框架图

但是，在这个分层次的体系中，个人账户模式应该是占据主导地位的，商业保险和现收现付都只能发挥辅助性的职能。关于现收现付与个人账户的利弊比较，学术界已经有了广泛的研究并已经有了共识，但是，在当前的社会保障体系设计中，还存在不少关于社会保障和社会保险、商业保险等关系的误解，我们有必要作进一步的探讨。

（二）恰当处理社会保险在社会保障中的地位和作用

由于社会保险与个人账户模式相比存在许多内在的缺陷和弊端，所以应该注意社会保险在整个社会保障体系中只能占据辅助性的地位。

（1）社会保险在资金运用方面，实质上是运用大多数投保人员的资金来支持少部分需要支持的投保人员，具有显著的平均主义和社会再分配的特点，只要支出需要符合相关的条例就可以使用，没有明确、稳定、积极的激励机制，过分强调安全感必然会相应减少努力工作赚钱的动力，从而不利于形成对个人进行社会保障积累的激励。

（2）商业保险对于职工没有强制性的约束，而是居民的一种自愿性的金融行为；而以个人账户为基础的模式则能够通过确定强制性的缴款来保证社会保障体系获得稳定的资金供给。

（3）为了体现政府对于社会保障体系的扶持，政府一般对纳入个人账户中的社会保障资金免税。但是，商业保险则难以享受免税的优惠政策。

（4）为了保证稳定、充足的社会保障体系的资金供给，各国政府一般对纳入个人账户的社会保障资金规定了严格的比例要求，但是，这一点在商业保险中是难以做到的。

（5）商业保险的险种设计不能够充分满足社会保障的要求，而只能规避特定领域的风险。这是由商业保险的运作特点和基本性质决定的。

（6）在比较成功地实施了社会保障体系的国家中（如新加坡），其政府对于将保险形式引入社会保障体系始终持十分谨慎的态度。因此，社会保险只是一种金融产品，社会保险中的一些产品可以在规避一些特定风险方面发挥积极的作用，但是在社会保障体系中只能发挥辅助性的职能。

（三）以企业集团为突破口推进个人账户模式

（1）当前由政府承担由旧体制向新体制转轨的成本难度较大。中国当前的社会保障体制的转轨，首先面临的一个重要问题是如何确认并补偿劳动者在原来体制下对原有的社会保障体系缴款并逐步积累形成的社会保障权益，这一权益事实上也就是政府对于劳动者的社会保障债务。因为中国长期实行低工资制度，劳动者在获得工资之前已经扣除了社会保障资金，但是，在原来现收现付的体制下，这些社会保障资金并没有以基金的形式积累起来，而是用于进一步的国有投资，并形成国有资产。中国当前进行的社会保障体制转轨，必然会使原来政府承担的社会保障隐性债务显性化。

（2）以企业集团为突破口推进以个人账户制为主导的社会保障模式。庞大的、需要中国政府承担的社会保障债务直接制约了以个人账户制为主导的社会保障模式的实施。要改变这一状况，可以以一些大型的企业集团作为试点，逐步推广个人账户制。从政府对于社会保障的承诺强度看，可以说是从政府机关、国有企业、集体企业等依次减弱的。企业集团作为国有经济的主导性力量，在中国经济运行中发挥着十分重要的作用，政府对企业集团的承诺是较强的，从企业集团着手推进个人账户制，能够获得各个方面的认同。同时，大型企业集团的经营状况较好，还有相应的实力来承担推进社会保障改革的成本，可以考虑划出这些企业集团中国有资产的5%～10%，用以专门建立这些企业职工的社会保障个人账户。

以企业集团为突破口，比较容易获得企业的支持和配合，进而在整个改革的推进中形成一种良好的示范效应。

（四）建立高效率的、市场化的社会保障资金的管理和运作机制

在初步建立了以个人账户为主导的社会保障体系后，随之而来的一个重要问题是如何建立高效率的、市场化的社会保障资金的管理和运作机制。显然，这一机制的建立，对于整个社会保障体系的顺利运转具有决定性的作用。合理、可行的社会保障资金管理模式应该是建立强制性的准政府性质的社会保障资金管理机构，准政府性质的社会保障资金管理机构将其资金委托商业银行管理，多家竞争性的管理公司专门负责社会保障资金的保值增值，推动资本市场的发展。这种模式具有以下五个优点：①充分发挥了不同机构的专长和优势，在社会

保障资金的不同阶段通过合理分工来提高运行效率，如商业银行的账户管理专长、基金管理公司的资金投资专长等。②能够显著节省基金管理公司的经营成本。中国设计的方案使得基金管理公司能够以较低的成本从商业银行获得社会保障资金，促使其通过自身的投资业绩来吸引公众的社会保障资金。在这个过程中，社会保障基金的参与，必然会为金融市场培育成熟的机构投资者，从而有力地推动金融市场的发展。③能够促使商业银行积极增加收费型收入，开拓理财服务，提高经营管理水平。商业银行运用其广泛的分支机构网络和较高的电脑技术，通过代理资金管理业务，能够获得大量收费型收入。④整个社会保障资金的运作过程充分体现了市场化的竞争原则，有利于提高运作效率。⑤整个运作环节体现了相互制约的原则，较之原来的社会保障资金管理体制，对于社会保障资金的管理更为严格、规范。基于当前中国人口老龄化和经济发展的现实，有必要逐步将社会保障模式从当前的现收现付制转向自存自用的个人账户制，并从企业集团着手推进这一转轨进程；在这一过程中，建立高效率的、市场化的社会保障资金管理机制就显得十分重要。

综上所述，改革和完善当代中国的社会保障制度，必须要遵循这些原则：社会保障项目、对象、收费标准和水平必须和当前中国的社会生产力相适应，不可以超越国家、企业和个人的承受能力；城乡的社会保障之间要承认存在差别，不搞“一刀切”；坚持社会保险和商业保险分开，享受社会保障的权利和缴纳社会保险的义务相统一；坚持“政事分开”，即政府行政管理和保险基金营运分开；社会互助与自我保障相结合等。

问题思考

1. 当代人权的基本含义及其包含的基本内容有哪些？
2. 改革开放以来中国人权建设获得了哪些方面的主要成就？
3. 社会分层的一般含义是什么？
4. 改革开放前中国社会分层结构的主要特征体现在哪些方面？
5. 改革开放后中国社会分层结构出现了哪些方面的变化？
6. 社会保障的基本含义和作用分别是什么？
7. 当代中国的社会保障包含哪些方面的内容？改革和完善当代中国的社会保障涵盖了哪些具体内容？

参考书目

1. 罗玉中、万其刚：《人权与法制》，北京：北京大学出版社 2001 年版。
2. 李招忠：《当代中国人权问题研究》，北京：中国文史出版社 2003 年版。
3. 李强：《中国社会变迁 30 年（1978—2008）》，北京：社会科学文献出版社 2008 年版。
4. 李友梅、孙立平、沈原：《当代中国社会分层：理论与实证》，北京：社会科学文献出版社 2006 年版。
5. 胡晓义等：《当代中国社会保障制度——人力资源和社会保障大讲堂》，北京：中国劳动社会保障出版社 2009 年版。
6. 郭海清：《当代中国社会保障制度改革》，郑州：河南人民出版社 2008 年版。

下编 发展篇

《仰望星空》
温家宝

我仰望星空，
它是那样寥廓而深邃；
那无穷的真理，
让我苦苦地求索、追随。
我仰望星空，
它是那样庄严而圣洁；
那凛然的正义，
让我充满热爱、感到敬畏。

我仰望星空，
它是那样自由而宁静；
那博大的胸怀，
让我的心灵栖息、依偎。
我仰望星空，
它是那样壮丽而光辉；
那永恒的炽热，
让我心中燃起希望的烈焰、响起春雷。

第九章

高瞻远瞩　运筹帷幄

——中国社会的发展战略

以力服人者，非心服也，力不赡也；以德服人者，中心悦而诚服也。

——《孟子·公孙丑上》

君子和而不同，小人同而不和。

——《论语·子路》

目标导向

本章通过展现中国现代化发展目标以及发展战略的理论架构，引导学生认识到中国的现代化建设是中华民族的夙愿和根本利益所在，进而提高学生对国家、民族的自豪感，激发学生热爱中华文化，为中国现代化发展、民族振兴作贡献。

要点提示

实现现代化是中国共产党人和中国人民梦寐以求的夙愿。新中国成立后，中国领导人就以“在一个不太长的历史时期内，把中国建设成为一个社会主义现代化强国”作为中国社会发展的目标。

在国家创立和改革开放初期，硬实力较为重要，随着经济和社会的发展，尤其是进入全球化时代，软实力就变得愈加重要。随着全球化时代各国硬实力的变迁，软实力在实现国家利益目标中的作用持续增强，文化在国家综合国力竞争中的地位不断凸显，面对挑战，中国共产党及时确立了文化软实力在国家经济社会发展中的战略地位。

经过改革开放 30 多年的发展，中国的综合国力大大增强，国际地位不断提高，对世界的影响逐渐扩大。中国的对内对外政策越来越受到国际社会的关注。中国新一届领导人，在坚持邓小平提出的和平与发展是时代主题的科学论断的基础上，提出了和平发展的战略目标。

第一节　中国社会的发展目标和战略

在中国这样一个人口基数大、人均资源占有量少、人均收入水平低的国家，如何摆脱落后和贫困的面貌，就需要认真设计发展的目标和战略步骤。

“战略”一词在中国早已存在，是指关乎全局的计谋和决策。其原意是指从战争的全局出发，分析构成战争全局的各个局部之间的关系，找出影响并决定战争全局的有规律性的东西，从而对战争全局作出相应的筹划和指导。20 世纪 50 年代，美国耶鲁大学赫希曼在其《经济发展战略》一书中，第一次在经济领域使用了发展战略的概念。60 年代中期以后，西方经济学家开始使用经济发展战略这一概念。联合国也曾制定了 60 年代“国际发展战略”。从此，发展战略的概念便在国际上被广泛使用。

经济社会发展战略是根据对经济社会发展各种制约因素的分析，从全局出发制定一个较长时间内经济发展和社会全面进步要达到的目标以及实现这一目标的根本途径和方法。其组成要素主要包括战略目标、战略方针、战略重点、战略步骤、战略措施等。它是制订经济社会发展中长期计划，制定和运用各种经济政策经济立法的基本依据。经济社会发展战略具有全局性、长远性和根本性。①全局性：指对发展过程的总体而不是其中某一些或某些方面所作的统筹和谋划。②长远性：指对发展过程很长一段时间而不是一年或几年的短暂时期所作的统筹和谋划。③根本性：解决发展过程中重大的、关键的、生死攸关的问题的方针和谋划。

实现现代化是中国共产党人和中国人民梦寐以求的夙愿。在1949年3月的中共七届二中全会上就提出了把中国由农业国变为工业国，实现国家现代化的构想。

“现代化”的一般定义

广义而言，现代化作为一个世界性的历史过程，是指人类社会从工业革命以来所经历的一场急剧变革，它以工业化为推动力，导致从传统农业社会向现代工业社会的全球性的大转变，它使工业主义渗透到经济、政治、文化、思想等各个领域，引起了深刻的相应变化；狭义而言，现代化指落后国家迅速赶上先进工业国家水平和适应现代世界环境的发展过程。作为人类近期历史发展的特定过程，把高度发达的工业社会的实现作为现代化完成的一个主要标志也许是合适的。

（北京大学　罗荣渠）

新中国成立后，中国领导人就以“在一个不太长的历史时期内，把中国建设成为一个社会主义现代化强国”作为中国社会发展目标。而这一目标的具体表述是在建设的实践过程中逐步清晰明了起来的。

一、由工业化到“四个现代化”的目标和两步走战略

工业化是中国人对现代化的最初表述形式。早在新民主主义革命时期，毛泽东同志就提出过要为中国的工业化而斗争的战略目标。新中国成立后，最初的设想是用10到15年的时间，进行工业化的建设，完成从农业国到工业国的转变。经过1949到1952年三年的经济恢复时期，又进一步把工业化的目标与社会主义的前途结合起来，提出了“一化三改”的过渡时期总路线，即把实现工业化与进行农业、手工业和资本主义工商业的社会主义改造并举，并把工业化看作是总路线的主体和整个国家经济建设的主要任务。

以毛泽东为核心的中共第一代中央领导集体在借鉴苏联成功经验的同时，逐步看清了苏联模式工业化道路的种种弊端，因此，根据中国是一个农业大国的基本国情，力图走出一条中国式的社会主义建设道路。

同时，以毛泽东为核心的中共第一代中央领导集体还开始把工业化奋斗目标的提法逐步转变为四个现代化的战略目标。

图中的这辆“解放”牌4吨货车是中国自己生产的第一辆汽车，1956年7月13日制造完成

工业化“谋篇布局”

以国家重点工程建设为支撑进行“谋篇布局”，进而带动发展建设全局，是新中国成立以来中国推进社会主义现代化建设的一个重要特色，也是一条重要经验。1956年7月，长春第一汽车制造厂建成并试制成功第一批国产解放牌汽车，结束了中国不能制造汽车的历史。

“以‘156项’为核心、以900余个大中型项目为重点的工业建设，使中国以能源、机械、原材料为主要内容的重工业在现代化道路上迈进了一大步，形成了独立自主的工业体系雏形。”

新中国成立60年来，国家实施的各类重点工程遍布祖国大江南北、分布于国民经济各个领域，在社会主义现代化建设中发挥着不可或缺的辐射和带动作用，书写着中华民族走向伟大复兴的壮丽篇章。

（新华社发）

1954年6月14日，毛泽东在《关于中华人民共和国宪法草案》的讲话中说：“中国是一个六亿人口的大国，要实现社会主义工业化，要实现农业的社会主义化、机械化。”①

1954年9月，毛泽东在第一届全国人民代表大会上的开幕词中提出，中国人民应当努力工作，“准备在几个五年计划之内，将中国现在这样一个经济上文化上落后的国家，建设成为一个工业化的具有高度现代化程度的伟大国家”。周恩来在这次会议上的《政府工作报告》中指出：中国的经济原来是很落后的；如果中国不建设起强大的现代化的工业、现代化的农业、现代化的交通运输业和现代化的国防，中国就不能摆脱落后和贫困，中国的革命就不能达到目的。进而明确提出了“建设强大的现代化的工业、现代化的农业、现代化的交通运输业和现代化的国防工业”这四个现代化建设的任务。

不过，那时候的“四个现代化”还没有提升到战略目标的范畴，只是对“社会主义工业化”的进一步解释和补充，因此仍然从属于“工业化”这一奋斗目标之下。之后，在总结建设经验和教训中，对“四个现代化”的提法逐步丰富和完善。

1957年3月，毛泽东在中国共产党全国宣传工作会议上的讲话中说：“中国一定会建设一个现代工业现代农业和现代科学文化的社会主义国家”。② 这时提出了三个现代化。

1959年年末至1960年年初，毛泽东在读苏联《政治经济学教科书》笔记中，提出：“建设社会主义，原来要求是工业现代化，农业现代化，科学文化现代化，现在要加上国防现代化。”③ 至此，“实现社会主义四个现代化”的目标就全面地、完整地被提出来了。

① 《毛泽东文集》（第六卷），北京：人民出版社1999年版，第329页。
② 《毛泽东文集》（第七卷），北京：人民出版社1999年版，第268页。
③ 《毛泽东文集》（第八卷），北京：人民出版社1999年版，第116页。

1960 年 3 月 18 日，毛泽东在同尼泊尔首相的谈话中说，中国的任务“就是要安下心来，使中国可以建设中国国家现代化的工业，现代化的农业，现代化的科学文化和现代化的国防”①。

1964 年 12 月第三届全国人民代表大会第一次会议上，周恩来根据毛泽东的建议，在政府工作报告中首次提出，“要在不太长的历史时期内，把我国建设成为一个具有现代农业、现代工业、现代国防和现代科学技术的社会主义强国”。并且提出可以按两步来考虑：“第一步，建立一个独立的比较完整的工业体系和国民经济体系；第二步，全面实现农业、工业、国防和科学技术的现代化，使我国经济走在世界的前列。”

1975 年 1 月，周恩来在第四届全国人大第一次会议上作《政府工作报告》，重申了 20 世纪末实现四个现代化的目标。“从第三个五年计划开始，我国国民经济的发展，可以按两步来设想：第一步，用十五年时间，即在一九八〇年以前，建成一个独立的比较完整的工业体系和国民经济体系；第二步，在本世纪内，全面实现农业、工业、国防和科学技术的现代化，使我国国民经济走在世界的前列。”

四个现代化奋斗目标的提出，充分总结了新中国社会主义现代化建设的经验教训，尤其是认真吸取了过去正确处理工业与农业发展关系的经验教训，突出强调了现代农业、现代工业、现代国防和现代科学技术在国民经济建设中的重要地位。它不再是一个单一的工业化目标，也不仅仅是一个工农业建设的总体目标，而是一个涉及经济、科技文化和国防建设的多层面的综合性目标，是一个有着一定的内在逻辑联系的战略目标体系。这是一个进步。因此，从总体上说，它比工业化的奋斗目标要更加全面，更加深入，更加具体。

1957 年 10 月 15 日，中国第一座跨越长江的大桥——武汉长江大桥举行通车典礼

重工业建设

20 世纪 60 年代中期到 70 年代初期，中国对西南、西北内陆地区开展大规模的重工业建设。首先，把攀枝花钢铁基地以及与此相联系的交通、煤、电建设搞好，并将东南沿海的重工业生产基地向内地转移。1965 年，开始了以成昆、湘黔铁路，攀枝花、酒泉钢铁厂和重庆工业基地为主的铁路、冶金和国防工业建设。1969 年至 1971 年重工业建设全面铺开，初步建成了一批国民经济骨干企业，改善了中国西部经济发展落后的布局，提高了中国综合国力。

（新华社发）

这样，中国共产党的第一代领导集体逐渐明确了要在 20 世纪末实现四个现代化的宏伟目标。这是一个振奋人心的目标，并逐渐成为家喻户晓、人人皆知的基本常识。这是以

① 《毛泽东文集》（第八卷），北京：人民出版社 1999 年版，第 162 页。

毛泽东为核心的第一代领导集体探索适合中国国情的社会主义建设道路的一个重要成果。到1979年，“两步走”经济社会发展战略中的第一步，即建立一个独立的比较完整的工业体系和国民经济体系已经基本完成。

二、“小康之家”目标的提出和三步走战略

邓小平作为第二代中央领导集体的核心，在总结中国社会发展经验教训的基础上，又进一步认真思考了中国现代化的问题。

邓小平坚持了第一代领导集体提出的实现四个现代化的奋斗目标，他在1979年党的理论务虚会上指出：“中国当前及今后相当长的一个历史时期的主要任务是什么？一句话，就是搞现代化建设。能否实现四个现代化，决定着中国国家的命运、民族的命运。”

同时，邓小平又根据中国的具体国情，进一步发展了这一战略目标。1978年9月，邓小平在会见日本新闻界的一批客人时，对20世纪末中国的四个现代化目标作出了新的解释。他说，就是到了20世纪末，中国实现了四个现代化，也还是不富裕，中国的水平比日本还差得远。10月，邓小平应邀访问了日本。回国后，邓小平又出访了新加坡、泰国、马来西亚等国。了解了国外经济发展的动态，邓小平清楚地感受到了中国与其他国家现代化进程的差距，也清楚地看到了中国现代化进程的希望和艰难。1978年底，邓小平在中央工作会议上指出，中国要实现四个现代化，必须充分考虑中国国情。

1979年10月，邓小平在中央政治局会议上提出了新观点：“中国开了大口，本世纪末实现四个现代化。后来改了个口，叫中国式的现代化，就是把标准放低一点。”① 同年12月，邓小平在会见日本首相大平正方时说，中国的四个现代化概念“不是像你们那样的现代化概念”，而是“小康之家”②。邓小平认为，“小康”就是年人均国民生产总值达到800到1 000美元，而在经济总量上可以居于世界前列。“虽不富裕，但是日子好过”③。至此，“小康之家”目标基本形成。

“小康”

据考证，“小康”一词，语出《诗经》，是一个典型的中国式概念，“小康”是与“大同”相对的一种社会状态或理想。从狭义理解，它指的是一种生活状况或生活水平，即“富有仍嫌不足，但温饱已经有余”。从广义理解，除经济生活之外，它还涉及社会、政治、文化、生态环境等诸多领域。大同，是财产公有、政治民主、社会文明、保障健全、秩序稳定的理想社会状态；而小康，则要低一个层次，是财产私有、生活宽裕、上下有序、家庭和睦、讲究礼仪的社会状态。

（资料来源：刘方、李振明：《论小康社会》，《光明日报》，2003年2月18日。）

① 《邓小平文选》（第二卷），北京：人民出版社1993年版，第194页。
② 《邓小平文选》（第二卷），北京：人民出版社1993年版，第237页。
③ 《邓小平文选》（第三卷），北京：人民出版社1993年版，第161页。

于1982年召开的中共十二大根据邓小平的构想，明确提出了分两步走的战略：第一步，从1980年到1990年，国民生产总值翻一番，基本解决人民的温饱问题；第二步，从1990年到20世纪末，国民生产总值比1980年翻两番，人民生活达到小康水平。同时，十二大提出党在新时期的总任务是："团结全国各族人民，自力更生，艰苦奋斗，逐步实现工业、农业、国防和科学技术现代化，把中国建设成为高度文明、高度民主的社会主义国家。"在这里，把小康目标、四个现代化的目标与分两步走战略步骤结合起来，开始把高度文明、高度民主看作是社会主义现代化强国的目标和特征，目标更全面了。

1987年4月，邓小平全面阐述了"三步走"战略目标，指出"中国制定的目标更重要的还是第三步"。提出第三步就是在21世纪"要用三十年到五十年再翻两番，大体上达到人均四千美元。做到这一步，中国就达到中等发达国家的水平。这是中国的雄心壮志"①。

中共十三大肯定了邓小平的这一战略构想，提出了中共十一届三中全会后，中国经济发展的三步走战略。即从1980年到1990年，实现国民生产总值比1980年翻一番，基本解决人民的温饱问题；第二步，到20世纪末，使国民生产总值再增长一倍，即达到人均国民生产总值1 000美元，人民生活达到小康水平；第三步，到21世纪中叶，人均国民生产总值达到中等发达国家水平，即人均4 000美元，人民生活比较富裕，基本实现现代化。然后，在这个基础上继续前进。

从"两步走"到"三步走"的发展战略的制定，体现了中国共产党人一切从实际出发、实事求是、坚持在实践中检验真理和发展真理的品格。"三步走"的现代化发展战略，是在总结中外历史经验的基础上提出的，是对中国国情和时代特征的深刻把握，是对现代化客观规律的正确反映。

这一发展战略的特点是：从社会主义初级阶段的实际出发，坚持了雄心壮志与实事求是的统一；既涉及经济、文化的层面，也涉及政治、社会的层面，不但涉及物质文明的层面，还涉及思想和体制的层面，反映了社会主义精神文明和民主政治建设的目标，考虑到了经济与社会发展的齐头并进和协调发展。把经济发展和提高人民生活水平结合起来，坚持了经济发展和实现社会主义本质要求的统一；明确提出要把中国建设成为富强、民主、文明的社会主义现代化国家，是指导全党和全国人民建设中国特色社会主义的行动纲领。"三步走"的战略步骤虽然是以经济指标来作为划分的标准的，但是它的效果是落实在人民物质文化生活的改善上面，从而体现了生产建设与人民生活的统一；它着眼于综合国力的提高，用国民生产总值来作为衡量的尺度，充分体现了速度与效益的统一。

三、全面建设小康社会目标的提出和新三步走战略

经过全国各族人民的努力，到20世纪末，中国已经实现了现代化建设"三步走"战略的前两步目标。许多重要工农业产品产量也跃居世界前列；长期困扰经济发展和人民生活的商品供应短缺的状况从根本上得到改观；市场供求格局由卖方市场转变为买方市场。也就是说，中国已经从总体上进入了小康社会。这是中华民族发展史上一个新的里程碑。

① 《邓小平文选》（第三卷），北京：人民出版社1993年版，第226页。

进入21世纪，中国人的任务就转到实施邓小平“三步走”发展战略的第三步战略部署上来了，也就是要用50年时间基本实现现代化，把几代中国人坚持不懈地追求的“复兴中国梦”完全变为现实。

为了达到这一宏伟的战略目标，以江泽民为主要代表的中国共产党人提出了“新三步走”发展战略。这就是江泽民在1997年中共十五大上宣布的：“展望下世纪，中国的目标是，第一个10年实现国民生产总值比2000年翻一番，使人民的小康生活更加宽裕，形成比较完善的社会主义市场经济体制；再经过10年的努力，到建党100年时，使国民经济更加发展，各项制度更加完善；到下世纪中叶建国100年时，基本实现现代化，建成富强民主文明的社会主义国家。”

这里说的“建党100年”即2021年，“建国100年”即2049年。这个“新三步走”发展战略，是后百年“中国梦”在最后50年的追求，也可以说是21世纪头50年的“中国梦”。

由于邓小平的“三步走”发展战略把第一步和第二步战略步骤合为一个总目标——建立小康社会，以江泽民为主要代表的中国共产党人决定把“新三步走”发展战略的第一步和第二步战略步骤也合为一个大目标——全面建设小康社会。中共十五届五中全会提出：从新世纪开始，中国将进入全面建设小康社会，加快推进社会主义现代化发展的新阶段。

在2002年11月8日召开的中共十六大上，江泽民明确提出：“综观全局，21世纪头20年，对中国来说，是一个必须紧紧抓住并且可以大有作为的重要战略机遇期。根据十五大提出的到2010年、建党100年和新中国成立100年的发展目标，中国要在本世纪头20年，集中力量，全面建设惠及十几亿人口的更高水平的小康社会，使经济更加发展、民主更加健全、科教更加进步、文化更加繁荣、社会更加和谐、人民生活更加殷实。这是实现现代化建设第三步战略目标必经的承上启下的发展阶段，也是完善社会主义市场经济体制和扩大对外开放的关键阶段。经过这个阶段的建设，再继续奋斗几十年，到本世纪中叶基本实现现代化，把中国建成富强民主文明的社会主义国家。”

具体来说，十六大确定的目标有经济、政治、文化、可持续发展等方面：

（1）经济建设的目标。在优化结构和提高效益的基础上，国内生产总值到2020年力争比2000年翻两番，综合国力和国际竞争力明显增强。基本实现工业化，建成完善的社会主义市场经济体制和更具活力、更加开放的经济体系。城镇人口的比重较大幅度提高，工农差别、城乡差别和地区差别扩大的趋势逐步扭转。社会保障体系比较健全，社会就业比较充分，家庭财产普遍增加，人民过上更加富足的生活。

（2）政治建设的目标。社会主义民主更加完善，社会主义法制更加完备，依法治国基本方略得到全面落实，人民的政治、经济和文化权益得到切实尊重和保障。基层民主更加健全，社会秩序良好，人民安居乐业。

（3）文化建设的目标。全民族的思想道德素质、科学文化素质和健康素质明显提高，形成比较完善的现代国民教育体系、科技和文化创新体系、全民健身和医疗卫生体系。人民享有接受良好教育的机会，基本普及高中阶段教育，消除文盲。形成全民学习、终身学习的学习型社会，促进人的全面发展。

（4）实现可持续发展的目标。可持续发展能力不断增强，生态环境得到改善，资源利用效率显著提高，促进人与自然的和谐，推动整个社会走上生产发展、生活富裕、生态良好的文明发展道路。

十六大所确定的全面建设小康社会的奋斗目标，是针对2000年所达到的低水平、不全面和发展很不平衡的小康状态而言的。因此，全面建设小康社会即“更高水平”、“更全面”和“更平衡”的小康社会，它包括经济、政治、文化、环境等全面发展的目标。

所谓低水平，是指中国目前达到的小康才刚刚迈入小康社会的门槛，也就是说刚刚“达标”。从邓小平的设想来看，他说过到2000年争取达到人均800～1 000美元，而实际达到的是人均854美元，也是低水平的小康。所谓不全面，是指中国目前达到的小康基本上还处于生存性消费阶段，以教育、体育、文化、卫生为核心的发展性消费还没有得到有效满足，社会保障还不健全，环境质量还有待提高。根据2000年中国在各方面取得的成绩，采用综合评分方法，到2000年，全国小康的实现程度为96%。所谓发展很不平衡，是指地区之间、工农之间和城乡之间，以及不同的社会阶层之间，收入和生活水平还存在比较大的差距；在人民物质生活和精神生活的诸多方面，以及小康社会建设的各个领域，进展状况和达到的水平也是不平衡的。东部地区小康实现程度为98%，中部地区实现程度为94%，西部地区实现程度为84%。据国家统计局的研究，2000年年末，全国初步达到小康水平的人口比例是75%左右①。

所谓更高水平，具体而言是指，到2020年国内生产总值比2000年翻两番，即达到36万亿人民币（按现行汇率折算，超过4万亿美元）；而人均GDP将在人口自然增长率保持在目前水平的前提下超过3 000美元，接近中等收入国家水平。所谓更全面，是指到2020年使中国居民在解决温饱的基础上，获得发展资料和享受资料更为充分的满足，获得政治、精神文化生活更为充分的满足，获得优美生态环境和个性自由方面更为充分的满足，等等。所谓更平衡，是指到2020年使中国目前明显存在的工农、城乡、地区和社会阶层差别等不断扩大的趋势得到扭转并逐步缩小，使中等收入者的比重大幅度提高，逐步实现共同富裕②。

［图片来源：张越编制（新华社发）。］

中共十六大提出的全面建设小康社会的奋斗目标，是中国特色社会主义经济、政治、文化、环境等全面发展的目标，是与加快推进现代化相统一的目标。符合中国国情和现代化建设的实际，它符合人民的愿望，是凝聚人心、鼓舞斗志，加快推进中国现代化建设的

① 国家统计局小康研究课题组：《中国小康进程进入冲刺阶段》，《中国信息报》，2000年11月27日。

② 刘方、李振明：《论小康社会》，《光明日报》，2003年2月18日。

行动纲领，是强国富民和实现中华民族伟大复兴的必然要求，具有重要的现实意义。

四、"富强民主文明和谐" 目标的拓展

随着新世纪的到来，中国开始实施第三步发展战略，进入全面建设小康社会，加快推进社会主义现代化的发展新阶段。

以胡锦涛为总书记的党中央，从新世纪新阶段中国现代化事业发展的全局出发，在继承中共的三代中央领导集体探索社会主义现代化战略目标理论和实践成果的基础上，逐步形成了构建社会主义和谐社会的新思维，明确提出"社会和谐是我们党不懈奋斗的目标"，并把它纳入了社会主义现代化建设的目标体系，号召全国人民"为把中国建设成为富强民主文明和谐的社会主义现代化国家而奋斗"。

十三大就曾提出"为把中国建设成为富强、民主、文明的社会主义现代化强国而奋斗"的宏伟目标。将奋斗目标从"富强民主文明"进一步拓展为"富强民主文明和谐"，这是中共十六大以来的重大战略部署。2002 年，十六大报告首次把"社会更加和谐"纳入了全面建设小康社会的宏伟蓝图，提出新世纪前 20 年建设更加全面的小康社会，其目标是"经济更加发展、民主更加健全、科教更加进步、文化更加繁荣、社会更加和谐、人民生活更加殷实"。此后，中共对社会和谐重要性的认识不断深化，抓住历史机遇，及时提出了构建社会主义和谐社会的发展战略。

2005 年 2 月，胡锦涛在省部级主要领导干部专题研讨班上，首次指出构建社会主义和谐社会属于"社会建设"，并把它与经济建设、政治建设、文化建设并列，使中国特色社会主义建设的总体布局由过去的"三位一体"发展为"四位一体"。此后，中共十六届五中全会把构建社会主义和谐社会明确为全面贯彻落实科学发展观必须抓好的一项重要任务，并提出了与之相关的一系列工作要求和重大措施。

2006 年，中共十六届六中全会作出了《关于构建社会主义和谐社会若干重大问题的决定》，明确提出当前和今后一个时期构建社会主义和谐社会的指导思想、目标任务、工作原则和重大部署，进一步明确了构建社会主义和谐社会在中国特色社会主义事业总体布局中的地位，深刻阐明了社会和谐是中国特色社会主义的本质属性，是国家富强、民族振兴、人民幸福的重要保证，在新的历史条件下深化了对社会主义本质的认识，表明中国共产党对"什么是社会主义，怎样建设社会主义"的认识达到了新的境界。

十七大明确提出"把中国建设成为富强民主文明和谐的社会主义现代化国家"的奋斗目标，即"建设社会主义市场经济、社会主义民主政治、社会主义先进文化、社会主义和谐社会，建设富强民主文明和谐的社会主义现代化国家"。根据这一新的奋斗目标，中国共产党对社会主义初级阶段基本纲领作了进一步的丰富和发展，首次提出"坚持中国特色社会主义经济建设、政治建设、文化建设、社会建设的基本目标和基本政策构成的基本纲领"。这个基本纲领按照"四位一体"的总体布局，对"富强、民主、文明、和谐"作出了具体的阐释。

把社会建设与经济、政治、文化建设并列，强调"四位一体"，共同服务于"富强民主文明和谐"的现代化奋斗目标，这不仅是对社会主义初级阶段基本纲领的补充和完善，

而且是对中国特色社会主义事业总体布局的新拓展。

十七大在充分总结党的三代中央领导集体关于新中国现代化奋斗目标的理论和实践基础上，明确提出"富强民主文明和谐"的奋斗目标和经济、政治、文化、社会建设"四位一体"的基本纲领，充分说明新世纪新阶段中国共产党人对现代化建设客观规律的认识更加科学和全面，对建设有中国特色社会主义的思路更加明确和具体，制定的奋斗目标和基本纲领更加适合中国的具体实际。

总之，实现社会主义现代化是巩固社会主义制度的内在要求。社会主义现代化是社会的全面进步。它既要实现经济的现代化，达到富强的目标；还要提高全民族的文化素质，发展高尚的、丰富的精神文化生活，达到文明的目标。中国社会主义初级阶段社会经济发展的战略目标是：到21世纪中叶，把中国建设成为富强、民主、文明、和谐的社会主义现代化国家，基本实现现代化。

中国社会主义现代化建设总体目标的四个重要方面是一个紧密联系、互为条件、相互作用的有机整体。实现富强，是为了提高人民的生活水平，是实现民主、文明、和谐的物质基础；实现民主，是为了调动人民群众的积极性，它是发展社会生产力的重要社会条件；实现文明，既为物质进步提供精神动力和智力支持，又为社会主义民主和谐的发展提供精神文化条件。

中国国务院总理温家宝于2009年9月30日晚在庆祝新中国成立60周年招待会上表示：再过40年，将迎来新中国成立100周年。到那时，一个富强民主文明和谐的社会主义现代化国家，将巍然屹立在世界东方①。

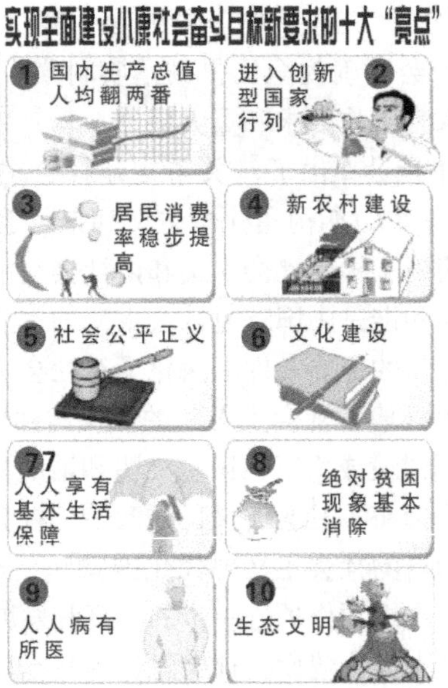

资料来源：孟丽静编制（新华社发）。

① 中国新闻网，http://www.chinanews.com/，2009年9月30日。

第二节 文化软实力发展战略

实力，就是实际的力量，就是创造生存的力量，简称为生存创造力。也可以解释为，实力拥有者在与物质世界和社会环境打交道时实现自己意志的能力。

“软实力”（Soft Power）的概念是由美国哈佛大学教授、前国防部官员约瑟夫·奈提出来的。约瑟夫·奈指出，一个国家的综合国力既包括由经济、科技、军事实力等表现出来的“硬实力”，也包括以文化和意识形态吸引力体现出来的“软实力”。“硬实力和软实力依然重要，但是在信息时代，软实力正变得比以往更为突出”。

中国人民大学新闻学院教授喻国明指出：“一个国家是存在两种实力的，一种是硬实力，一种是软实力。硬实力通常是指国家的GDP（国内生产总值）、硬件设施等，而文化、制度、传媒等被称为软实力。”所谓“文化软实力”，就是以文化为基础的国家软实力。文化软实力是国家软实力的核心因素，是指一个国家或地区文化的影响力、凝聚力和感召力。

文化是人类精神活动及其产品的总称，是人们认识和改造主观世界的活动及其成果。文化在社会发展中的地位和作用是通过它对生产力发展的反作用表现出来的。文化是一个民族和国家赖以生存和发展的重要基础，也是区别于其他民族和国家的重要标志。当今世界，各国之间以经济、科技、军事、民族凝聚力等为主要内容的综合国力的竞争日趋激烈，文化广泛渗透于上述各种力量之中，与经济、政治相互交融、相互影响、相互渗透、相互促进，在社会发展中的地位和作用日益突出。

一、文化软实力战略的提出及其内涵

“软实力”是一个比较新的名词，但其内容对中国来说并不新鲜。中国国内有关文化软实力的研究从形成到发展也有其自身的本土渊源。中国自古以来就知道不能光靠武力治天下、待外邦。孟子说：“以力服人者，非心服也，力不赡也；以德服人者，中心悦而诚服也”，“得道者多助，失道者寡助”。

在当代中国国内很早就有人从事“文化力”的研究。在一定程度上，我们可以说“软实力”说和“文化力”说是殊途同归。中国学者王沪宁在1993年第3期的《复旦学报》上发表了题为“作为国家实力的文化：软权力”的论文。这是中国学者第一次就软实力问题发表看法。他认为：“把文化看作一种软权力，是当今国际政治中的崭新概念。人们已经把政治体系、民族士气、民族文化、经济体制、历史发展、科学技术、意识形态等因素看作是构成国家权力的属性，实际上这些因素的发散性力量正使软权力具有国际关系中的权力属性”，“软权力的力量来自扩散性，只有当一种文化广泛传播时，软权力才会产生强大的力量”①。

---

① 王沪宁：《作为国家实力的文化：软权力》，《复旦学报（社会科学版）》，1993年第3期。

被誉为国内"'文化力'研究之父"、"'文化力'研究第一人"的贾春峰在1993年10月发表了《加强市场经济中"文化力"的研究》一文，提出"21世纪的经济赛局将在很大程度上取决于'文化力'的较量"，这标志着中国文化力研究的开始。从贾春峰的表述来看，他所说的"文化力"与约瑟夫·奈的"软实力"在关于文化在综合国力中的战略地位这一点上是一致的。

在国家创立和改革开放初期，硬实力较为重要，随着经济和社会的发展，尤其是在全球化时代，软实力就变得愈加重要。随着全球化时代各国硬实力的变迁，软实力在国家利益目标实现中的作用持续增强，文化在国家综合国力竞争中的地位不断凸显，面对挑战，中国共产党及时确立了文化软实力在国家经济社会发展中的战略地位。

中国提出的建设"物质文明、政治文明和精神文明"的三大目标和排序，以及建设和谐社会、和谐世界理念的提出，说明了发展国家"软实力"已经提到了国家战略的层面上。

中共十七大报告指出："当今时代，文化越来越成为民族凝聚力和创造力的重要源泉、越来越成为综合国力竞争的重要因素，丰富精神文化生活越来越成为中国人民的热切愿望。要坚持社会主义先进文化前进方向，兴起社会主义文化建设新高潮，激发全民族文化创造活力，提高国家文化软实力，使人民基本文化权益得到更好保障，使社会文化生活更加丰富多彩，使人民精神风貌更加昂扬向上。"

这个报告标志着中国对文化建设的认识达到了一个新境界，表明中国已经把提升国家文化软实力作为实现中华民族伟大复兴的新的战略着眼点。文化软实力成为现代社会发展的精神动力、智力支持和思想保证。一个民族的复兴，必须有文化的复兴作支撑。实现中华民族的伟大复兴，必然伴随着中华文化的繁荣兴盛。而中华文化的繁荣兴盛，必然以提升中国文化软实力为根本途径。

国家文化"软实力"，是综合国力和国际竞争力的重要组成部分。中国所强调的国家文化"软实力"，就是从全球的思想文化激荡来看，中国的文化具有自主能力和调适能力，文化认同感增加。其内涵具体说来是指那些在社会文化领域中具有精神感召力、社会凝聚力、市场吸引力、思想影响力与心理驱动力的文化资源。中国的着眼点是落在文化的基本层面上，更加注重的是主流文化自身的积极建构，是文化产业与文化事业的繁荣与发展①。

二、提高国家文化软实力的主要任务

新中国成立以来，尤其是改革开放的30年间，中国的社会主义现代化建设取得了伟大的成就。中国人民不仅在政治上站起来了，而且在经济上也站起来了。随着中国社会主义现代化建设事业的发展，增强和提高中国文化软实力已经成为全球化背景下全面建设小康社会的一项重大战略任务。

坚持文化软实力战略，就是要从全面建设小康社会的战略高度和中国现代化建设的全局出发，把文化软实力建设放在与经济硬实力建设同等重要的战略位置，统筹兼顾经济硬实力和文化软实力，促进经济硬实力和文化软实力的协调发展。

---

① 贾磊磊：《国家文化软实力与文化发展战略》，《中国信息报》电子版，2008年6月11日，http://www.zgxxb.com.cn/jsdk/201002268168.shtml.

实现提高国家文化软实力的目标，包括以下四方面任务：

（一）大力建设中国核心价值体系，增强中华民族的凝聚力

文化软实力在很大程度上表现为国民的精神状态、意志品格和内在凝聚力。历史经验表明，任何一个国家要把全社会的意志和力量凝聚起来，都必须有一套与政治制度、经济基础相适应的核心价值体系。

把建设中国核心价值体系作为提高中国文化软实力的首要任务，这是由中国国家的性质所决定的。用以爱国主义为核心的民族精神和以改革创新为核心的时代精神鼓舞斗志，不断增强人们对全面建设小康社会目标的信念和信心，这能“形成全民族奋发向上的精神力量和团结和睦的精神纽带”，是国家文化软实力的关键组成部分。

这需要着力发展主流文化领域表现国家、民族形象的艺术作品，这些作品中体现的中国的精神信仰与民族情感是感化、陶冶、激励受众的一种重要的文化力量，包括那些具有深刻的现实意义与个性化审美价值的艺术作品，也都是能够体现当代中国的文化影响力。

文化软实力已经成为综合国力的组成部分[①]（李华绘）

中国电影发展与文化软实力建设[②]

（二）加快发展文化事业和文化产业，不断提高中国文化总体实力和国际竞争力

发展是硬道理，是解决中国所有问题的关键，也是提高国家文化软实力的关键。21 世纪头 20 年是中国现代化建设的重要战略机遇期，也是文化发展的重要战略机遇期。中国要树立强烈的发展意识、机遇意识，推动中国文化事业全面繁荣和文化产业快速发展。要把发展

①中国教育新闻网，www. zgxzw. com；《中国教育报》，2008 年 2 月 5 日。

②祝晓风、许航：《中国电影发展与文化软实力建设》，田俊制图，《中国社会科学报》电子版，2010 年 5 月 25 日，http：//sspress. cass. cn/news/10339. htm.

公益性文化事业作为保障人民基本文化权益的重要途径，坚持以政府为主导，鼓励社会力量积极参与公益性文化建设，不断提高公共文化产品和服务的供给能力。要迅速壮大中国文化产业的规模，使文化产业占国民经济的比重明显提高、国际竞争力显著增强。要实施重大文化产业项目带动战略，加快文化产业基地和区域性特色文化产业群的建设。

中国近年科学文化软实力

科学文化软实力是文化软实力的组成部分之一，科学文化软实力建设是实施中国文化软实力发展战略的重要环节。

在相当长的一段时间里，中国的科学水平与世界上的发达国家有较大的差距。但是，近十年里，这一现象发生了改变。以 SCI 论文数为例，从 2002 年到 2008 年，中国被 SCI 收录的论文数量在世界的排名由第 6 位提升到第 2 位；2003 年至 2008 年，中国科学论文被引用的次数在世界的排名由第 19 位提升到第 10 位。科学论文的数量和质量的增长能够从侧面反映出中国科学文化软实力的提升。此外，2000—2008 年间，中国科技人力资源总量由 2 500 万人增长到近 5 000 万人；从事科技活动的人员从 300 余万人增长到近 500 万人；全社会投入科技活动以及科学研究与试验发展活动的人员数量也增长了近一倍，而且整体质量与高素质人员的比重也显著提升。这些现象表明，中国的科学地位正在由世界的边缘向中心靠拢。这种实力上的接近意味着中国科学的进一步发展不仅仅是引进和追随国际上的学术潮流和研究前沿，而是逐步地在某些领域走在世界的前列，从而引导和影响世界科学的发展。①

（三）提高文化传播能力，不断扩大中国文化的影响力

在当今世界，传播深度决定影响广度。文化的传播能力已经成为国家文化软实力的决定性因素。提高中国文化软实力，一方面要不断丰富和创新文化内容形式，另一方面必须花大力气提高文化传播能力。

任何文化精神的传播都必须要找到相应的媒介形式才能够真正实现，不论这种媒介是书报杂志、网络影像，还是舞台表演。文化“软实力”必须借助于特定的媒体形式才能够进行有效的传播。世界上许多国家都是利用流行文化产品在进行商业贸易的同时来传播自己的文化价值观。因此，需要大力发展流行文化领域中具有普遍社会反响和市场效应的娱乐性、大众性文化产品，增强流行文化的市场吸引力，满足不同接受群体的消费需求。这些作品中所具有的向上、向善的精神力量，不论对于扩大文化产品的市场占有率还是加强文化的心理吸引力都是一种极为重要的资源。

新闻媒体是信息传播、文化扩散的重要载体，在文化传播中处于特殊地位。要把提升主流媒体影响力作为提高文化传播能力的战略重点，做大做强主流新闻媒体，形成与中国国际地位相称的舆论力量。互联网作为 20 世纪最具社会影响的科技进步的手段和载体，带来了文化传播方式的深刻变革。要深刻认识互联网在文化传播方面的巨大潜能和可能产

① 谢飞：《论全球化背景下中国的科学文化软实力建设》，人民网—理论频道，2010 年 7 月 6 日。

生的不可估量的影响，努力使互联网成为传播先进文化的新阵地、公共文化服务的新平台、人们健康精神文化生活的新空间。

传统文化领域代表着中国文化核心价值观的思想体系，其中包括“自然”、“仁爱”、“和谐”这些集中体现个人、家庭、国家乃至人类社会终极理想的文化价值观，是推进中华文化不断发展、扩大中国文化国际影响的精神力量。这是提高文化软实力的重要资源。要大力发展语言文化，使中国文化通过汉语的国际普及和发展走向世界。要大力弘扬和传播中国优秀传统文化，使中国的优秀传统文化伴随着诗歌、戏剧、曲艺、武术、书籍、书法、绘画、工艺、中医、饮食、民俗文化、服饰、礼仪等的发展而走向世界。

（四）调动社会各方面力量参与支持文化建设，激发全社会的文化创新活力

提高国家文化软实力是一个宏大的系统工程，需要全国全社会的共同努力。人民群众不仅是物质财富的创造者，也是精神财富的创造者。要充分发挥人民群众在文化建设中的主体作用，要充分调动广大文化工作者的积极性，发扬艺术民主和学术民主，要采取有效措施、创造有利条件，动员社会各方面共同参与文化建设，让一切有志于文化创造的建设者的积极性得到充分发挥。

创新是一个国家、民族文化发展的源泉。要提高国家文化软实力，既要继承和弘扬优秀传统文化，借鉴和吸收世界其他国家有益文化成果，又要立足于本国文化发展的实践，从本国文化发展的实际和人民群众日益增长的精神文化需要出发，进行文化自主创新。

推动文化自主创新，就需要推动文化的内容和形式创新，引导和鼓励广大文化工作者深入群众实际生活，把握时代脉搏和社会生活本质；推进文化体制机制创新，实现百花齐放、百家争鸣；公益性文化事业发展要以政府为主导，效益性文化产业发展要坚持以市场为主导，从而创造出大批内容丰富、形式新颖、吸引力强的具有自主知识产权的文化成果。

总之，中国提升国家文化“软实力”的主要路径有：增进主流文化的精神感召力，引领不同文化群体的价值取向，建构中国文化的核心价值体系；加强中国文化的社会凝聚力，整合不同利益群体的价值观念，建构爱国主义的精神信仰；增强中国流行文化的市场吸引力，满足不同接受群体的消费需求；扩展中国传统文化的思想影响力，缝合不同社会群体的文化取向，建构公众对于传统文化的普遍共识；汇聚中国无形文化的心理驱动力，弥合不同社会阶层的心理对立，建构具有普适价值的话语体系。当然，更加完整意义上的国家文化“软实力”的提升，还应当包括政治、法律、外交、教育等诸多领域的相关内容的发展。

第三节　和平发展战略

一、中国和平发展战略的提出

中国有过饱受列强欺凌的痛苦经验，因此，新中国的缔造者毛泽东早就庄严宣告：中国永远不称霸。这是中国真诚而郑重的承诺，也是中国和平发展的一个观念基础，以毛泽东为核心的中国第一代领导集体，提出了到20世纪末实现“四个现代化”，建立强大的社会主义工业国的战略思想；对外坚持和平共处五项原则，以独立自主的外交政策开展对外关系。

改革开放的总设计师邓小平根据国际、国内形势的新变化，提出了和平与发展是世界主题的重要思想；以邓小平为核心的第二代中央领导集体，确立了“三步走”的发展战略，以实现中国的现代化；提出了“韬光养晦、决不当头”的外交策略。

经过改革开放30多年的发展，中国的综合国力大大增强，国际地位不断提高，对世界的影响逐渐扩大。中国的对内对外政策也越来越受到国际社会的关注。因此，系统地阐述和平发展道路，同时通过实际的行动来证实和平发展的必要性和实践意义，就成为世界考察中国发展战略和发展目的的重要指标。中国新一届领导人在坚持邓小平提出的和平与发展是时代主题的科学论断的基础上，提出了和平发展战略。

2004年4月24日，国家主席胡锦涛在博鳌亚洲论坛年会开幕式上发表了题为“中国的发展　亚洲的机遇”的演讲，强调“中国将坚持和平发展的道路，高举和平、发展、合作的旗帜，同亚洲各国共创亚洲振兴的新局面，努力为人类和平与发展的崇高事业作出更大贡献”。

2005年3月5日，温家宝在政府工作报告中说：“中国社会主义现代化建设道路是一条和平发展的道路。”温总理用六句话概括了和平发展道路的内容。这是中国领导人首次完整地阐述“和平发展”思想，标志着和平发展已正式成为中国的国家战略。

这条道路就是利用世界和平的有利时机实现自身的发展，又以自身的发展更好地维护和促进世界和平；就是在积极参与经济全球化和区域合作的同时，主要依靠自己的力量和改革创新来实现发展；就是坚持对外开放，在平等互利的基础上，积极发展同世界各国的合作；就是聚精会神搞建设，一心一意谋发展，长期维护和平的国际环境和良好的周边环境；就是永远不称霸，永远做维护世界和平和促进共同发展的坚定力量。我们坚持走和平发展道路，就必须坚定不移地高举和平、发展、合作的旗帜，一如既往地奉行独立自主的和平外交政策，坚持在和平共处五项原则基础上与世界各国友好相处。

2005年9月14日，胡锦涛出席联合国首脑会议，发表了题名“促进普遍发展，实现共同繁荣”的重要讲话。以国家最高领导人的身份向世界全面阐述中国的和平发展战略，提出建立“和谐世界”的理念。

2005年12月，中国国务院新闻办公室发表白皮书《中国的和平发展道路》，全面阐述了中国政府走和平发展道路的决心和信心。

2006年春季，中国领导人展开了春季外交活动，重点向世人阐明中国将坚定不移地走和平发展道路。2006年4月3日，温家宝访问澳大利亚。在澳大利亚总理霍华德举行的欢迎宴会上，温总理发表了题为“坚持走和平发展道路，促进世界和平与繁荣”的演讲，列举了中国走和平发展道路多个方面的表现，说明中国实施和平发展战略的实际行动。

2006年4月21日，胡锦涛在美国耶鲁大学发表演讲，以富有文学色彩的语言，向美国人民阐述了中国和平发展战略的内涵，即“对内以民为本，注重和谐；对外亲仁善邻，讲求和睦”①。

2007年10月，胡锦涛在中共十七大报告中指出：中国将始终不渝走和平发展道路。这是中国政府和人民根据时代发展潮流和自身根本利益作出的战略抉择。

中国新一届领导人先后阐述和平发展的理念及走此道路的决心，表明和平发展已成为当今中国的战略选择。

二、和平发展战略的科学内涵

和平发展战略的含义更广泛地表现在中国在实现现代化迈向中等发达国家意义上的发展，在全面提升综合国力、国际地位的同时，与世界各国实现共同繁荣等意义上的发展，实现世界的共赢。

具体来说就是：中国既通过争取和平的国际环境来发展自己，又以自身的发展来促进世界和平。中国的和平发展理念是，对内追求建设和谐社会，主要依靠自身力量创新实现发展，对外在平等互利的基础上同世界各国开展交流和合作，实现互利共赢，共同发展，与各国共同致力于建设持久和平与共同繁荣的和谐世界；中国的发展是和平的发展，开放的发展，合作的发展。

和平发展战略的科学内涵，需要从三个方面来把握。

首先，“和平”指非战争的状态；也指在发展国内外经济时，有利的周边环境和国际秩序。“和平”既是目的，又是手段。但是并非指不发展国防力量或不使用武力，而是指中国在发展过程中不损害他国的发展或对他国造成威胁。“实际上，要做到和平发展，必须坚定不移地根据需要提升我们的国防力量，这样才能维护世界和平”。在实现国家统一和维护国家领土完整的必要时刻，如解决台湾问题，也可能动用非和平手段。“但是，即使中国迫不得已，动用非和平手段来实现国家统一，那也是中国的内政”②，与那种通过侵略扩张掠夺别国来发展自己的非和平发展道路不是一回事。

其次，“和平发展”中的“发展”，是广义的，是全面建设小康社会、迈向中等发达国家意义上的发展；是综合国力全面提升、国际地位不断提高意义上的发展；是在与世界各国实现共同繁荣意义上的和平发展。它包括对内和谐发展，对外和平发展。和谐发展的核心是以人为本。我们在过去相当长的时间里，把“发展”归结为“经济发展”，新世纪

① 胡锦涛：《在美国耶鲁大学的演讲》，《中国青年报》，2006年4月23日。

② 韩震：《全球文化冲突与中国和平发展的战略选择》，《山东社会科学》，2006年第5期。

的中国，发展的理念发生了变化，即强调科学的发展观，本质上坚持以人为本，就是坚持人的全面发展，社会的均衡发展，人和自然的和谐发展。

最后，“和平发展战略”的“战略”既包含国内以科学发展观为指导的经济社会发展的战略，又包含中国的国际战略。当今，在国际战略中，中国的国家目标是做一个负责任的大国，推动世界的和平发展，构建“和谐世界”。“和平发展”战略，是一条统筹国内发展和对外开放的道路，一条勇于参与和平国际竞争又坚持广泛合作的道路。这是新世纪新的内外战略。

和平发展战略有五个特点：

第一，强调发展的和平性。中国不但不会搞西方列强侵略、掠夺、扩张、战争那一套，还要把我们的力量用来为世界和平服务，将发展与和平有机统一起来。

第二，强调发展的自主性。独立自主是中国外交的根本特征，自力更生是我们的优良传统。30 多年来，中国始终把发展的基点和重点放在国内，主要靠改革开放，靠不断扩大内需，靠推进经济发展方式转变求得自身发展，靠的是中国人民自己的智慧和勤奋。

第三，强调发展的科学性。按照以人为本、全面协调可持续发展的科学发展观的要求，既着力推动国民经济平稳较快地发展，又积极推动和谐社会建设，确保和平发展进程有一个良好的国内环境。

第四，强调发展的合作性。中国坚持自己的国家利益与人类共同利益的一致性，在自身发展的同时，努力与世界各国实现共同发展，绝不做损人利己的事。

第五，强调发展的共同性。中国是国际大家庭的一员，只有风雨同舟、利益共享、责任共担，才是最符合自己和别国利益的。中国主张对外要互相信任，不要相互猜疑；要平等相待，不要强加于人；要友好，不要敌视；要合作，不要对抗。

三、“和平发展”战略抉择的历史和现实依据①

“和平发展”战略是以胡锦涛为总书记的党中央在深刻把握时代特征、国际形势、中国国情和历史经验基础上作出的历史抉择。

（一）当今世界发展潮流是“和平发展”战略抉择的时代基础

当今世界多极化、经济全球化，各国相互依存日益加深，各国人民的命运紧密地联系在一起。和平与发展仍然是时代的主题。求和平、促发展、谋合作，是世界各国人民的共同心愿，也是不可阻挡的世界发展潮流。任何国家要实现自己的发展目标，都必须顺应世界发展大趋势。发展是当今世界大多数国家的施政目标。要发展，就需要有和平的国际环境。维护世界和平，同世界各国发展友好关系，既有利于中国的现代化建设，也有利于亚太地区和世界的稳定和繁荣。

① 中华人民共和国国务院新闻办公室：《中国的和平发展道路》，《人民日报》，2005 年 12 月 23 日。

（二）当代中国国情是“和平发展”战略抉择的现实基础

改革开放30多年来，中国社会生产力显著提高，人民生活不断改善。但是中国人口多、底子薄、发展不平衡，人民生活水平还不高，中国仍然是一个发展中国家。现在，从总量上说，中国国内生产总值已排在世界前列，但人均国内生产总值还排在世界100位之后，中国人民的生活还不富裕。中国在发展进程中还面临着不少突出的矛盾和问题。中国要达到中等发达国家的经济发展水平，还需要经过很长时期的艰苦奋斗。这一基本国情决定了推动经济社会发展、不断改善人民生活始终是中国的中心任务。坚持走和平发展道路，是中国实现国家富强、人民幸福的必由之路。中国人民最需要和平的国际环境，希望通过世界和平来发展自己，又通过自身的发展来促进世界和平。

（三）中国改革开放以来的实践经验是“和平发展”战略抉择的实践基础

坚持和平发展是由中国社会主义的国家性质所决定的，也是对中国社会主义建设实践经验的总结。在国内方面，中国通过总结改革开放以来的实践经验，正在走一条科学发展道路。即坚持把节约资源、保护环境作为基本国策，着力建设资源节约型、环境友好型社会，促进经济社会全面协调可持续发展。在对外关系方面，中国的外交方针是坚持独立自主的和平外交政策，长期坚持在和平共处五项原则的基础上，同各国发展外交关系和经济文化交流；维护世界和平、促进共同发展。

（四）中国历史文化传统是“和平发展”战略抉择的文化基础

和平是中国文化的内在精神。它集中地体现在中国传统文化“和为贵”、“和而不同”的理念中。爱好和平、讲信修睦、协和万邦是中国文化传统的重要组成部分。中华民族在对外交往中，崇尚亲仁善邻，主张和而不同，追求普遍和谐。走和平发展道路，既符合中华文化几千年发展形成的民族精神，又符合当代中国人民热爱和平、珍惜和平的崇高精神。

四、和平发展战略的重要意义

和平发展成为中国的国家战略具有重要意义。它不但有助于世界接纳一个快速发展的中国，更有助于世界各国明确中国在全球经济政治文化联系中的定位，并与中国展开有效的合作。这既是对30多年来中国改革开放新经验认识的深化，又可以表明中国的发展战略抉择日益科学化。

（一）和平发展战略是中国首次把内外战略有机地结合在一起的国家战略

中国在经过30多年改革开放后，国家战略发展的最大变化之一，就是把国内政策和国外政策有机地结合起来，作为一个整体来考虑。具体地说，就是把对内“和谐发展”和对外“和平发展”，作为国家发展战略中有机统一的两个问题同时提出来。这是战略决策科学化的体现。随着改革开放的不断推进，不断发展，中国与世界的联系已密不可分，在国内国际两个大局的互动中不断增强综合国力，以适应国际竞争与合作的需要。

（二）和平发展战略为中国在世界面前树立了新形象

中国要在面对纷繁的国际事务的情况下，从根本上突破落后大国难以实现现代化的困惑，摆脱历史惯性对中国发展的有形和无形的束缚，处理好保持自主性与融入国际体系的矛盾。同时，中国要在立足于亚太地区的基础上和各国合作构建以新安全观为理论基础的新的战略稳定框架。因此，中国提出了和平发展战略，高举和平、发展、合作的旗帜，走和平发展道路。这就意味着中国并不仅仅是从本国利益出发来处理同外部世界的关系，还从本国利益同世界利益相统一的高度，把自己当成世界的一部分。胡锦涛在联合国成立60周年首脑会议上的讲话中，提出“建设一个持久和平、共同繁荣的和谐世界”的目标，表明中国在实现自己发展的同时，主动承担维护世界和平、促进共同发展的责任，做一个负责任的大国。

（三）和平发展战略是对中国独立自主的和平外交政策的丰富和发展

新中国成立后，中国政府坚定地奉行独立自主的和平外交政策，主张在和平共处五项原则的基础上发展与各国的关系。进入新世纪以来，中国坚持维护世界和平、促进共同发展的外交宗旨，在外交实践中相继提出和平发展的思路和主张，丰富和发展了中国独立自主的和平外交政策。中国主张各国在追求发展的进程中应努力实现互利共赢。中国认为，世界文明的多样性是人类社会的共同遗产和走向昌盛的宝贵源泉，应努力加以维护。各国要在平等的基础上，在“文明对话”中相互借鉴、取长补短，共同构建和谐的世界。

在和平发展战略指导下，中国需要做的就是以一个开放的视角、灵活的战略处理和其他各国的关系，构筑一个和平的有利于中国发展的外部环境，并且在国际社会成功塑造一个负责任的、维护和平的国家形象。

（四）和平发展战略有利于弘扬中国的优秀传统文化

中国是一个有着悠久历史的、崇尚和平的国家，中国文化本质上是一种内向型文化。中国人热爱和平、重视文化，有着“己所不欲，勿施于人”的价值取向，有着“厚德载物”、“和而不同”的文化传统。中国反对强权政治，主张在世界多样化发展中实现人类共同繁荣。这种文化不仅是中华民族自我发展与追求和谐社会的精神支柱，更主要的是为中国的对外交往指明了方向。随着外交空间和回旋余地的扩大，中国传统的“和”、“合”文化在对外关系中将逐渐展现出更大的魅力，为中国的和平崛起创造良好的国际环境。

总之，中国的“和平发展”战略，将进一步展现中国作为爱好和平的大国力量，有利于世界和平与稳定；同时将证明，一个落后的国家，一个有着悠久传统文化的国家，可以通过中国人民自己的努力和智慧实现有中国特色的现代化。

问题思考

1. 中国社会的发展目标和战略是什么？
2. 试述中国分“三步走”基本实现现代化的经济社会发展战略。
3. 什么是文化软实力？提高中国文化软实力的首要任务是什么？
4. 中国提高国家文化软实力的主要任务有哪些？
5. 什么是和平发展战略？
6. 和平发展战略的内涵以及意义有哪些？

参考书目

1. 徐志宏、秦宣主编：《邓小平理论和“三个代表”重要思想概论》，北京：中国人民大学出版社2004年第2版。
2. 中共十六届六中全会：《关于构建社会主义和谐社会若干重大问题的决定》。
3. 胡锦涛：《在美国耶鲁大学的演讲》，《中国青年报》，2006年4月23日。
4. 邓永昌：《领导干部决策大参考》，北京：社会科学文献出版社2008年版。
5. 孔亭：《论中国的和平发展战略》，《唐山师范学院学报》，2007年第29卷第3期。
6. 倪建民、陈子舜：《中国国际战略》，北京：人民出版社2003年版。

第十章

涓涓细流　汇于大海

——祖国统一　民族复兴

大陆同胞，台湾、香港、澳门的同胞，还有海外华侨，大家都是中华民族子孙。我们要共同奋斗，实现祖国统一和民族振兴。

——邓小平

葬我于高山之上兮，望我大陆。大陆不可见兮，只有痛哭。葬我于高山之上兮，望我故乡。故乡不可见兮，永不能忘。天苍苍，野茫茫，山之上，国有殇。

——于右任

目标导向

本章通过展现“一国两制”、“港澳问题”、“台湾问题”的历史发展脉络与理论架构，引导学生认识到实现祖国统一、民族复兴是中华民族的夙愿和根本利益所在，进而提高学生对国家、民族的认同感，激发学生热爱中华文化，拥护祖国统一，共同为民族振兴作贡献。

要点提示

民族复兴就是要改变民族因某种原因陷入停滞不前、贫穷落后、被动挨打的状况，使民族奋发图强、独立解放、实现繁荣昌盛，以重振民族雄风、重塑民族形象、重立民族地位、重现民族辉煌。

实现祖国的完全统一是中华民族伟大复兴的重要内容和基本任务。没有国家的完全统一，就没有完全意义上的民族复兴。只有实现祖国的完全统一，才能更好地在国际上展现中华民族团结奋进、朝气蓬勃的雄姿，使中华民族真正自立于世界民族之林。

实现祖国的完全统一是海内外中华儿女的共同心愿，是中华民族的根本利益所在。香港、澳门按照“一国两制”的基本原则顺利回归祖国，是祖国统一大业进程中的重要里程碑，是中国共产党对中华民族的历史性贡献。而近年来两岸关系出现的新局面，也让我们对和平解决台湾问题，最终实现祖国统一充满希望。

第一节　实现祖国统一的构想

一、“一国两制”伟大构想的形成

“一国两制”即一个国家，两种社会制度，这一伟大构想的提出实际上是几代中国人智慧的结晶。早在新中国成立之初，两岸关系紧张的时期，中国政府就曾设想以和平方式解决台湾问题。1955 年 5 月，周恩来总理在全国人民代表大会常务委员会会议上提出：“中国人民解决台湾问题有两种可能的方式，即战争的方式和和平的方式，中国人民愿意在可能的条件下，争取用和平的方式解决问题。”1956 年 4 月，毛泽东主席又进一步提出“和为贵”、“爱国一家”、“爱国不分先后”等政策主张。1963 年，周总理根据两岸关系的最新形势，在总结十年来对台工作的基本经验的基础上，将中国共产党对台政策归纳为“一纲四目”。但由于某些外国势力的干预等原因，这些主张未能付诸实践。

周恩来与“一纲四目”

“一纲”是指台湾必须回到祖国的怀抱，这是原则问题，不容商量。“四目”则是具体的操作方案：一、台湾回归祖国后，除外交必须统一于中央外，当地军政大权、人事安排等“悉委于”蒋介石，由蒋介石安排；二、台湾所有军政费用和经济建设一切费用的不足部分，全部由中央政府拨付；三、台湾的社会改革可以从缓，等到时机成熟后，尊重蒋介石的意见协商后再进行；四、双方互约不派特务，不做破坏对方团结的事情。

十一届三中全会后，中国政府出于对整个国家民族利益与前途的考虑，本着尊重历史、尊重现实、实事求是、照顾各方利益的原则，提出了“和平统一、一国两制”的方针。“一国两制”理论内容的丰富与完善大体上经历了三个阶段。

1. 初步构想阶段（1978—1980年）

“一国两制”构想最初萌芽于党的十一届三中全会前后。早在十一届三中全会召开前，邓小平就阐述了解决台湾问题要尊重台湾现实的思想。

1978年10月8日，邓小平在会见日本文艺家江藤淳时指出：“如果实现祖国统一，我们在台湾的政策将根据台湾的现实来处理。比如说，美国在台湾有大量的投资，日本在那里也有大量的投资，这就是现实，我们正视这个现实。”此次谈话透露出祖国统一后中国政府将从实际出发、尊重台湾现实和保护外国人投资的最初思考，这是邓小平同志涉及“一国两制”构想的最早谈话。

当年11月会见缅甸总统吴奈温时，邓小平第一次明确谈到统一后台湾的某些制度和生活方式可以不动。他说：“在解决台湾问题时，我们会尊重台湾的现实。比如，台湾的某些制度可以不动。美日在台湾的投资可以不动，那边的生活方式可以不动。”

1978年12月24日，中共中央十一届三中全会发表会议公报，指出：“随着中美关系正常化，我国神圣领土台湾回到祖国怀抱、实现祖国统一大业的前景已经进一步摆在我们面前。欢迎台湾同胞、港澳同胞、海外侨胞本着爱国一家的精神，共同为祖国统一和祖国的建设作出积极贡献。”

1979年1月1日，中华人民共和国全国人民代表大会常务委员会发表《告台湾同胞书》，郑重宣告了中国政府和平解决台湾问题的大政方针，呼吁两岸就结束军事对峙状态进行商谈。表示在实现国家统一时，一定“尊重台湾现状和台湾各界人士的意见，采取合情合理的政策和办法”。就在同一天，邓小平在同美国参议员会面时也明确指出：“台湾的社会制度可以根据台湾的意志来决定。要改变可能要花一百年或一千年，我这样说的意思是指需要很长的时间。我们不会用强制的办法来改变这个社会。”这些重要谈话可以说是“一国两制”构想的最初萌芽。

1979年1月29日至2月5日，邓小平访问了美国。出访前夕，他在会见美国时代出版公司总编辑多诺万时谈到了中国政府的对台政策构想。他说：“我们尊重台湾的现实，台湾当局作为一个地方政府拥有它自己的权力，就是它可以有自己一定的军队，同外国的贸易、商业关系可以继续，民间交往可以继续，现行的政策、现在的生活方式可以不变，但必须是在一个中国的条件下。这个问题可以长期来解决。中国的主体，也就是大陆，也会发生变化，也会发展。总的要求就是一条，一个中国，不是两个中国，爱国一家。”1月30日，正在美国访问的邓小平发表讲话指出，“至于用什么方式解决台湾回归祖国的问题，那是中国的内政，希望用和平方式解决台湾问题”；“只要台湾回归祖国，我们将尊重那里的现实和现行制度”。邓小平指出，“我们一方面尊重台湾的现实，另一方面一定要使台湾回归祖国的怀抱；在尊重现实的情况下，我们要加快台湾回归祖国的速度”。并表示“我们不用‘解放台湾’这个提法了”。

1979年12月，邓小平在会见日本首相大平正芳时提出了广为流传的“三个不变”，他指出，实现统一祖国的目标，要从现实情况出发。统一后“台湾的制度不变，生活方式不变，台湾与外国的民间关系不变，包括外国在台湾的投资、民间交往照旧”，“台湾作为一个地方政府，可以拥有自己的自卫力量，军事力量”。上述一系列谈话，成为“一国两制”构想形成的基本框架。

2. **具体化阶段**（1981—1983 年）

从 1981 年“叶九条”到 1983 年“邓六条”的发表标志着“一国两制”理论基本内容进一步具体化。

（1）叶九条。

1981 年 9 月 30 日，全国人大常委会委员长叶剑英发表了《关于台湾回归祖国实现和平统一的方针政策》的谈话，进一步阐明了关于台湾回归祖国，实现和平统一的九条方针政策（简称“叶九条”）。

叶剑英与“叶九条”

（一）为了尽早结束中华民族陷于分裂的不幸局面，我们建议举行中国共产党和中国国民党两党对等谈判，实行第三次合作，共同完成祖国统一大业。双方可先派人接触，充分交换意见。（二）海峡两岸各族人民迫切希望互通音讯、亲人团聚、开展贸易、增进了解。我们建议双方共同为通邮、通商、通航、探亲、旅游以及开展学术、文化、体育交流提供方便，达成有关协议。（三）国家实现统一后，台湾可作为特别行政区，享有高度的自治权，并可保留军队。中央政府不干预台湾地方事务。（四）台湾现行社会、经济制度不变，生活方式不变，同外国的经济、文化关系不变。私人财产、房屋、土地、企业所有权、合法继承权和外国投资不受侵犯。（五）台湾当局和各界代表人士，可担任全国性政治机构的领导职务，参与国家管理。（六）台湾地方财政遇有困难时，可由中央政府酌情补助。（七）台湾各族人民、各界人士愿回祖国大陆定居者，保证妥善安排，不受歧视，来去自由。（八）欢迎台湾工商界人士回祖国大陆投资，兴办各种经济事业，保证其合法权益和利润。（九）统一祖国，人人有责。我们热诚欢迎台湾各族人民、各界人士、民众团体通过各种渠道、采取各种方式提供建议，共商国是。

“叶九条”已经包含了“一国两制”的基本内容，邓小平同志于 1984 年 12 月会见英国首相撒切尔夫人时曾明确指出：“1981 年国庆前夕叶剑英委员长就台湾问题发表的九条声明，虽然没有概括为‘一国两制’，但实际上就是这个意思。”

（2）“邓六条”。

1982 年 1 月 10 日，邓小平在接见来华访问的美国华人协会主席李耀基时曾说：“在实现国家统一的前提下，国家的主体性实行社会主义制度，台湾实行资本主义制度。”在这次谈话中，邓小平第一次正式提出了“一个国家，两种制度”的概念。

1983 年 6 月 25 日，邓小平同志在会见美国西东大学教授杨力宇时，又进一步阐述了实现台湾和祖国大陆和平统一的六条具体构想（简称“邓六条”）。

邓小平与“邓六条”

（一）台湾问题的核心是祖国统一。和平统一已成为国共两党的共同语言。（二）制度可以不同，但在国际上代表中国的，只能是中华人民共和国。（三）不赞成台湾“完全自治”的提法，“完全自治”就是“两个中国”，而不是一个中国。自治不能没有限度，不能损害统一的国家的利益。（四）祖国统一后，台湾特别行政区可以实行同大陆不同的制度，可以有其他省、市、自治区所没有而为自己所独有的某些权力。司法独立，终审权无须到北京。台湾还可以有自己的军队，只是不能构成对大陆的威胁。大陆不派人驻台，不仅军队不去，行政人员也不去。台湾的党、政、军等系统都由台湾自己来管。中央政府还要给台湾留出名额。（五）和平统一不是大陆把台湾吃掉，当然也不能是台湾把大陆吃掉，所谓“三民主义统一中国”不现实。（六）要实现统一，就要有个适当方式。建议举行两党平等会谈，实行国共第三次合作，而不提中央与地方谈判。双方达成协议后可以正式宣布，但万万不可让外国插手，那样只能意味着中国还未独立，后患无穷。

从“叶九条”到“邓六条”，“一国两制”科学构想的内容更加完备、明确和系统化，“一国两制”方针的大体框架基本形成。

3. **正式确立阶段（1984 年）**

1984 年，邓小平同志又先后提出了有关“一国两制”的许多重要思想，其中主要包括：

（1）“一国两制”的主体是社会主义。在台、港、澳地区实行资本主义，是否会影响大陆的社会主义呢？对此，邓小平给予了明确回答。他指出，“‘一国两制’除了资本主义，还有社会主义，就是中国的主体、十亿人口的地区坚定不移地实行社会主义。……主体是很大的主体，社会主义是在十亿人口地区的社会主义，这是个前提，没有这个前提不行。在这个前提下，可以容许在自己身边，在小地区和小范围内实行资本主义。我们相信，在小范围内容许资本主义存在，更有利于发展社会主义”。

（2）“一国两制”方针将长期不变。针对部分人（包括外国人）担心中国“政策多变”的问题，邓小平多次阐明相关政策：“‘一个国家、两种制度’，我们已经讲了很多次了，全国人民代表大会已经通过了这个政策。有人担心这个政策会不会变，我说不会变。”我们讲“五十年”不变，“不是随随便便、感情冲动而讲的，是考虑到中国的现实和发展的需要”。邓小平用“五十年不变”这一形象化的语言，强调了大陆坚定不移地落实“一国两制”政策的决心，同时也向全世界展示了中国将信守诺言的庄严承诺，这为推动“一国两制”的实施创造了必要条件。

（3）用“一国两制”的办法解决中国统一问题也是一种和平共处。邓小平同志创造性地把列宁提出的和平共处原则运用到解决国家统一问题上来。他认为：“根据中国自己的实践，我们提出‘一个国家，两种制度’的办法来解决中国的统一问题，这也是一种和平共处。”同时指出“和平共处的原则不仅在处理国际关系问题上，而且在一个国家处理自己内政问题上，也是一个好办法”。用处理国际关系问题的原则来解决国内特殊问题，这是邓小平对和平共处原则的灵活运用和新发展。

1984 年 10 月，《瞭望》周刊发表《一个意义重大的构想——邓小平同志谈“一个国家，两种制度”》，对“一国两制”构想作了首次系统报道。这一报道可被视为“一国两制”构想已基本确立的重要标志。

1985 年 3 月，第六届全国人大三次会议正式把“一国两制”确定为中国的一项基本国策，至此，中国共产党和中国政府用“一国两制”解决台、港、澳问题，实现国家统一的基本方针正式确立。

1992 年 10 月 12 日，中共中央总书记江泽民指出：“我们坚定不移地按照‘和平统一，一国两制’的方针，积极促进祖国统一。”“我们再次重申，中国共产党愿意同中国国民党尽早接触，以便创造条件，就正式结束两岸敌对状态、逐步实现和平统一进行谈判。在商谈中，可以吸收两岸其他政党、团体和各界有代表性的人士参加。”1995 年 1 月 30 日，江泽民在中共中央台办、国务院台办等单位举行的春节茶话会上，发表了题为“为促进祖国统一大业的完成而继续奋斗”的重要讲话，全面阐述了中国政府解决台湾问题、实现国家统一的大政方针，并就发展两岸关系、推进祖国和平统一进程的若干重大问题提出了八项主张和看法。

江泽民与“江八点”

（一）坚持一个中国的原则，是实现和平统一的基础和前提。坚决反对一切“台独”和分裂的言行。（二）对于台湾同外国发展民间性经济文化关系，我们不持异议。但是，我们反对台湾以搞“两个中国”、“一中一台”为目的的所谓“扩大国际生存空间”的活动。（三）再次建议双方就“正式结束两岸敌对状态、逐步实现和平统一”进行谈判，并提议：“作为第一步，双方可先就‘在一个中国原则下，正式结束两岸敌对状态’进行谈判，并达成协议。在此基础上，共同承担义务，维护中国的主权和领土完整，并对今后两岸关系的发展进行规划。”（四）努力实现和平统一，中国人不打中国人。不承诺放弃使用武力，决不是针对台湾同胞，而是针对外国势力干涉中国统一和搞“台湾独立”的图谋的。（五）大力发展两岸经济交流与合作。主张不以政治分歧去影响、干扰两岸经济合作。不论在什么情况下，我们都将切实维护台商的一切正当权益。应当采取实际步骤，加速实现直接“三通”。（六）中华各族儿女共同创造的五千年灿烂文化，始终是维系全体中国人的精神纽带，也是实现和平统一的一个重要基础。两岸同胞要共同继承和发扬中华文化的优秀传统。（七）要充分尊重台湾同胞的生活方式和当家作主的愿望，保护台湾同胞的一切正当权益。我们欢迎台湾各党派、各界人士，同我们交换有关两岸关系与和平统一的意见，也欢迎他们前来参观、访问。（八）欢迎台湾当局的领导人以适当身份前来访问；我们也愿意接受台湾方面的邀请，前往台湾。中国人的事我们自己办，不需要借助任何国际场合。

党和国家有关职能部门依据“和平统一，一国两制”的伟大构想，对台湾、香港、澳门分别制定“一国两制，和平统一”、“一国两制，港人治港”、“一国两制，澳人治澳”等具体的方针、政策，顺利地实现了香港于 1997 年、澳门于 1999 年回归祖国，并对台湾的和平统一工作起了积极的推动作用。

二、"一国两制"的基本内容及重要意义

"和平统一，一国两制"是一个完整的体系，其基本内容就是在祖国统一的前提下，国家的主体坚持社会主义制度，同时在香港、澳门、台湾保持原有的资本主义制度长期不变。

具体来说，"和平统一，一国两制"构想有十个方面的内容：

(1) 一个中国。这是"和平统一，一国两制"的核心，是发展两岸关系和实现和平统一的基础。

(2) 两制并存。在祖国统一的前提下，国家的主体部分实行社会主义制度，同时在台湾、香港、澳门保持原有的社会制度和生活方式长期不变。

(3) 高度自治。祖国完全统一后，台湾、香港、澳门作为特别行政区，享有不同于中国其他省、自治区、市的高度自治权。

(4) 尽最大努力争取和平统一，但不承诺放弃使用武力。

(5) 解决台湾问题，实现祖国的完全统一，寄希望于台湾人民。

(6) 积极促谈，争取通过谈判实现统一。

(7) 积极促进两岸"三通"和各项交流，增进两岸同胞的相互了解和感情，密切两岸经济、文化关系，为实现和平统一创造条件。

(8) 坚决反对任何"台湾独立"的言行。

(9) 坚决反对外国势力插手和干涉台湾问题。

(10) 集中力量搞好经济建设，是解决国际国内问题的基础，也是实现国家统一的基础。

"和平统一，一国两制"构想是充分尊重历史和现实、照顾各方面利益、维护民族团结、实现祖国完全统一和民族伟大复兴的科学构想。"和平统一，一国两制"构想丰富和发展了马克思主义，具有重大的意义。

第一，"和平统一，一国两制"构想创造性地把和平共处原则用之于解决一个国家的统一问题。

第二，"和平统一，一国两制"构想创造性地发展了马克思主义的国家学说。

第三，"和平统一，一国两制"构想体现了既坚持祖国统一、维护国家主权的原则坚定性，也体现了照顾历史实际和现实可能的策略灵活性，避免了武力统一可能造成的不良后果。

第四，"和平统一，一国两制"构想有利于争取社会主义现代化建设事业所需要的和平的国际环境与国内环境。

第五，"和平统一，一国两制"构想为解决国际争端和历史遗留问题提供了新的思路。

香港、澳门回归后的事实充分证明，"一国两制"方针是正确的，是具有强大的生命力的，这为两岸和平统一树立了光辉的典范。香港、澳门顺利回归以后的发展充分证明，"一国两制"已经首先在解决香港、澳门问题中得到了成功的运用，人们有更加充分的理由相信，"一国两制"同样可以成为解决台湾问题的最佳方式。在香港回归中国五周年之

际，曾经直接参与中英香港问题谈判的英国前副首相杰弗里·豪在接见新华社记者采访时指出，“一国两制”方针是史无前例的惊人之举，在解决香港问题过程中发挥了关键作用。在过去的五年里，香港原有的生活方式并没有改变，人们尊重法制和司法独立，香港特区政府也重视民主。中国恢复对香港行使主权五年来的事实说明，“一国两制”的构想得到成功实施，并为解决其他历史遗留问题提供了可供借鉴的宝贵经验。人们看到，“一国两制”在香港特别行政区和澳门特别行政区的成功实践，对台湾同胞产生了积极的影响，越来越多的台湾同胞从中理解了“一国两制”的精神和益处，近年来台湾同胞中认同“一国两制”的人数明显上升就是最好的证明。

三、新世纪新阶段“一国两制”构想的丰富和发展

新世纪新阶段，以胡锦涛为总书记的党中央对“和平统一，一国两制”的伟大构想有了丰富和发展。

2003年以来，台湾当局在“台独”分裂的道路上越走越远，台海局势日益严峻。以胡锦涛为总书记的党中央，针对台海局势的新变化、新情况、新特点，作出了关于新形势下对台工作的一系列重大决策和部署，创造性地提出了具有鲜明时代特色的新论述、新主张，采取了一系列新举措。2005年3月4日，胡锦涛提出了新形势下发展两岸关系的四点意见，对做好新形势下的对台工作具有重大的指导意义。

胡锦涛与“胡四点”

（一）坚持一个中国原则决不动摇；

（二）争取和平统一的努力决不放弃；

（三）贯彻寄希望于台湾人民的方针决不改变；

（四）反对“台独”分裂活动决不妥协。

2005年3月14日，十届全国人大三次会议审议通过了《反分裂国家法》。这部重要法律将中央关于解决台湾问题的大政方针以法律的形式固定下来，充分体现了我们以最大的诚意、尽最大的努力争取和平统一的一贯主张，同时表明了全中国人民维护国家主权和领土完整，绝不允许“台独”分裂势力以任何名义、任何方式把台湾从中国分裂出去的共同意志和坚定决心。这部重要法律的颁布实施，对打击和遏制“台独”分裂活动，促进两岸关系和平发展，推进祖国和平统一进程，维护台湾海峡地区和平稳定，维护国家主权和领土完整，维护中华民族的根本利益，具有重大的战略意义。

2005年4、5月间，中共中央和胡锦涛总书记先后邀请中国国民党主席连战、亲民党主席宋楚瑜率团访问大陆，开展两岸政党交流与对话并分别发表公报，达成多项共识。在会谈和公报中，胡锦涛提出构建和平稳定发展的两岸关系等新的主张。

2006年4月，胡锦涛进一步提出，“和平发展理应成为两岸关系发展的主题，成为两

岸同胞共同为之奋斗的目标”。胡锦涛关于祖国和平统一的一系列讲话，进一步丰富和发展了“和平统一，一国两制”的科学内涵，是新形势下对台工作的指导思想。

以胡锦涛为总书记的党中央对“和平统一，一国两制”构想的丰富和发展可以概括为五点：第一，明确提出反对和遏制“台独”是新形势下两岸同胞最重要、最紧迫的任务。第二，提出两岸关系现状的定义，丰富了坚持一个中国原则的内涵。第三，提出构建和平稳定发展的两岸关系，和平发展理应成为两岸关系发展的主题。第四，强调和平统一工作也要体现以民为本、为民谋利。第五，制定《反分裂国家法》，将中央对台方针政策法制化。

以胡锦涛为总书记的党中央，在新形势下贯彻“和平统一，一国两制”的基本方针，牢牢把握两岸关系主导权，领导全党全国人民同“台独”分裂势力进行了坚决斗争，沉重打击了“台独”分裂势力，坚定地维护了台湾是中国一部分的地位，引导两岸关系朝着和平稳定的方向发展，推动了两岸经济、文化交流和人员往来，巩固了国际社会承认一个中国的格局，推进了祖国和平统一的进程。

第二节　港澳问题的由来及其解决

一、香港问题的由来及解决

香港地区包括香港岛、九龙和新界，总面积为 1 076 平方千米，其中香港岛面积为 79. 77 平方千米，九龙面积为 11. 7 平方千米，新界面积为 984. 53 平方千米。香港自古以来就是中国的领土。

（一）香港问题的产生

1840 年的鸦片战争中清政府战败，被迫签订了《南京条约》，条约规定：中国割让香港岛给英国；赔偿英国 2 100 万银元；开放广州、福州、厦门、宁波、上海五处为通商口岸；协定关税，中国海关进出口货物的税率，无权自行确定，必须与英国共同议定。此条约的签订成为香港问题的源头。1856 年，英法联军发动了第二次鸦片战争，清政府战败后又被迫于 1860 年签订《北京条约》，英国割占九龙司地方一区（今界限街以南），以及位于九龙半岛西部的昂船洲。1898 年在西方列强掀起瓜分中国狂潮的过程中，英国强迫清政府签订《展拓香港界址专条》，根据该约，清政府把位于深圳河以南、九龙半岛界限街以北的土地以及附近岛屿租给英国，租期为 99 年。这块租给英国的土地后来被称为香港新界。至此，英国通过刺刀、洋枪与大炮的野蛮征服，实现了对中国香港地区领土的占领。英国对香港实行总督制，首任香港总督为璞鼎查。

璞鼎查

璞鼎查（Henry Pottinger，1789—1856 年），亦称砵甸查。英国人。早年入海军。1803 年随军至印度，参与对印度的侵略。1840 年在侵略阿富汗战争中晋封男爵。1841 年 4 月，被英国政府任命为侵华全权代表，曾亲率舰队攻陷厦门、定海、镇海、宁波和乍浦，1842 年 6 月侵入长江，先后攻陷吴淞、上海、镇江。8 月在南京参与签订中英《南京条约》。1843—1844 年任香港殖民政府第一任总督，人称“开埠港督”。1843 年 4 月 5 日到港正式任职，1844 年 5 月离职，任期一年。是 28 任总督中任期最短的总督。璞鼎查离港以后，曾先后任英国驻好望角总督、印度马德拉斯总督。1856 年死于马耳他。

（二）民国时期历届政府收复香港的努力

在 1919 年的巴黎和会上，中国代表曾根据北京政府的指示，向和会提出收回租借地（包括九龙租借地）的问题。由于和会被第一次世界大战的两个主要战胜国英、法所把持，它们在中国都占有租借地，根本不愿意放弃其既得利益，故和会主席、法国总理克里孟梭借口中国的提案“不在和会权限范围之内”，推说这件事应由国际联盟今后去加以考虑，轻易地予以否决了。众所周知，这个标榜建立“国际公正”、以“缔造世界永久和平”为宗旨的和会，以极其不公正地对待中国，通过将德国在山东的侵略权益让与日本的决议而诱发了中国的五四运动，并促使中国代表拒绝在和会的对德和约上签字。

1921 年 12 月，中国代表顾维钧在华盛顿会议上，又重新提出废止各国在华租借地的议案。议案中历数了列强在华租借地破坏中国领土及行政完整、危及中国国防、将中国牵入列强冲突的漩涡及被列强利用来建立自己的势力范围等事实，要求“将此等租借地取消或从速废止之”。当时正值战后世界民族解放运动高涨时期，中国在五四运动的推动下，人民大众“外争国权”、废除不平等条约的浪潮汹涌澎湃。与此同时，美、日在远东互争雄长，美国力图钳制日本咄咄逼人的扩张势头，其他列强之间也矛盾重重。以上两个因素促使英、日两国不得不分别同意放弃威海卫和胶州湾租借地。但在废除九龙（即香港新界）租借地和旅大租借地的问题上，中国代表却遭到英、日代表的强烈反对。英国出席会议的代表、枢密院长、以“血腥人物”著称的贝尔福，借口“没有九龙租借地则香港不能自卫”，坚决拒绝归还。12 月 7 日，顾维钧在会议的远东委员会上据理驳斥了贝尔福的谬说。贝尔福对此置若罔闻，日本代表缄口不言，美国代表则无动于衷，作壁上观。此后，华盛顿会议再没有讨论九龙租借地的问题。中国收回九龙租借地的正当要求，终因英国的顽拒和当时中国军阀混战、政局不稳和缺乏实力作外交的后盾而严重受挫。

1941 年太平洋战争爆发后，在日军的猛烈进攻下，英军节节败退，英国政府不得不请求中国派兵增援英国军队。蒋介石于是打算趁此良机收复香港。1942 年，蒋介石向英国提出了收回香港的要求。蒋介石这一姿态在国内掀起了反对帝国主义，要求废除不平等条约的浪潮，并在国际上得到了广泛同情。英国出于需要中国出兵保卫其殖民地缅甸和印度的目的，主动提出与中国进行废除不平等条约及签订新约的谈判。谈判之初，蒋介石坚持收回香港，然而，英国人从内心里并不想交还香港，谈判只是权宜之计，为的是让蒋介石坚持抗日，以减小英军在太平洋战场上的压力。随着战争向有利于盟军的方向发展，英国在香港问题上日趋强硬。在1943年的开罗会议上，中英就香港问题展开了交锋，但丘吉尔直接回绝了蒋介石，蛮横地宣称："不经过战争，休想从英国拿走任何东西!"在英国人的威逼利诱下，蒋介石的立场逐步软化，最终放弃了将收复香港这一内容写入新条约，仅仅要求英国在口头上承诺在战后同中国商讨九龙问题。

1945年8月15日，日本宣布投降。此时的形势对中国收复香港极为有利，因为按照远东盟军统帅麦克阿瑟发布的第一号受降令：凡在中华民国（满洲除外）、台湾、越南北纬16度以北地区之日军，均应向中国军队投降。香港就位于北纬16度以北地区，而且在战争期间隶属于中国第二方面军所辖战区的一部分，因此许多人建议蒋介石趁机派兵进驻香港，然后再与英国交涉。蒋介石于是命令第二方面军司令张发奎将新一军和十三军集结于靠近香港的宝安地区，准备接收香港。然而英国政府却拒绝接受麦克阿瑟的受降令。8月18日，英国新任首相艾德礼致电美国总统杜鲁门，要求杜鲁门指示麦克阿瑟重新发布命令，让驻港日军向英军投降。

1945年8月13日，一支英国海军特遣舰队开赴香港。为配合海军的行动，英国派出了大约一个师的陆军兵力前往香港。在派出军队的同时，英国也对美国展开了外交攻势。英国人很清楚，在香港归属问题上，美国的天平倾向于谁，香港就将归谁所有。在中国这边，蒋介石虽然已经集结了部队，做好了进入香港的准备，但他迟迟没有下达进军香港的命令。蒋介石知道，将来发动内战，不能少了英美两国的援助，若此时出兵香港，必然会失去英国的支持。于是，蒋介石连续两次声明中国无意以武力收复香港，希望这件事能通过"外交"途径来解决。他还向美国派出了使节，去寻求美国的支持，幻想通过美国的干涉来实现香港的回归。

太平洋战争爆发后，为鼓励中国对日作战，减轻美军的压力，美国曾表示支持中国收回香港。同时，美国也想趁机瓦解英、法在远东的殖民体系，并取而代之。因此，在开罗会议上，罗斯福曾敦促英国在战后将香港归还中国，但遭到丘吉尔的拒绝。

1945年5月，纳粹德国灭亡后，美国同苏联为了控制欧洲展开了激烈的争夺，美国急需英国的支持。因此，美国改变了在香港问题上的态度，杜鲁门转而支持英国重返香港。他通知麦克阿瑟："为顺利地接受香港地区日军的投降，须将香港从中国战区的范围划出来。"在美国的强大压力之下，正乞求美国人帮他打内战的蒋介石只好从命。

1945年8月20日，英国海军特遣舰队在香港登陆。9月1日，驻港英军成立了军政府。蒋介石派遣的军事代表团也在这一天抵港，并正式宣布：国民政府同意英军占领香港。

1946年5月1日，被日军囚禁的前港督杨慕琦返港重任总督，恢复了英国对香港的统治。至此，国民政府收复香港的努力归于失败。

（三）新中国解决香港问题的努力

1949 年 10 月 17 日，解放军“四野”第十五兵团（邓华兵团）在攻克广州城之后，挥师抵达香港北部边界。此时收复香港殖民地可谓易如反掌，况且，此前在渡江战役前夕，解放军曾炮击停泊在南京江面上的英国皇家海军“紫石英”号护卫舰，并以强硬态度严词谴责英国政府。那时，对大英帝国，解放军将士可以说更多的是轻蔑。但是，以作战勇猛著称的“四野”部队此时却出人意料地勒马于深圳河边，并宣示将维持和平，恢复贸易，重开广州至九龙的铁路。英国当局敏感地注意到中国发出的“维持香港现状”的信号，决定投桃报李，当时的《华侨日报》遂以大标题刊登“毛泽东已保证香港地位安全，英国年内承认中共”的消息。于是，在日后美国对华的长期战略围困中，香港成为中国对外联络、贸易和情报往来的“国际孔道”。

1982 年 9 月 24 日，邓小平会见了撒切尔夫人。此前，中国总理同她进行了会谈。中国领导人正式通知英方，中国政府决定在 1997 年收回整个香港地区，同时阐明中国收回香港后将采取特殊政策，包括设立香港特别行政区，由香港当地中国人管理，现行的社会、经济制度和生活方式不变，等等。撒切尔夫人则坚持三个不平等条约仍然有效，提出如果中国同意英国 1997 年后继续管治香港，英国可以考虑中国提出的主权要求。针对撒切尔夫人的言论，邓小平在同她会见时作了重要谈话。通过这次谈话，双方同意通过外交途径就解决香港问题进行商谈。此后的半年里，由于英方在香港主权问题上立场不变，双方的磋商没有进展。1983 年 3 月撒切尔夫人写信给中国总理，作出了她准备在某个阶段向英国议会建议使整个香港主权回归中国的保证。4 月中国总理复信表示，中国政府同意尽快举行正式谈判。

1983 年 7 月 12 日至 13 日，中英两国政府代表团举行第一轮会谈，由于英方仍然坚持 1997 年后英国继续管治香港，直至第四轮会谈仍然毫无进展。1983 年 9 月，邓小平会见访华的英国前首相希思时说，英国想用主权来换治权是行不通的，劝告英方改变态度，以免出现到 1984 年 9 月中国不得不单方面公布解决香港问题方针政策的局面。10 月，英国首相来信提出，双方可在中国建议的基础上探讨香港的持久性安排。第五、六轮会谈中，英方确认不再坚持英国管治，也不谋求任何形式的共管，并理解中国的计划是建立在 1997 年后整个香港的主权和管治权应该归还中国这一前提的基础上。至此，中英会谈的主要障碍开始排除。

从 1983 年 12 月第七轮会谈起，谈判纳入了以中国政府关于解决香港问题的基本方针政策为基础进行讨论的轨道。根据中国政府的基本方针政策，未来的香港特别行政区直辖于中华人民共和国中央人民政府。除外交和国防事务属中央人民政府管理外，香港特别行政区享有高度的自治权。中央人民政府将在香港特别行政区派驻部队，负责其防务。特别行政区政府将由当地人组成，英籍和其他外籍人士可担任顾问或政府一些部门中最高至副司级的职务。

从 1984 年 4 月第十二轮会谈后，双方转入讨论过渡时期香港的安排和有关政权移交的事项。在香港设立联合机构问题是谈判中遇到的最困难的问题之一。中方建议在香港设立常设性中英联合小组，其任务是协调中英协议的执行、商谈有关实现政权顺利移交的具体措施。对此英方坚决反对，强调不要正式确定1997年前为“过渡时期”，不应建立任何常设机构，以免造成中英“共管”的印象。最后双方商定，设立联合联络小组，小组于1988年7月1日进驻香港。

中英通过谈判确定，中国收回香港、恢复行使主权，这一点在协议中必须有明确的表述。英方不接受中方对香港恢复行使主权的提法，先后提出的草案都具有三个不平等条约有效的含意，中方坚决不能接受。最后双方同意用《联合声明》的形式，采用以下表述方式，即中国政府声明：“中华人民共和国政府决定于1997年7月1日对香港恢复行使主权。”英国政府声明：“联合王国政府于1997年7月1日将香港交还给中华人民共和国。”这样就解决了主权归属问题的表述。

此后，双方代表团举行了三轮会谈，进行了反复磋商。1984年9月18日双方就全部问题达成协议，并于9月26日草签了中英《联合声明》和三个附件。至此，为时两年的中英两国政府关于香港问题的谈判圆满结束。1984年12月19日，中英两国政府首脑在北京正式签署了《关于香港问题的联合声明》。1985年5月27日，中英两国政府在北京互换批准书，中英《联合声明》正式生效。

（四）香港回归

根据中英《联合声明》的精神，1985年7月1日香港基本法起草委员会正式成立并开始工作，同年12月18日，香港基本法咨询委员会宣告成立。1990年4月4日七届全国人大三次会议正式通过《香港基本法》。

1996年12月11日，香港特别行政区第一届政府推选委员会在香港举行第三次全体会议，现任全国政协委员、香港特区筹委会副主任委员的董建华当选为香港特区第一任行政长官人选。筹委会主任委员钱其琛表示，由港人自己来选择最高行政首长，在香港历史上还是第一次，标志着香港回归祖国后即将开始一个全新的时代。12月16日国务院召开第十一次全体会议，李鹏总理签署国务院第207号命令，任命董建华为香港特别行政区第一任行政长官，于1997年7月1日就职。12月18日国家主席江泽民在北京会见董建华，祝贺他被任命为香港特别行政区第一任行政长官。

1997年7月1日，香港回归

香港回归，俗称九七回归，有时称为香港主权移交，中国内地常称香港回归祖国（中国），指1997年7月1日中华人民共和国恢复对香港行使主权（英国租借香港新界99年的期限届满之时），英国将治权交予香港特别行政区政府的历史事件。同时香港的华人成为中华人民共和国公民，并恢复其中国人的身份。“一国两制”、“港人治港”、“高度自治”是香港回归后港人生活的主题。

二、澳门问题的由来及解决

澳门自古以来就是中国的领土。早在新石器时代，中华民族的祖先已在澳门地区生活。在路环岛黑沙海湾发掘出土的公元前4960—前4430年的文物，说明在距今六千多年的史前时代，中国内地的原始居民就到了澳门。在秦始皇统一中国时，澳门划归了南海郡番禺县管辖。大约在16世纪前期，在澳门定居的中国渔民，为了求得出海捕鱼的安全，建造了奉祀海神天妃的“天妃庙”，这就是作为澳门象征的“妈阁庙”。英文澳门（Macao）的音译，就是源于“妈阁”。16世纪中叶，随着欧洲殖民主义所谓“航海大发现”的扩展，葡萄牙人到达我国东南沿海一带。1553年，葡萄牙人以“借地晾晒水浸货物”为借口，通过向明朝官员行贿的方式，获准在澳门半岛暂时居住，并迅速聚集成村，扩大在澳地盘，设立有关机构。但直至鸦片战争前，澳门半岛整体上仍一直由明清政府负责行政管理，对其行使主权。

（一）明清政府在澳门行使主权

葡萄牙人占据澳门后，明朝政府依然在澳门充分行使着主权和治权，包括接受在澳门的葡萄牙人每年缴纳的地租、设立海关征收船税、置守澳官及以香山县令（知县）落实行政管理权和执行最终的司法处分权。明政府还在濠镜设立“议事亭”（今日的市政厅所在地），作为中国官员向“夷目”宣读明朝政府命令以及双方官员会商政务的场所，后来清政府还在“议事亭”内设置刻记限制和管理居澳葡人的中国法律的多块石碑。在司法方面，明政府参照了唐朝法律中有关“诸化外人，同类自相犯者，各依法俗法；异类相犯者，以法律论”的条款，在居澳葡人互相侵犯时，允许他们自己产生的法官依照本民族的法律来审判、治罪，不服本地法官判决者，还可以上诉于设在印度果阿的葡萄牙高等法院。如果涉及中国人，不论中国人是原告还是被告，都由在澳门的中国官员审理，特别是在发生杀害中国商民的人命重案时，就有更多的中国官员入澳查处，并将杀人凶犯带往广州，按照律例复审、判决。

清朝政府延续明朝政府在澳门充分行使的主权，包括军队驻扎权、财政权、关税权、行政权以及司法权等各方面。

（二）鸦片战争后葡萄牙人完成对澳门的占领

鸦片战争爆发后，葡萄牙乘清朝政府战败，尾随西方列强，加紧侵略扩张，企图实现其变澳门及澳门附近地区为葡萄牙殖民地的野心。在鸦片战争刚结束的1843年，澳葡当局派出代表，在澳门、广州与钦差大臣耆英等多次进行谈判，要求赔偿每年五百两的地租银，由葡兵驻防整个澳门半岛。并在通商方面，提出开放通商口岸等一系列不合理的要求，遭清廷断然拒绝，但清廷仍让葡萄牙人继续享受多种优待。葡萄牙人对此并不满足，仍加紧采取侵略、扩张的行动。

1844年（道光二十四年），澳葡擅自在氹仔黑沙建造炮台，几年后又将该炮台进一步巩固，自称已将管辖区扩展到氹仔。

1845 年 11 月 20 日，葡萄牙女王玛丽亚二世擅自宣布澳门为自由港，允许所有外国商船来澳自由贸易，并任命亚马留为澳门总督。

亚马留

亚马留，又译作亚马喇、亚马勒，全名若昂·费瑞拉·德·亚马留（葡文原名 Joao Ferreirado Amaral），澳门第 79 任澳督。1846 年 4 月上任后，在澳门推行殖民扩张政策，1846 年 5 月，宣布对华籍居民征收地租、人头税和不动产税，把原本只对葡萄牙人实行的统治权力，扩大到华籍居民。他又下令所有在澳门停泊的中国船只要向“船政厅”登记纳税。1848 年下令开关马路，掘毁关闸一带村民的坟墓。1849 年 3 月 5 日，他限令设在关前街的中国海关“关部行台” 8 天内撤出，3 月 13 日派兵捣毁海关，并随即拆毁竖立在市政厅的刻有《澳夷善后事宜条议》的石碑，并擅自审判在澳门的华人。他的行径激起了中国居民的愤怒，1849 年 8 月 22 日在关闸附近，被望厦村民沈志亮等人刺杀。

其后，澳葡于 1851 年（咸丰元年）占领氹仔。1863 年强占塔石、沙岗、新桥、沙梨头、石墙街等村，设马路门牌，毁租界旧墙。1864 年（同治三年）占领路环，设立“海岛镇行政局”。

1874 年（同治十三年）葡萄牙人闯入香山县，拆毁历史逾三百年的关闸，设捕房，并将关闸向北移，另建西洋凯旋门式的新关闸。1879 年（光绪五年）又占龙田村。1883 年（光绪九年）葡萄牙人强编望厦、龙田两村的户籍，又开马路，设捕房于望厦。1890 年，进占澳门西北的青州，逼清廷水师撤退。

1887 年，葡萄牙政府与清政府签订了不平等的中葡《北京条约》，清政府同意“葡国永驻管理澳门，与葡治理他处无异”，但条约未划定澳门的界址。葡萄牙占领澳门后，引起了澳门同胞和中国人民的强烈反对，要求收回澳门的斗争和呼声一直没有中断。

（三）中国政府对澳门问题的立场和政策

澳门作为中国领土的一部分，由于历史的原因长期被葡萄牙占领，但中国历届政府都从未在澳门的主权问题上作过让步，也从未在法律上将中国对澳门的主权让予他国。因此，中国对澳门恢复行使主权只是时机问题而已。随着中华人民共和国的建立、中葡两国的友好建交以及中国统一大业的推进，中国对澳门恢复行使主权的时机已逐步成熟。进入 20 世纪 80 年代，解决澳门问题成为中葡两国政府的一个重要的现实课题。

1949 年 10 月 1 日，中华人民共和国成立。中央人民政府明确宣布，废除过去所有外国列强强加在中国人民身上的不平等条约。对于一些历史遗留下来的悬而未决的问题，中国政府一贯主张在条件成熟的时候，经过谈判和平解决，在未解决之前维持现状，例如香港、澳门问题，以及一切未经双方正式划定的边界问题。1972 年，中国政府在致联合国非殖民化特别委员会的备忘录中指出："香港和澳门属于历史遗留下来的帝国主义强加于中国的一系列不平等条约的结果，香港和澳门是被英国和葡萄牙当局占领的中国领土的一部分，解决香港、澳门问题完全是属于中国主权范围内的问题，根本不属于通常的所谓殖民化范畴。我国政府主张，在条件成熟时，用适当的方式和平解决港澳问题，在未解决以前维持现状。"1972 年 3 月 10 日，中国驻联合国大使黄华在联合国大会上代表中国政府声明："香港和澳门系英国与葡萄牙政府所占领的中国领土；香港与澳门问题的解决完全是属于中国主权范围内而不能等同于其他殖民地。中国政府一贯认为，关于港澳问题，应在时机成熟时，以适当方法解决，联合国无权讨论此问题。"从而表明了中国政府对澳门主权的坚定立场。联合国非殖民化特别委员会于同年 6 月 15 日通过决议向联合国大会建议从殖民地名单中删去香港和澳门。1972 年 11 月 8 日，第 27 届联合国大会通过决议批准了该特委会的报告。

同时，为了澳门的安定与维持澳门社会现状，中国政府从国家利益和澳门居民的利益着想，在政治上执行维护澳门安定的政策，在经济上对澳门实行扶助的政策，以足够数量和合理甚至优惠的价格长期供给澳门生活用品和生产资料，支持澳门经济的发展。尤其是 1978 年以后，中国实行改革开放的政策，建立经济特区，锐意发展经济，将澳门视为对中国实现四个现代化和国家统一起重要作用的"窗口"和"桥梁"，进一步促进了澳门社会的稳定和经济的发展。

1979 年 2 月 8 日中葡建交，两国就澳门问题达成协议，指出澳门是中国的领土，暂时由葡萄牙管理，澳门问题是历史遗留下来的问题，在适当的时机，中葡两国通过友好协商解决。

1987 年，中葡两国在北京正式签署关于澳门问题的《中葡联合声明》，宣布我国将于 1999 年 12 月 20 日对澳门恢复行使主权，这是继 1984 年中英两国圆满解决香港问题之后，中国现代史上又一件政治大事。

1993 年 3 月 31 日在全国人大八届一次会议上，顺利通过了《中华人民共和国澳门特别行政区基本法》，标志着澳门进入了后过渡期。

（四）澳门回归

中葡两国关于澳门问题的会谈，于 1986 年 6 月 30 日开始，至 1987 年 4 月 13 日正式签署《联合声明》，历时 9 个多月。

澳门前途问题与香港前途问题属同一性质，都是历史遗留下来的问题。但中葡会谈与中英会谈不一样，中葡双方在澳门问题上没有主权之争。1979 年 2 月 8 日中葡建交时，两国政府已就此达成谅解，葡萄牙明确承认澳门是中国的领土，将交还中国。1984 年年底，中英会谈圆满解决了历史遗留下来的香港问题，"一国两制"、特别行政区、"港人治港"、50 年不变等一系列方针，对中葡双方解决澳门问题产生了重要影响。中葡两国良好的外交关系、澳门地区社会安定的局面，为中葡两国圆满解决澳门问题提供了有利条件。1985 年 5 月 20 日，葡萄牙总统埃亚内斯应邀访问中国。中共中央顾问委员会主任、中央军委主席邓小平在会见埃亚内斯总统时，开门见山地谈了澳门问题。双方一致认为，原则问题已经解决，前途问题能够妥善解决，不存在争论。1985 年 5 月 23 日，中葡双方发表《联合公报》，同意通过外交途径，谈判解决澳门问题。1986 年 6 月 30 日和 7 月 1 日，中葡关于澳门问题的首轮会谈在北京钓鱼台国宾馆举行。会谈前夕，中方团长周南强调中葡两国是“伙伴的关系而不是对手的关系”，奠定了会谈能够在较融洽和谐气氛中进行的基础。由于中葡两国已不存在主权之争，故第一轮会谈能接触实质问题，并商谈了全部议程。同年 9 月 9 日和 10 日，举行第二轮会谈；10 月 21 日和 22 日，举行第三轮会谈。经过三轮会谈，双方在实质性问题上取得广泛的一致，决定在双方政府代表团之下成立工作小组，以“具体讨论和修订中葡双方会谈中所提出全部协议文件草案”。至此，中葡会谈的第一阶段告一段落。工作小组的成立，使中葡会谈进入第二阶段。随着谈判的深入，双方在澳门治权的交还年期上出现明显分歧。中国外交部发言人于 1986 年 12 月 31 日表示：“在 2000 年前收回澳门是中国政府和包括澳门同胞在内的 10 亿中国人民的不可动摇的坚定立场和强烈愿望，任何超越 2000 年后交回澳门的主张，都是不能接受的。”1987 年 1 月 6 日，葡萄牙国务会议经 4 个半小时的讨论，原则上同意 1999 年将澳门治权交还中国。1987 年 3 月 18 日，中葡举行第四轮会谈。3 月 23 日，双方终于达成协议，当日下午，中葡两国发表新闻公报，“双方审议了协议文本草案，就协议文本的内容取得了一致意见”。双方决定，中葡《关于澳门问题的联合声明》，由中葡两国政府代表团团长于 1987 年 3 月 26 日在北京草签。1987 年 4 月 13 日，在北京正式签署联合声明，中葡两国关于澳门问题的谈判至此圆满结束。1988 年 1 月 15 日，中、葡两国在北京互换联合声明批准书，《中葡联合声明》正式生效，澳门进入过渡期。

《中葡联合声明》全称为《中华人民共和国政府和葡萄牙共和国政府关于澳门问题的联合声明》。除正文外，还包括两个附件。之后，附有在签署联合声明时中葡双方交换的《备忘录》。

正文的内容主要分三部分。第一部分，中葡两国政府共同声明澳门地区是中国领土，中华人民共和国政府 1999 年 12 月 20 日对澳门恢复行使主权。第二部分，中华人民共和国政府声明根据“一个国家，两种制度”的方针，对澳门执行的基本政策。第三部分，中葡两国政府就澳门过渡时期的一些事项及《中葡联合声明》的实施问题的声明。例如，规定自本联合声明生效之日起至 1999 年 12 月 19 日止的过渡时期内，葡萄牙共和国政府负责澳门的行政管理，继续促进澳门的经济发展和保持其社会的稳定。

《中华人民共和国宪法》第三十一条规定：“国家在必要时得设立特别行政区。在特别行政区内实行的制度按照具体情况由全国人民代表大会以法律规定。”据此，中华人民共和国将在 1999 年 12 月 20 日对澳门恢复行使主权时，设立中华人民共和国澳门特别行政区。中华人民共和国全国人民代表大会根据宪法，于 1993 年颁布了《澳门特别行政区基本法》（简称《基本法》），规定澳门特别行政区成立后不实行社会主义的制度和政策，保持现行的社会、经济制度和生活方式，50 年不变。澳门特别行政区直辖于中华人民共和国中央人民政府，除外交和国防事务属中央人民政府管理外，享有高度的自治权。澳门特别行政区享有行政管理权、立法权、独立的司法权和终审权。中央人民政府授权澳门特别行政区自行处理中、葡关于澳门问题联合声明附件一第八节所规定的各项涉外事务。澳门特别行政区政府和立法机关均由当地人士组成。行政长官在澳门通过选举或协商产生，由中央人民政府任命。担任主要职务的官员由澳门特别行政区行政长官提名，报中央人民政府任命。澳门特别行政区立法机关的多数成员通过选举产生。行政机关必须遵守法律，对立法机关负责。澳门特别行政区行政机关、立法机关和司法机关，除使用中文外，还可使用葡文。澳门特别行政区除悬挂中华人民共和国国旗和国徽外，还可使用区旗和区徽。

1999 年 12 月 20 日零时在澳门新口岸交接仪式会场（已清拆，现分别改建为“文化中心广场”及“澳门回归贺礼陈列馆”），由中、葡两国元首见证，澳门第 127 任总督韦奇立和澳门特区行政长官何厚铧交接澳门政权，翌日早上，澳门群众热烈欢迎驻澳门解放军，中华人民共和国正式恢复对澳门行使主权。根据《基本法》，澳门特区行政长官每任期为五年，最多可连任一次。

澳门政权移交（常简称为澳门回归）是指澳门政权于 1999 年 12 月 20 日由葡萄牙移交至中华人民共和国，结束占领澳门之时期一事。澳门自回归后，成为中华人民共和国的一个特别行政区，依据澳门基本法实行高度自治。在“一国两制”政策的指引下，澳门的社会和经济方面的特色会予以保留并得以延续。

第三节　台湾问题的由来及其期盼

一、历史上台湾与大陆的关系

台湾自古属于中国领土。台湾由台湾本岛及兰屿（红头屿）、绿岛（火烧岛）、琉球屿、龟山屿、彭佳屿、钓鱼岛、黄尾屿等 21 个附属岛屿和澎湖列岛 64 个岛屿组成。目前台湾当局实际控制的地区还有福建省的金门、马祖等岛屿，总面积 3.6 万平方千米，人口约 2 300 万，其中 98% 为汉族。

早在约 3 万年前的旧石器时代，台湾就有人类在活动。1971 年、1974 年，两度在台南县左镇乡发现人类顶骨残片化石，这是台湾岛上迄今发现的最早的人类化石，被命名为“左镇人”。考古学家认为，“左镇人”是 3 万年前从大陆迁移到台湾的，那时的台湾尚与中国大陆相连；他们与在福建考古发现的“清流人”、“东山人”同属中国旧石器时代南部地区的晚期智人，有着共同的起源，且都继承了中国直立人的一些特性。

据沈莹所著《临海水土志》记载：公元 230 年，三国时代吴王孙权曾派将军卫温、诸葛直率领一万官兵进行远征，到达夷洲，即今台湾。这是中国军队第一次到达台湾。成书于 264 年至 280 年的中国《临海水土志》是世界上有关台湾的最早记载。其后，隋朝时，隋炀帝也曾两次派人到过台湾。

唐（618—907年）、五代（907—960年）以后，中国中原地区战乱不断，人民大批迁移到东南地区尤其是今天的福建省一带。而东南地区的开发、生产力水平的提高，又反过来进一步吸引北方人民南移。到宋（960—1279年）、元（1206—1368年）时期，开始有一定规模的汉人渡过海峡，向澎湖、台湾移民。他们在那里建造茅屋，在海上捕鱼、捞贝，在陆地从事耕作，种植胡麻、绿豆。随着移民的增加，中国政府不断加强对澎湖、台湾的管理。12世纪下半叶，南宋（1127—1279年）已在澎湖驻军，隶属泉州晋江县管辖。据元代地理学家汪大渊所著《岛夷志略》记载，1292年至1295年间，元朝政府在澎湖正式设立行政管理机构——巡检司，行使管辖权。

明朝（1368—1644年）时期，有大批农民向台湾和澎湖地区迁移，其中以福建同安、漳州的农民最多。明朝中叶后，汉族人民移居台、澎者更多，其中有的渔民先在澎湖列岛捕鱼，然后慢慢向台湾中南部、北部渔场扩展。他们在岛上建屋居住，逐渐成为岛上常住居民。到了明代后期，越过海峡到台湾定居的大陆民众更多，对增加台湾人口和开发台湾，起到了一定的作用。

17世纪早期，荷兰、西班牙殖民者曾经相继侵占过台湾。1661年，民族英雄郑成功从荷兰殖民者手中收复了台湾，结束了荷兰在台湾长达38年的殖民统治。

1683年，郑成功的后人投降清政府，清政府将台湾纳入版图，完成了全国统一。1684年，清政府正式设立台湾府。1885年，清政府在台湾正式建省，台湾成为当时中国的第二十个行省。

统一之初，台湾只有7万多人，到1811年增至190多万人。移民主要来自福建。大量移民到达台湾，不仅带去了大陆先进的生产经验和技术，而且为台湾的开发提供了最重要的劳动力。他们与台湾的原有居民一起，经过辛勤的劳作，将台湾从一个大部分地区尚未开发的岛屿，建设成为一个经济相当繁荣的宝岛。这一过程大约经历了200年。

1894年，日本蓄意挑起中日甲午战争，并取得了军事上的胜利。1895年，日本逼迫清政府签订不平等的《马关条约》，霸占了台湾。此后，日本殖民者统治台湾长达半个世纪之久。

在第二次世界大战中，为了反对德、日、意法西斯轴心国，中国与美国、苏联、英国、法国等结成同盟国。1943年11月，中国、美国、英国三国元首在埃及首都开罗开会，重点商讨对日作战及战后对日本的政策。12月1日，三国签署《开罗宣言》，明确指出："三国之宗旨在剥夺日本自1914年第一次世界大战开始以后在太平洋所夺得或占领之一切岛屿，在使日本所窃取于中国之领土，例如满洲、台湾、澎湖群岛等，归还中国。"1945年7月26日，中、美、英三国签署《波茨坦公告》，再次确认"《开罗宣言》之条件，必将实施"。后来苏联也参加签署了这一公告。这样，就以国际条约的形式，确认台湾（含澎湖列岛）是中国领土的一部分，日本战后必须将其归还中国。

1945年8月15日，日本天皇宣布无条件投降。日本在《投降条款》中承诺"忠诚履行《波茨坦公告》各项规定之义务"。8月29日，中国政府设立台湾省行政长官公署，任命陆军大学校长陈仪为首任行政长官，负责接受日本在台投降事宜。10月25日，陈仪在台北"公会堂"（即现在的中山堂）接受日本第十方面军司令长官安藤利吉的投降。陈仪代表中国政府宣布："自即日起，台湾及澎湖列岛已正式重入中国版图。所有一切土地、人民、政事皆已置于中国政府主权之下。"至此，台湾人民结束了自《马关条约》以来半个世纪的屈辱历史，在遭日本帝国主义50年殖民统治之后，重新回到祖国的怀抱。10月25日因而被定为"台湾光复节"。

二、国民党败退台湾

1949年10月1日，中华人民共和国成立，取代"中华民国政府"成为中国的唯一合法政府。1949年12月7日，国民党"国民政府"各部门从成都逃往台湾；12月10日，蒋介石和其儿子蒋经国，乘飞机从成都凤凰山机场飞往台湾。

随着国民党退居台湾，毛泽东和中央军委就开始筹划渡过台湾海峡，彻底歼灭国民党残余势力，解放台湾进而解放全中国的计划。1949年8月至1950年6月，中国人民解放军解放了除金门、马祖以外的台湾外围的主要岛屿，并开始正式准备发起渡海攻台战役。

1950年6月25日，朝鲜战争爆发，美军进入朝鲜，第七舰队驶向台湾海峡。中华人民共和国同时面临来自东北和东南两方面的军事威胁。同时，美国还加强了对侵越法军的支持，向越南派出了军事顾问团，中国南部边疆的形势也骤然紧张。从当时中国的实力来看，要同时在三条战线与美国作战显然存在极大困难。而且当时人民解放军尚未有具有战斗力的海军和空军，要想短时间内突破美国第七舰队的封锁进而解放台湾并不现实，于是，毛泽东和中共中央决定推迟渡海攻台。

随着国民党政权在军事上的彻底失败，世界上绝大多数的国家都认为国民党在台湾存在的时间不长了。当时，随国民党从大陆迁往台湾的外国使节寥寥无几，蒋介石在外交上空前孤立。蒋介石的主要依靠美国，态度也发生了明显的变化。1950年6月朝鲜战争爆发后，美国政府从其远东战略利益考虑，改变了对台政策。为了阻止中国人民解放军攻打台湾，美方以协防的名义，直接出兵台湾。1950年6月25日，战争爆发当天，美国远东军司令麦克阿瑟向美国国务院递交了《在亚洲遏制共产党的战略计划》，明确提出台湾具有极其重要的战略价值，美国应立即给予蒋介石广泛的军事援助，并派出海、空军"保卫"台湾。麦克阿瑟还建议蒋介石派一个军到朝鲜参战。美国总统杜鲁门在与国务卿艾奇逊商量后，认为台湾派兵到朝鲜作战的建议不可取，这将引发与中国的全面战争，但以朝鲜战争为借口进兵台湾则有"必要"。6月27日，杜鲁门宣布，派遣美国海军第七舰队的八艘舰只，包括六艘驱逐舰、两艘巡洋舰驶向台湾海峡，"以阻止共产党对台湾的进攻"。杜鲁门政府为了证明其出兵台湾的正当性，无视抗日战争胜利后中国政府已恢复对台湾行使主权的事实，无视美国政府参与签署的《开罗宣言》和《波茨坦公告》，抛出了所谓"台湾地位未定论"，称"台湾未来地位的决定，必须等待太平洋安全的恢复、对日和约的签订或由联合国考虑"。"台湾地位未定论"的出笼，表明了美国企图将台湾从中国领土分裂出去的意图。

蒋介石政权败退台湾后的半年多时间里，美国并未向台湾派出正式的外交官和外交机构；而第七舰队进入台湾海峡后，1950年7月28日，杜鲁门派蓝钦为驻台"公使衔"代办，海军少将贾那德为驻台武官。7月31日，麦克阿瑟率领美军代表团访问台湾，与蒋介石商定，国民党的一切武装力量归麦克阿瑟统一指挥，共同防守台湾。8 月 4 日，美国空军第十三航空队入驻台湾，建立“台湾前进指挥所”；美海军也在台北成立“联络部”，负责协调指挥台湾海军；美国政府还派出一个名叫“美国远东军驻台军事顾问团”的正式代表团长驻台湾，将国民党的军事指挥权完全控制在自己手里。

1954 年 12 月 2 日，美国政府和台湾当局签订《共同防御条约》，正式确认了美台之间的互助同盟关系。这是美国干涉中国内政的严重事件。条约规定，如果缔约一方遭到武装“攻击”，另一方将“采取行动，以对付共同的危险”，其阻止中国人民解放自己领土台湾的用心十分明显。同时，条约又规定国民党对大陆采取军事行动，必须征得美国政府的同意，实际上在于阻止国民党“反攻大陆”。这样，既阻止大陆解放台湾，又不准台湾进攻大陆，美国政府企图将两岸分裂的现状固定化、永久化，搞“两个中国”、“一中一台”。此后，美国国会又于 1955 年 1 月通过所谓“台湾决议案”，“授权美国总统于其认为必要时使用美国武装力量确保台湾与澎湖列岛免受武装攻击”。根据此一决议案，美国第七舰队及航空母舰“中途岛号”于 1955 年 1 月 28 日驶入台湾海峡。

对于美国在朝鲜战争爆发后派第七舰队入侵台湾海峡，麦克阿瑟曾有过一段明白的说明：台湾是“一艘永不沉没的航空母舰”，它的战略地位十分重要，可以驻扎 10 到 20 个航空大队，是不可多得的空军基地。同时，如果取得台湾作为潜水艇基地，不但可以为前方作战提供短程潜水艇支援，而且可以控制从南方菲律宾到日本、韩国的海运，切断西太平洋所有海上通道。从更深层次看，美国政府控制台湾最大的意图是为了遏制共产主义的“扩张”，从而组成韩国、日本、台湾、菲律宾一线的西太平洋防线，封锁、围堵新生的中华人民共和国。

对美帝国主义公然入侵中国，阻止中国人民解放自己的领土台湾，中国政府和人民表示了极大的愤慨。1950 年 6 月 28 日，周恩来总理代表中国政府发表严正声明，指出：“杜鲁门 27 日的声明和美国海军的行动，乃是对于中国领土的武装侵略，对于联合国宪章的彻底破坏”，“不管美国帝国主义者采取任何阻挠行动，台湾属于中国的事实，永远不能改变；这不仅是历史的事实，且已为《开罗宣言》、《波茨坦公告》及日本投降后的现状所肯定。我国全体人民，必将万众一心，为从美国侵略者手中解放台湾而奋斗到底。”中国政府多次致函联合国秘书长和安理会主席，揭露和声讨美国的侵略行为。9 月 29 日，联合国安理会通过决议，同意中国政府派出代表团出席联合国大会和安理会有关“美国侵略台湾案”的讨论。1950 年 11 月 28 日到 12 月 15 日，中国政府派出以伍修权为代表、乔冠华为顾问的九人代表团，在纽约联合国论坛上以大量的事实和充分的证据，驳斥了所谓“台湾地位未定论”，控诉了美国的侵略行径。由于当时联合国为美国所控制，大会最终未能采纳中国政府的意见。

为了缓和台湾海峡地区的紧张局势，探寻解决中美两国之间争端的途径，中国政府自 20 世纪 50 年代中期以来，即开始与美国对话。1955 年 8 月至 1970 年 2 月，中美两国共举行了 136 次大使级会谈，但在缓和与消除台湾海峡地区紧张局势这个关键问题上，未取得任何进展。20 世纪 60 年代末 70 年代初，随着国际局势的发展变化和中华人民共和国的壮大，美国开始调整其对华政策，两国关系开始出现解冻的时机。1971 年 10 月，第 26 届联合国大会通过 2758 号决议，恢复中华人民共和国政府在联合国的一切合法权利，驱逐台湾当局的代表。1972 年 2 月，美国总统尼克松访问中国，中美双方在上海发表了联合公报。公报称："美国方面声明：美国认识到，在台湾海峡两边的所有中国人都认为只有一个中国，台湾是中国的一部分。美国政府对这一立场不提出异议。"

1978 年 12 月，美国政府接受了中国政府提出的建交三原则，即美国与台湾当局"断交"、废除《共同防御条约》以及从台湾撤军。中美两国于 1979 年 1 月 1 日起正式建立外交关系。《中美建交联合公报》声明："美利坚合众国承认中华人民共和国是中国的唯一合法政府。在此范围内，美国人民将同台湾人民保持文化、商务和其他非官方关系"；"美利坚合众国政府承认中国的立场，即只有一个中国，台湾是中国的一部分"。自此，中美关系实现正常化。

但遗憾的是，中美建交不过 3 个月，美国国会竟通过了所谓《与台湾关系法》，并经美国总统签署生效。该法以美国国内立法的形式，作出了许多违反中美建交公报和国际法原则的规定，严重损害了中国人民的权益。美国政府根据这个"关系法"，继续向台湾地区出售武器和干涉中国内政，阻挠台湾与中国大陆的统一。

为解决美国售台武器问题，中美两国政府通过谈判，于 1982 年 8 月 17 日达成协议，发表了有关中美关系的第三个联合公报，简称"八一七公报"。美国政府在公报中声明："它（美国）不寻求执行一项长期向台湾出售武器的政策，它向台湾出售的武器在性能和数量上将不超过中美建交后近几年供应的水平，它准备逐步减少它对台湾的武器出售，并经过一段时间导致最后的解决。"然而，多年来美国政府不但没有认真执行公报的规定，而且不断做出违反公报的行为。1992 年 9 月，美国政府决定向台湾地区出售 150 架 F－16 型高性能战斗机；此后，美国政府售台武器在数量、性能上都有大幅度的升级。美国政府的这一系列举措，给中美关系的发展和台湾问题的解决增加了新的障碍和阻力。

三、新世纪新阶段的对台方针政策

2000 年后，台湾地区首次政党轮替，民进党上台执政。此后相当一段时间里，"台独"势力在分裂祖国的道路上越走越远，台海局势日益紧张。以胡锦涛为总书记的党中央，针对当时台海局势的紧张状况，曾作出一系列重大决策和部署：重申了台湾是中华人民共和国的组成部分，台湾问题是历史遗留问题；世界上只有一个中国，大陆和台湾同属于一个中国，中国的主权和领土是完整统一不可分割的；我们坚决反对任何旨在制造"台湾独立"、"两个中国"、"一中一台"的言行，绝不允许任何人以任何方式把台湾从中国分裂出去，我们有决心、有信心、也有能力解决台湾问题；维护台海和平稳定，推动两岸关系健康发展，实现祖国和平统一，是我们党和国家及全国人民的共同愿望。胡锦涛总书记在党的十七大政治报告中更加全面、系统、完整地阐述了大陆对台政策和基本方针。

第一，确立了大陆今后对台政策的指导思想与基本方针。胡总书记在报告中指出，我们将遵循"和平统一，一国两制"的方针和现阶段发展两岸关系、推进祖国和平统一进程的八项主张，坚持一个中国原则决不动摇，争取和平统一的努力决不放弃，贯彻寄希望于台湾人民的方针决不改变，反对"台独"分裂活动决不妥协，牢牢把握两岸关系和平发展的主题，真诚为两岸同胞谋福祉、为台海地区谋和平，维护国家主权和领土完整，维护中华民族根本利益。这充分说明，我们党 1979 年提出的“和平统一，一国两制”、1995 年提出的“江八点”、2005 年提出的“胡四点”以及 2005 年 3 月由十届全国人大三次会议通过的《反分裂国家法》将构成大陆今后对台政策的基本方针和指导思想。

第二，体现了“以民为本”、继续寄希望于台湾人民的精神。胡总书记在报告中指出，凡是对台湾同胞有利的事情，凡是对维护台海和平有利的事情，凡是对促进祖国和平统一有利的事情，我们都会尽最大努力做好；我们理解、信赖、关心台湾同胞，将继续实施和充实惠及广大台湾同胞的政策措施，依法保护台湾同胞的正当权益；两岸同胞要加强交往，促进经济文化交流，拓展领域、提高层次等。这些都充分体现了“以民为本”、“执政为民”、“一心为民”的理念，同时也表达了继续寄希望于台湾人民推动两岸关系发展、遏制“台独”分裂活动的愿望。

第三，丰富了“一个中国”原则的内容，展现了诚意与善意。坚持一个中国原则是发展两岸关系和实现祖国和平统一的基石。中共领导人也根据形势的发展不断丰富“一个中国”原则的内涵。在十六大政治报告中曾提出“世界上只有一个中国，大陆和台湾同属一个中国，中国的主权和领土完整不容分割”的说法。胡总书记在十七大政治报告中则进一步丰富了“一个中国原则”的内涵，指出：尽管两岸尚未统一，但大陆和台湾同属一个中国的事实从未改变；中国是两岸同胞的共同家园，两岸同胞应携手维护好、建设好我们共同的家园。胡总书记在报告中还指出，台湾任何政党，只要承认“两岸同属一个中国”，我们都愿意同他们交流对话、协商谈判，什么问题都可以谈。这充分体现了大陆期望改善两岸关系的诚意与善意，为大陆与台湾岛内承认“两岸同属一个中国”的政党“打交道”预留了空间，也显示了大陆对台政策的弹性与灵活性。

第四，提出了推动两岸协商的具体框架。祖国大陆一直希望通过推动两岸政治协商与谈判来打破两岸政治僵局、解决分歧，争取和平统一。党的十六大政治报告曾指出，“在一个中国的前提下，什么问题都可以谈，可以谈正式结束两岸敌对状态问题，可以谈台湾地区在国际上与其身份相适应的经济文化社会活动空间问题，也可以谈台湾当局的政治地位等问题”。在十七大报告中，面对两岸新形势的发展，为呼应岛内部分政治人物提出建构两岸和平架构的提议，胡总书记进一步指出：在一个中国原则的基石上，什么都可以谈，可以协商正式结束两岸敌对状态，达成和平协议，建构两岸关系和平发展框架，开创两岸关系和平发展新局面，等等，这为今后两岸可能出现的政治谈判勾画了总体框架。

第五，努力争取和平统一，但决不坐视“台独”搞分裂。胡总书记一直强调，维护国家主权和领土完整，是国家的核心利益。在反对分裂国家这个重大原则问题上，我们决不会有丝毫犹豫、含糊和退让。胡总书记在报告中对“台独”分裂势力发出了严正的警告，指出我们愿以最大诚意、尽最大努力实现两岸和平统一，但绝不允许任何人以任何名义任何方式把台湾从祖国分割出去。强调中国的主权和领土完整不可分割。任何涉及中国主权和领土完整的问题，必须由包括台湾同胞在内的全中国人民共同决定。

2008 年 3 月，台湾局势发生了积极变化。“台独”分裂势力在台湾地区选举中遭到重挫下台，重新执政的国民党反对“台独”，坚持“九二共识”，使两岸关系出现了新的转机，两岸关系迎来了难得的历史机遇，对台工作取得重要进展，两岸关系取得重大突破。本着建立互信、搁置争议、求同存异、共创双赢的精神，两岸协商在“九二共识”基础上得到恢复，全面直接双向“三通”已经实现，两岸同胞往来更频繁、经济联系更密切、文化交流更活跃、共同利益更广泛，两岸关系开始步入和平发展轨道。

陈云林与马英九

2008 年 12 月 31 日，胡锦涛在纪念《告台湾同胞书》发表 30 周年座谈会上发表重要讲话，提出进一步发展两岸关系的六点意见：“一、恪守一个中国，增进政治互信；二、推进经济合作，促进共同发展；三、弘扬中华文化，加强精神纽带；四、加强人员往来，扩大各界交流；五、维护国家主权，协商对外事务；六、结束敌对状态，达成和平协议。”2009 年 5 月 26 日，胡锦涛在会见中国国民党主席吴伯雄和他率领的国民党大陆访问团全体成员时又进一步提出“关于增进两岸政治互信”、“关于两岸经济合作”、“关于加强两岸文化教育交流”、“关于涉外事务”、“关于结束两岸敌对状态、达成和平协议”、“关于国共两党交流对话”等在新的起点上推动两岸关系向前发展的六条建议。2010 年 6 月 9 日，海峡两岸两会领导人在重庆签订了《海峡两岸经济合作框架协议》（英文简称 CEFA），8 月 17 日，台湾立法机构通过该框架协议，标志着两岸经济合作已迈上良性互动的轨道。两岸人民将按照“先经后政”、“先易后难”的原则最终解决台湾问题，这是符合两岸人民的共同核心利益的。

问题思考

1. “和平统一，一国两制”的基本内涵是什么？
2. 如何理解“一国两制”在港澳问题中的实践？
3. 谈谈“一国两制”对解决台湾问题的意义。
4. 新形势下如何努力推动两岸关系的和平发展？

参考书目

1. 邓小平：《一个国家，两种制度》，《邓小平文选》（第三卷），北京：人民出版社 1993 年版。

2. 江泽民：《为促进祖国和平统一大业的完成而继续奋斗》，《江泽民文选》（第 1 卷），北京：人民出版社 2006 年版。

3. 胡锦涛：《在庆祝香港回归祖国十周年大会暨香港特别行政区第三届政府就职典礼上的讲话》，《十六大以来重要文献选编》（下），北京：中央文献出版社 2008 年版。

4. 胡锦涛：《携手推动两岸关系和平发展　同心实现中华民族伟大复兴——在纪念〈告台湾同胞书〉发表 30 周年座谈会上的讲话》，《人民日报》，2009 年 1 月 1 日。

5. 刘蜀永：《香港的历史》，北京：新华出版社 1996 年版。

6. 黄启臣：《澳门通史》，广州：广东教育出版社 1999 年版。

7. 连横：《台湾通史》，南宁：广西人民出版社 2005 年版。

第十一章

和平发展　协和万邦

——维护世界和平　促进共同发展

凡交，近则必相靡以信，远则必忠之以言。

——《庄子·人间世》

中国越是发展，对世界的贡献就越大，给世界带来的机遇也越大。中国过去、现在、将来都是维护世界和平、促进共同发展的积极力量。

——胡锦涛

目标导向

通过本章的学习，了解当代世界的两大主题是“和平与发展”，掌握当代世界的基本特征与发展趋势，分析中国的对外政策以及华人华侨政策，认识到独立自主的和平外交政策是中国的根本原则，增强学生对构建和谐世界的认同感和责任感。

要点提示

和平与发展仍然是当今世界时代的主题，世界多极化和经济全球化在曲折中发展，综合国力竞争日益激烈，各种矛盾错综复杂，我国仍面临发达国家在经济、科技等方面占优势的压力，我们必须居安思危，发愤图强，坚持正确的对外政策，维护我国的独立和主权，促进世界的和平与发展。

第一节　当代世界基本特征与发展趋势

一、当今世界的基本特征

一个时代的特征，是由这一时期世界上的各种基本矛盾以及它们之间的相互作用所决定的。

当今世界正处在大发展、大变革、大调整时期。世界多极化和经济全球化深入发展，国际金融危机波及世界的每一个角落，影响继续显现，牵动各国的发展议程。国际和地区热点问题此起彼伏，影响着国际安全形势的发展和演变。气候变化、能源安全、环境恶化、贫困加剧、传染病蔓延、大规模杀伤性武器的扩散等全球性问题日益突出，已经并将继续对国际关系产生广泛和深远的影响。继续推进人类和平与发展的崇高事业，需要世界各国人民加强合作、同舟共济。

和平与发展是当今世界的两大主题。和平保障了发展，发展又促进了和平。和平与发展二者之间的关系，决定了现阶段世界主要矛盾的走向。①

关于和平与发展问题，邓小平多次作过重要论述，并以此为出发点阐述了他对整个世界的看法。他反复强调指出：“现在世界上问题很多，有两个比较突出。一是和平问题。现在有核武器，一旦发生战争，核武器就会给人类带来巨大的损失。……二是南北问题。这个问题在目前十分突出。发达国家越来越富，相对的是发展中国家越来越穷。南北问题不解决，就会对世界经济的发展带来障碍。”“还有其他许多问题，但都不像这两个问题关系全球，带有全球性、战略性的意义。”这就明确告诉我们，和平与发展问题是世界上各种矛盾的交汇点，抓住了这两个要害问题，也就抓住了认识时代特征的关键。

① 张宏志：《邓小平对当代世界主题和时代特征的科学判断及其深远意义》，《党的文献》，1995 年第 1 期。

和平与发展是当今世界的两大主题。这个重要结论的提出，客观真实地反映了当今世界的本来面貌，为我们判断世界的主要矛盾，制定正确的内外方针和政策，奠定了理论基础。

当今世界，和平、发展、合作仍是时代潮流，世界多极化、经济全球化深入发展，世界经济政治格局出现新变化，科技创新孕育新突破，国际环境总体上有利于我国和平发展。同时，国际金融危机影响深远，世界经济增长速度减慢，全球需求结构出现明显变化，围绕市场、资源、人才、技术、标准等的竞争更加激烈，气候变化以及能源资源安全、粮食安全等全球性问题更加突出，各种形式的保护主义抬头，我国发展的外部环境更趋复杂。

我国和平发展战略的提出有着深刻的时代背景。全球化为"和合"文化的现代性出场路径带来了诸多问题和障碍，包括生存环境恶化，文化冲突升级，不合理、不公正的国际政治经济秩序依然存在，霸权主义与恐怖主义并行，等等。如何构建一个共同发展的国际社会，是当今人类社会面临的一个重大问题。中国选择和平发展战略，植根于传统"和合"文化。而传统"和合"文化的发展，必然要体现其当代意义。文化的力量，深深熔铸在民族的生命力、创造力和凝聚力之中，而文化形成力量的过程，便是传统文化与当代文化创新相结合，不断当下化、现代化的过程，这便是中国传统文化的现代性转换。"和合"文化正是通过这种现代性转换来实现自己的时代意义和历史使命的。①

中国应充分利用世界和平的大好时机，努力发展自己，同时，又以自己的发展维护世界和平；中国发展应把基点主要放在自己的力量上，同时坚持对外开放，在平等互利的基础上，同世界一切国家发展经贸关系；中国的发展不会妨碍任何人，也不会威胁任何人。概而言之，中国和平发展式的国际战略选择，意味着中国发展的国际范式和国际道义是致力于构建一个持久和平、共同繁荣的和谐世界。②

二、当今世界的发展趋势

世界多极化、经济全球化和世界科学技术进步的日新月异是当代国际政治经济环境的基本趋势和特征，对发展中的中国来说，这一国际环境既是历史的发展机遇，又是现实的严峻挑战。

在这一复杂多变的国际背景下，中国政府提出"和谐世界"，体现了对当今世界秩序的一种负责任的姿态和建设性的态度，体现了中国对世界未来发展模式的理想勾勒：国际社会能够呈现各种文化交流融合、争鸣共生的和谐场景。和谐世界理念是中国和谐社会主张的自然延伸和内涵拓展，对内构建和谐社会，对外构建和谐世界，构成了中国和平发展战略的有机整体。和谐世界理念的内涵可以概括为：以开放包容的思维，追求人与人之间的和睦、国与国之间的和平、人类与自然的和谐，通过对话与合作实现共存共赢。

"持久和平，共同繁荣"的和谐世界是一个宏伟的科学设想，需要全人类及各国的长

① 姜朝晖、孙泊：《论"和合"文化范畴意蕴下的和平发展战略》，《南京政治学院学报》，2010年第6期。
② 赵海月：《中国走和平发展道路的国际背景与国际战略选择》，《思想理论教育导刊》，2010年第11期。

期努力才能实现。在建设和谐世界的过程中，人、国家及国际组织具有较大的主观能动性，但这种主观能动性是建立在准确把握和谐世界的含义和品质的基础之上的。和谐世界的含义、特征及内在规定性决定了中国的路径选择。

第一，坚持以“持久和平，共同繁荣”为核心的建设目标不动摇。尤其是在危机时期，坚持这一目标意义重大：一方面可以借此验证和谐世界理念的顺势性，即和谐世界是科学理念，不能因一时的困难而否定它的价值；另一方面则可以借机显示和谐世界的济世功能。在发生国际危机之时，国家为了转移危机往往以邻为壑，容易导致国际冲突。在此时坚持“持久和平，共同繁荣”的和谐世界理念，则有助于各国克服狭隘的国家利益的诱惑，迅速达成共识，团结合作、共克时艰。目前的国际金融危机对中国而言是不可多得的历史契机，表现在：一是作为“持久和平，共同繁荣”的和谐世界理念的倡导国和积极参与的建设国，中国可以以自身赖以从容应对国际金融危机的制度优势向世界显示和谐世界的价值——中国就是以“和谐”理念建设国内社会的，其成就已在这次国际金融危机中得到了极好的验证。同样，以“和谐”理念推进世界秩序建设，其结果自不待言。中国内建和谐社会的成效为外建和谐世界起到了示范效应。二是随着对外交往广度、深度的增加和对国际事务的话语权越来越大，中国有更雄厚的底气向国际社会介绍中国的和谐世界理念，鼓励国际社会和谐因素的发展及壮大，拒斥国际社会的不和谐因素并促使它向和谐方向发展——在美国、欧盟等国家和地区都急迫地与中国探讨克服国际金融危机的时候，其他国家和地区也就更愿意聆听中国的建设性主张了。三是中国在向世界推介和谐世界理念时，可以有针对性地结合目前的金融危机现状，抓住不合理的国际金融秩序并以之为突破口，率先建立和谐的金融秩序。按照功能主义理论，国际金融秩序的重建可以“外溢”到其他具有较高政治敏感性的部门，从而带动国际政治、经济、军事、文化和环保领域的关系的调整。中国作为国际金融新秩序的重要倡导国和参与国，完全可以在和谐世界理念的主导下参与国际金融新秩序及其他新秩序的建设。

第二，建设和谐世界不可能一蹴而就，它是一个循序渐进的、漫长而曲折的过程。和谐世界的渐进性和现实性决定了人类推动建设和谐世界历程的长期性。一方面，中国是和谐世界理念的倡导国，但不是唯一的建设国。在建设和谐世界的伟业中，人类及世界各国都是和谐世界的参与主体。而多样性的世界决定了各国在参与的先后、用力的多少、优先秩序的选择等方面会有很大的差异，要想世界各国在建设和谐世界的问题上基本统一认识，在行动上基本一致，还有很多问题需要解决。而且国际形势瞬息万变，在建设和谐世界的过程中会有挫折甚至倒退，这就要求我们必须有思想准备，做到临阵不乱。另一方面，在建设和谐世界的宏伟事业在全世界展开还有一定困难的时候，有步骤、有阶段地推进和谐世界建设就是一种现实的选择，如集中力量在条件较好的某些区域推进建设和谐世界的试验，在取得一定成效后再将经验予以推广。在中国周边，中国主导和参与的一些区域性组织和制度安排就是良好的试验场。最后，“持久和平，共同繁荣”的和谐世界不是在现有的国际体系之外另起炉灶，而是建立在对现有国际秩序中不合理、不公正的不和谐因素的逐步变革的基础之上的，对国际旧秩序的变革本身就是一个漫长的过程。

第三，建设和谐世界应量力而行。和谐世界不仅仅是我们一代人的理想，也是子孙后代的追求目标，而且建设和谐世界是一个长期的过程。这两点决定了在建设和谐世界事业中"毕其功于一代"的想法是不切实际的，应当在今人和后人之间进行建设目标的合理分配，也就是要规划建设和谐世界的阶段性目标。另外，中国还是发展中国家，实现中华民族的伟大复兴和促进国家的科学发展仍然是当务之急，因此，建设"持久和平，共同繁荣"的和谐世界虽然是新时期的国际战略，但并不意味着中国需要集中所有的资源来推进和谐世界的建设。因此，中国参与建设和谐世界，必须遵循量力而行的原则。①

总之，在参与建设和谐世界的过程中，中国一直坚持"持久和平，共同繁荣"的核心目标不动摇，贯彻循序渐进的方针和量力而行的原则不改变。

第二节 中国的外交政策

一、中国外交的战略定位

外交战略定位，是指一定时期内国家对外交政策所制订的长期性、全局性、方向性的动态发展规划。外交战略定位是一国对于本国外交积极的、主动的自我调整，也是国家不断适应国际社会发展变化的政策手段。国家要在国际社会中发挥与自身实力相称的作用，就必须拥有一个核心的战略定位、一个统筹外交政策的中心思想，并以此作为立足于国际社会的基石。自 1949 年以来，新中国的外交取得了卓越成就，从曾经被封锁压制的社会主义阵营一员，逐步蜕变为具有国际影响力的世界大国。中国在国际社会中发挥着越来越重要的作用。这在很大程度上是因为中国的领导层不断地根据国家发展的需要，顺应国际形势的变化，成功或比较成功地调整了外交战略，在不同时期对外交战略进行了不同的定位。② 下面将重点介绍不同时期的外交战略。

二、坚持独立自主的和平外交政策

中国奉行独立自主的和平外交政策，在国际事务中发挥着独特的作用，成为维护世界和平和地区稳定的坚定力量。中国是联合国安理会五个常任理事国之一，在国际事务中有着举足轻重的地位；中国是发展中国家最可靠的朋友，在维护世界和平、反对霸权主义方面，中国同广大发展中国家一贯互相支持，密切配合，共同维护发展中国家的正当利益；中国的发展不会对任何国家构成威胁，中国永远不称霸，中国坚定地反对霸权主义。

和平共处五项原则是：互相尊重主权和领土完整、互不侵犯、互不干涉内政、平等互利、和平共处。这是 1953 年周恩来总理在同印度政府代表团的谈话中首次提出来的。这些原则得到了印度方面的赞成。在 1955 年召开的第一次亚非会议（万隆会议）上，周恩

① 此部分观点源于宋秀据、程又中：《和谐世界：涵义、品质和建设路径选择》，《当代世界与社会主义》，2009 年第 3 期。

② 肖晞、刘笑阳：《中国外交战略定位：历史进程、现实基础与原则策略》，《西安交通大学学报（社会科学版）》，2010 年第 3 期。

来总理重申了这些原则，并为会议所肯定。

新中国成立以后，中国公告世界，实行和平外交政策。20 世纪 50 年代中国外交的基本指导方针是：坚决维护国家主权的独立统一，反对以美国为首的帝国主义阵营反华政策和侵略战争政策；在社会主义和资本主义两大阵营对立中，中国实行“一边倒”，与以苏联为首的社会主义国家结盟；坚持和平共处原则，发展与非社会主义国家的关系；支持世界各国人民争取独立和解放的民族革命运动，维护世界持久和平。

结盟，一般是指两个或多个国家签订带有防务性质的同盟条约，共同防守来自非同盟国对同盟国的军事入侵；在一个成员国遭到这种入侵时，其他成员国必须视为对自己的入侵，从而必须履行保卫该成员国的军事义务。

70 年代国内外形势发生了重大变化。毛泽东在考量国际形势变化的基础上提出了三个世界划分理论。从中间地带到三个世界划分理论，固然反映了战后 30 年来国际形势的变化，同时也是毛泽东国际战略思想发展的内在逻辑结果。之后，在毛泽东、周恩来的主持下，中国开始纠正文化大革命的极左外交政策，对美国采取了灵活的外交策略。1969 年 12 月，毛泽东对埃德加·斯诺表示，欢迎尼克松到中国来。1971 年 4 月，中国邀请美国乒乓球队到中国访问。

乒乓外交是指 1971 年中国邀请美国乒乓球队访华事件。1971 年 4 月 10 日，美国乒乓球代表团和一小批美国新闻记者抵达北京，成为自 1949 年以来第一批获准进入中国境内的美国人。中美两国乒乓球队的友好往来，推动了中美两国关系正常化的进程。

中华人民共和国成立之初，“求生存”的新中国在外交上突破西方孤立，团结亚洲、非洲、拉丁美洲国家，并支持这些国家的民族解放运动。与此同时，在亚、非、拉国家的支持下，1971 年 10 月，联合国通过决议，恢复中华人民共和国在联合国的合法席位，是中国外交的重大胜利。随着中国国际地位的进一步提高，接着又有十多个国家与中国建立了正式外交关系。1972 年 2 月，尼克松访华，并发表了“上海公报”。9 月实现了中日邦交正常化。中美、中日关系的改善从根本上改变了中国的国际外交环境，也带来了国际战略格局的重大变化，中、美、苏三角战略关系开始形成，中国取得了进一步的外交主动权。

1972年2月，美国总统尼克松应周恩来总理的邀请访华，中美交往的大门重新打开。尼克松访华期间，中美双方于1972年2月28日在上海发表了《中美联合公报》（“上海公报”）。1975年12月，美国总统福特应邀访华。1978年12月16日，中美两国发表了《中美建交联合公报》。1979年1月1日，中美两国正式建立大使级外交关系，美国宣布断绝同台湾的所谓“外交关系”，并于年内撤走驻台美军，终止美台《共同防御条约》（即“断交、废约、撤军”）。1979年1月，应美国总统卡特的邀请，中国领导人邓小平访美，揭开了中美关系史的新篇章。1982年8月17日，两国政府发表《中美联合公报》（“八·一七公报”），美方承诺“它不寻求执行一项长期向台湾出售武器的政策，它向台湾出售的武器在性能和数量上将不超过建交以来近几年的水平，准备逐步减少它对台湾的武器出售，并经过一段时间导致最后解决”。中美三个联合公报（即“上海公报”、《中美建交联合公报》和“八·一七公报”），成为中美关系发展的指导性文件。

（资料来源：新华网。）

1974年2月，毛泽东在同赞比亚总统卡翁达谈话时说：“我看美国、苏联是第一世界。中间派，日本、欧洲、澳大利亚、加拿大，是第二世界。咱们是第三世界。”“美国、苏联原子弹多，也比较富。第二世界，欧洲、日本、澳大利亚、加拿大，原子弹没有那么多，也没有那么富；但是比第三世界要富。”“第三世界人口很多。”“亚洲除了日本，都是第三世界。整个非洲都是第三世界，拉丁美洲也是第三世界。”

在这一方针的指导下，中国的外交取得了全面的突破性进展。中美关系、中日邦交的正常化，从根本上改变了中国的国际外交环境。中国彻底打破了从20世纪50年代以来美国孤立、遏制中国所形成的外交僵局，打开了外交的新局面。在这种形势的带动下，中国与许多国家改善或建立了外交关系。从1970年至1980年，中国同56个亚非拉国家建立了外交关系，也同欧洲及第二世界的大部分国家都建立了外交关系。

1979年，中美正式建交，此举带动了西方大国和中国关系的缓和与发展，极大地提高了中国的国际地位，中国对外关系出现了重大突破。

在1982年党的十二大上，以邓小平为核心的党中央领导集体再次明确重申了独立自主的和平外交路线。邓小平赋予独立自主这一根本原则以新内容。中国对外政策的宗旨就是维护世界和平，促进共同发展。

我们坚持独立自主的和平外交政策，不参加任何集团。同谁都来往，同谁都交朋友，谁搞霸权主义我们就反对谁，谁侵略别人我们就反对谁。我们讲公道话，办公道事。

［资料来源：《邓小平文选》（第三卷），第162页。］

（1）提出了真正的不结盟，对于一切国际事务，都要从中国人民和世界人民的根本利益出发，根据事情本身的是非曲直来决定自己的立场，不屈从于任何外来压力，不同任何大国或国家集团结盟，不搞军事集团。

（2）必须以国家利益为最高准则，要把国家的主权、国家的安全始终放在第一位，主权问题不是一个可以讨论的问题。

（3）为了维护国家的主权与安全，必须反对霸权主义、强权政治对我国主权的侵犯与干涉。

在和平共处五项原则基础上发展我国同世界各国的关系，加强同第三世界即发展中国家的友好合作关系是中国外交工作的立足点。

和平共处五项原则完全符合联合国宪章的宗旨和原则，反映了世界各国人民的共同愿望。和平共处五项原则，既适用于处理社会制度不同的国家之间的关系，也适用于处理社会制度相同的国家之间的关系。它反对霸权主义和强权政治，为世界各国在和平中发展和繁荣指明了道路。

和平共处五项原则的本质是反对侵略和扩张，维护国家的独立自主权利，其中的核心是国家不分大小、强弱、贫富都有发言权，任何国家都不干涉别国的内政。因此，只要世界上所有国家在相互关系中都严格遵循这五项原则，坚决反对破坏这些原则的霸权主义行为，国与国之间就能建立起正常、健康的关系，世界和平与发展就会有保证。

三、改革开放以来的中国外交发展历程

改革开放以来的中国外交经历了三个重要历史发展时期，外交工作取得了重要成就。①

（1）20 世纪 70 年代末到 80 年代末，东西方“冷战”逐步接近尾声，世界多极化趋势日益发展，我国外交工作出现新局面。

第一，提出独立自主和不结盟的外交战略，改善和发展同各主要大国的关系。调整联合一切力量制衡苏联的“一条线”战略，不与任何大国或国家集团结盟，不以意识形态定亲疏。1979 年 1 月，中美正式建交，两国各领域交流与合作稳步发展。逐步缓和同苏联的关系，于 1989 年 5 月实现了中苏关系正常化。同日本、西欧及东欧国家的务实合作有了长足发展。

中国社科院世界经济与政治研究所副所长王逸舟认为，1989 年 5 月，苏联总统戈尔巴乔夫访华，同邓小平举行了最高级会晤，本着“结束过去，开辟未来”的精神，两国关系实现了正常化。这是中国外交迈向开放、务实的一个全新起点：“试想如果没有当时小平同志对中国外部环境、中国对外方针这样一个基本认知，国内的改革开放也不可能启动。邓小平强调世界大战有可能避免，也就是说我们有可能在一段时期内聚精会神地搞建设，使得国内大政方针进入一个以和平发展、和平建设、和平共处这样一种思路来引导的状态。这是 70 年代末 80 年代初邓小平开启的一个全新的氛围，是我们对外政策的一个里程碑式的起点。”

① 此部分参见杨洁篪：《改革开放以来的中国外交》，《求是》，2008 年第 18 期。

第二，妥善处理同邻国的历史遗留问题，促进与周边国家关系的改善和发展。调整对东南亚国家的政策，注意严格区分党际关系与国家关系，使我国同东南亚国家的双边关系有了很大改善。提出解决中印边界问题的五点方针，同印度恢复高级互访和边界谈判。

第三，推动同广大发展中国家的务实合作。提出“平等互利、讲求实效、形式多样、共同发展”的经济合作四原则，开展形式多样的经济合作，使我国与发展中国家关系有了更深厚的经济基础。

中国加入世界贸易组织签字仪式

第四，在国际和地区事务中发挥作用，扩大国际影响。积极参与柬埔寨问题的政治解决进程，为缓和东南亚地区紧张局势发挥了重要作用。为阿富汗问题的解决作出了自己的贡献。

第五，创造性地提出“一国两制”的构想，推进祖国统一大业。1982 年，邓小平提出按“一国两制”原则收回香港。经过艰苦谈判，中国政府于 1984 年 12 月和 1987 年 4 月，分别与英国和葡萄牙政府就对香港、澳门恢复行使主权签署联合声明。

（2）20 世纪 80 年代末，世界进入新旧格局交替时期，外交工作取得新成就。

第一，推动同各大国建立面向 21 世纪的新型合作关系，构筑有利的大国关系框架。1996 年，中俄建立战略协作伙伴关系。1997 年，中美决定共同致力于建立建设性战略伙伴关系，表明两国愿共同积极寻求发展一种长期稳定的、合作性而非对抗性的关系。1998 年，中国与欧盟建立建设性伙伴关系，与日本建立友好合作伙伴关系。2001 年，中俄签署《睦邻友好合作条约》，将“世代友好”的和平思想用法律形式固定下来。

第二，发展睦邻友好关系，营造有利的周边环境。继与印度尼西亚复交、与新加坡和文莱建交、与越南和老挝关系正常化后，1997 年中国与东盟确定建立睦邻互信伙伴关系。在与朝鲜保持传统友好关系的同时，实现同韩国关系正常化。在中亚继与中亚五国建交后，又与俄罗斯共同推动成立上海合作组织。我国还与绝大多数陆上邻国解决了边界问题。

第三，加强同发展中国家的团结与合作。2000 年，中国和非洲国家共同倡议成立

"中非合作论坛"。中国同不结盟运动、77 国集团等发展中国家组织加强了联系和协调。

第四，广泛参与国际事务，维护世界和平，促进共同发展。全面参与多边外交各领域的活动，并开始积极参加联合国维和行动。2000 年 9 月，江泽民参加联合国千年首脑会议，倡议举行安理会五个常任理事国领导人首次会晤。中国成功承办 2001 年亚太经合组织领导人非正式会议。在 2001 年里，中国正式成为世界贸易组织成员，北京成功获得了 2008 年奥运会的举办权。世界期待中国，中国回报世界。在联合国和其他国际事务中，在国际政治、经济、文化、社会、裁军等领域的多边外交舞台上，中国以一个主持正义和负责任的大国形象，同世界各国人民一道，致力于建设和平、发展与进步的崇高事业。

（3）进入 21 世纪以来，国际形势处于深刻演变之中，我国对外工作取得新的重大进展。

进入 21 世纪，中国外交更加理性务实、更加自信从容。翻看近五年的中国外交大事记，我们会发现一个十分突出的关键词——和谐世界。胡锦涛在讲话中指出："中国人民殷切希望同世界各国人民一道，加强团结，密切合作，携手建立一个持久和平、共同繁荣的和谐世界。"

建设和谐世界不仅是中国在外交理念上对世界的贡献，同时也是中国各项外交实践的重要主题。在这一理念的推动下，中国与世界各国实现了互利共赢。首先表现在中国政府在巩固与大国关系的同时，积极致力于以区域合作组织为渠道构建和平的周边环境；以互利双赢和真诚合作为基石构建与发展中国家的关系。

第一，与主要大国关系稳定发展。中俄两国战略协作伙伴关系全面深入快速发展，进入了历史最好时期。中美同意全面推进 21 世纪建设性合作关系。中国同欧盟及其主要成员国建立了全面战略伙伴关系。2008 年 5 月，胡锦涛主席对日本成功进行"暖春"之旅，开创中日战略互惠关系新局面。中国同各主要大国启动战略对话磋商机制。

第二，同周边国家睦邻友好合作关系进一步扩大和深化。我国同印度、印度尼西亚等国建立不同形式的战略伙伴关系，同哈萨克斯坦等国签订友好合作条约。推动上海合作组织成员国缔结长期睦邻友好合作条约，上合组织进入全面务实合作阶段。我国作为首个非东盟国家加入《东南亚友好合作条约》，东盟—中国（10 +1）、东盟—中日韩（10 +3）合作成果显著。为推动南海、东海共同开发，迈出了新步伐。

第三，同发展中国家的团结合作取得重要进展。2006 年，中国成功主办"中非合作论坛"北京峰会，这是新中国外交史上主办的规模最大、出席领导人最多的国际会议，对巩固和发展中国与非洲国家的友好关系具有重大意义。2004 年成立"中阿合作论坛"。同拉美、加勒比和南太平洋地区国家互利合作不断深化。加强了同巴西、南非、墨西哥等发展中大国的协调与合作，中俄印、中俄印巴（西）"金砖四国"等合作机制日益充实、完善。

中非合作论坛会标

第四，多边外交丰富多彩，更加活跃。在联合国、八国集团同发展中国家领导人对话会（G8 +5）等多边舞台上，胡锦涛主席等党和国家领导人积极开展高层外交，宣示我重大理念及主张，拓展与各方关系，维护我利益与形象。中国推动形成朝鲜半岛核问题六方会谈机制，为推动朝核问题和平解决发挥了重要而又独特的作用。积极参与解决全球性和地区热点问题，发挥负责任大国的作用，迄今已向22项联合国维和行动派出维和人员2万人次。

第五，积极开展安全外交，全力维护国家主权安全。在国际上与“台独”、“藏独”、“东突”等分裂活动进行坚决有效的斗争，严防和遏制“法轮功”等境外敌对势力的分裂干扰活动。大力倡导互信、互利、平等、协作的新安全观，积极开展和深化反恐等非传统安全领域的国际合作。

第六，全面开展经济外交。利用高层互访和国际多边峰会等重大外交活动，促成一批重大合作项目。大力推动区域和双边自由贸易区合作，我国与有关国家和地区正在建设的自由贸易区有12个，其中已签署协议并开始实施的有6个。承认我国完全市场经济地位的国家达77个。提出新能源安全观，积极开展能源资源外交，为我国企业“走出去”提供服务。

第七，努力开展公共外交和文化外交。经过30年的发展，中国外交最重要的进步，就是社会参与逐渐增多，外交决策过程不断朝着民主化、科学化的方向推进。中国政府越来越重视“以人为本，外交为民”，努力增进各国民众对我内外政策的了解和支持。主办“文化年”、“文化节”等对外文化活动，建立“孔子学院”和海外文化中心。以筹办北京奥运会、上海世博会等重大活动为契机，大力开展多层次、多领域的公共外交活动，增进了国外公众对中国的了解和友好感情。我国和平、民主、文明、进步的国家形象进一步树立。

第八，坚持以人为本，外交为民。为了切实维护我国公民和法人在国外的合法权益，建立境外中国公民和机构安全问题部际联席会议制度，建立健全海外安全风险评估和防范预警机制，成功实施多起从动乱国家大规模撤侨行动，妥善处置我国人员海外遇袭事件。2007年8月23日，外交部领事保护中心正式成立，不断加强领事保护的机制建设。

经过30多年的改革开放，中国同世界的关系发生了历史性变化，中国的前途命运日益紧密地同世界的前途命运联系在一起。不管国际风云如何变幻，中国都将高举和平、发展、合作旗帜，奉行独立自主的和平外交政策，恪守维护世界和平、促进共同发展的外交宗旨。

——我们始终不渝坚持走和平发展道路。中华民族是热爱和平的民族。中华民族的复兴对世界不是威胁，而是机遇和贡献。我们始终秉持国家不分大小、强弱、贫富，一律平等，尊重各国人民自主选择发展道路的权利。我们致力于和平解决国际争端和热点问题，推动国际和地区安全合作。中国的发展是和平的发展，不会损害任何人，也不会威胁任何人。中国现在不称霸，将来也决不称霸。

——我们始终不渝奉行互利共赢的开放战略。中国将继续以自己的发展促进地区和世界的共同发展，扩大同各方利益的汇合点，在实现本国发展的同时兼顾各方特别是发展中国家的正当关切。我们将继续按照通行的国际经贸规则，参与国际经贸合作。我们支持国际社会向发展中国家提供更多援助，协助其改善民生，增强自主发展能力。我们支持完善国际贸易和金融体制，通过磋商协作解决彼此间的摩擦和分歧。中国决不做损人利己、以邻为壑的事情。

——我们始终不渝致力于建设和谐世界。和谐世界的目标是持久和平、共同繁荣。为此，各国应遵循《联合国宪章》的宗旨和原则，恪守国际法和公认的国际关系准则，在国际关系中弘扬民主、和睦、协作、共赢精神。政治上相互尊重、平等协商；经济上相互合作、优势互补；文化上相互借鉴、求同存异；安全上相互信任、加强合作；环保上相互帮助，协力推进，共同呵护人类赖以生存的地球家园。

——我们始终不渝坚持在和平共处五项原则基础上同所有国家发展友好合作。中美两国确定共同建设21世纪积极合作全面的中美关系。2009年7月举行的中美战略与经济对话首次会议，就许多双边和重大的全球性问题达成重要共识。中俄战略协作伙伴关系保持了良好发展势头，两国在能源、经贸、科技、文化等领域的合作不断取得新进展。中欧全面战略伙伴关系不断向前发展，双方战略共识日益增多，经贸合作富有成效，相互了解不断加深。中日战略互惠关系总体保持良好发展势头，双边务实合作不断加强。我们将继续本着"与邻为善、以邻为伴"的周边外交方针，加强睦邻友好和务实合作，共同营造和平稳定、平等互信、合作共赢的地区环境。我们加强同广大发展中国家的团结合作，深化传统友谊。

——我们积极参与国际社会应对各种全球性问题的协调与合作。中国积极参与应对金融危机的国际合作，主张各国加强宏观经济政策协调，推进国际金融体系改革，加大对发展问题的关注和投入。中国高度重视并积极参与应对气候变化国际合作，主张国际社会坚持《联合国气候变化框架公约》和《京都议定书》基本框架，坚持"共同但有区别的责任"原则，在可持续发展原则下共同应对气候变化问题。中国积极参与国际粮食合作并提供了力所能及的对外援助。中国主张国际社会树立和落实多元发展、协同保障的新能源安全观，加强能源开发利用的互利合作。中国支持世界卫生组织促进全球公共卫生事业的努力，将继续与世界卫生组织和其他成员国就此加强合作。中国积极支持国际军控、裁军与防扩散进程，一贯主张全面禁止和彻底销毁核武器，坚持反对大规模杀伤性武器及其运载工具的扩散，愿与各国一道共同为早日实现无核武器世界而努力。

——我们积极推动妥善解决热点问题。中国一直致力于维护国际防扩散体系，维护朝鲜半岛和东北亚地区和平与发展。我们主张通过外交谈判和平解决伊朗核问题，寻求伊核问题的长远解决之道。中国支持平衡推进苏丹达尔富尔问题政治进程和维和部署，敦促达区各派别参加谈判，争取早日达成全面和平协议。我们积极倡导和参与一切有助于中东和平的国际努力，希望有关各方把握时机，采取切实行动，推动中东局势向缓和、稳定方向发展。①

① 《维护世界和平，促进共同发展——杨洁篪外长在日内瓦外交与国际关系学院的演讲》，2009年8月12日。

第三节　华侨华人问题

一、海外华侨华人的历史发展

“有海水的地方就有华人”，这句话道出了海外华人存在的普遍性。华侨华人是海外的炎黄子孙，是中华民族的一个支脉，他们遍布五湖四海。华侨的定义有广、狭义之分，广义的华侨是指所有移居海外的中国人，包括留学生在内，统称侨胞；狭义的华侨是指移居海外而仍然保留中国国籍的中国人。华人则是指移居海外并已取得当地国籍的中国人及其后裔。

据史料记载，中国人为了谋生和其他原因侨居海外有着悠久的历史。司马迁著的《史记》第六卷《秦始皇本纪》记载，公元前219年，有3 000多名童男童女随同徐福“入海求仙”。公元前138—公元前119年，随同张骞出使西域的部分人员在国外长期居留下来。南北朝时，据日本《雄略记》和《姓氏录》记载，有近2万名中国商人、工匠在日本定居。随后又有不少中国人进入柬埔寨，沿着伊洛瓦底江进入缅甸、印度尼西亚、马来群岛、菲律宾等国定居。唐宋以后随着经济和文化的进一步发展，特别是造船业的发达，中国人移居国外的日益增多。明清两代，由于躲避战乱和自然灾害等因素，中国沿海地区的群众大量移居海外。到1840年止，海外各地的华侨有100多万人，其中大部分定居在东南亚地区（世人称为“南洋”）。①

近代以后，中国相继出现了几次海外移民的高潮。1850—1890年，约有600万青壮年被迫赴世界各地当苦力。1910—1940年，又有500万～600万华侨被迫出洋。其原因主要有三：一是沿海地区破产农民为求生计被迫背井离乡，流落海外。二是西方列强通过所谓“契约劳工”形式，将大批华工赎买、胁迫、诱拐乃至绑架到海外，充当苦力。19世纪下半叶，美国西部发现金矿，为修筑铁路，仅美国太平洋铁路行车公司委派的工头谢维绍一人就在香港、澳门招去2 000多名华工。据统计，1847—1874年，仅从厦门、广州、港澳等地运往美洲的华工即有25万～50万人。三是一部分人为逃避战乱和政治迫害而流亡南洋各地。据国民党政府侨务委员会的统计，到抗战时期，世界各地的华侨共有756万多人，分别侨居在世界60多个国家和地区，其中分布在亚洲的最多，美洲次之，大洋洲和欧洲再次之。

从20世纪50年代开始，台湾、香港及东南亚华人子弟及青年学生前往西方国家深造，学成就业后，又接出家人前往团聚。随着台湾、香港地区及东南亚国家的经济发展，华人企业家赴世界各地从事国际贸易、投资设厂或应聘担任技术工作的越来越多。特别是到了20世纪70年代末期，中国对外开放后，从中国移居国外的人数不断增加。这个时

① 高雄飞：《当代中国概论》，广州：暨南大学出版社2004年版，第149页。

期，随着华侨华人经济的发展和人口的自然增长，国外华侨华人的人数急剧增加，估计已有3 000万人。其中90%已加入当地国籍，华侨大约只有300万人。2008年，全球华侨华人约有4 800万。

从大洲分布来看，亚洲为2 125万人，占83.7%；美洲245万人，占9.9%；欧洲125万人，占4.9%；大洋洲32万人，占1.2%；非洲9万人，占0.3%。

按国家和地区划分，华侨华人的85.5%集中在东南亚地区，仅印度尼西亚、泰国、马来西亚三国就占世界华侨华人总数的60%多。

据资料显示，现在世界上居住华侨华人100万人以上的有印度尼西亚、泰国、马来西亚、新加坡、菲律宾、美国等国；居住华侨华人10万~100万人的有越南、缅甸、柬埔寨、印度、日本、英国、法国、俄罗斯、加拿大、巴西、澳大利亚等国；居住华侨华人1万~10万人的有文莱、老挝、朝鲜、韩国、尼泊尔、土耳其、沙特阿拉伯、荷兰、德国、比利时、意大利、毛里求斯、留尼汪、马达加斯加、南非、墨西哥、巴拿马、危地马拉、牙买加、特立尼达和多巴哥、多米尼加、秘鲁、阿根廷、厄瓜多尔、委内瑞拉、玻利维亚、巴拉圭、圭亚那、苏里南、新西兰、塔希提、西萨摩亚等国家和地区；居住华侨华人1 000~10 000人的有26个国家和地区；居住华侨华人100人以上，不足1 000人的有29个国家和地区。其余50多个国家和地区的华侨华人合计起来不过2 000多人，多则几十人，少则三五人。

按华侨华人的祖籍划分，广东籍占54%，福建籍占25%，海南籍占6%，其他省、自治区、市共占15%（其中以台湾、广西、山东、新疆、云南为主）。在东南亚，粤籍、闽籍和其他省市之比为5∶3∶2；而在亚洲以外，粤籍占绝大多数。若以方言划分，使用闽南（泉州）、广府（广州）、潮州、客家四种方言的人，占海外华侨华人总数的80%左右。使用前三种方言的，每一种都超过500万人，后一种则约300万人。①

二、华侨华人的历史贡献

长期以来，遍布世界各地的数以千万计的华侨华人通过自己的聪明才智、辛勤劳动、艰苦奋斗，不仅对居住国的经济开发，工、农、商、交通运输和金融业等的发展，中华文化的传播和中华民族与当地民族的相互了解等方面起到了积极有效的作用，而且对祖国各个时期的革命和建设事业作出了重要的贡献。

1. 辛亥革命时期

当孙中山在海外从事革命活动，立志推翻清政府，建立民主共和国之时，得到海外广大华侨政治、经济、舆论宣传等各方面的大力支持，包括：①支持和参加孙中山在海外创立的革命组织；②创办报刊，为反帝反封建的资产阶级民主革命摇旗呐喊；③从经济上鼎力支持辛亥革命；④直接参加推翻清王朝的武装起义。

2. 抗日战争时期

"七七事变"发生后，中华民族处在生死存亡的关键时刻，海外侨胞发扬爱国主义的

① 《世界华侨华人分布概况》，安徽省外办（侨办）网，2006年4月28日。

光荣传统，与全国人民同仇敌忾，掀起了抗日爱国高潮，在人力、物力、财力上支援祖国抗战，开展了抗日救亡运动和国际援华活动。如：1939 年 3 月至 9 月，在南洋华侨筹赈祖国难民总会主席陈嘉庚的号召下，南洋各地华侨机工 3 192 人，满怀“国家兴亡、匹夫有责”的高度民族责任感，毅然离别父母和亲人，远涉重洋，回到祖国，投身于神圣的抗日救国服务工作之中，他们在千里运输线上克服了重重困难，把急需的军用物资运到前线抗击日寇。其中，在滇缅公路战时运输线上，死于战火、事故和疾病者逾千名。为了表彰南侨机工的光辉历史功绩，激励后来者发扬爱国主义精神，云南省人民政府于 1989 年 7 月 7 日在昆明西山树立了“南洋华侨机工抗日纪念碑”，现列为中国侨联首批“爱国主义教育基地”。八年抗战时期，华侨投资达 18 亿～19 亿。其中一些工厂如橡胶轮胎厂、制药厂等，为抗战作出重大贡献，巨额的投资也为中国政府坚持抗战打下了物质基础。中国侨乡闽粤两省的一般医疗慈善救济事业，除临时发生灾难救济外，如修桥、筑路、养老、育儿、救贫、施药、设立义仓、兴筑寺庙，多由华侨捐款兴办。①

3. 解放战争时期和新中国成立后

解放战争时期和新中国成立后，海外华侨都倾注了极大关注，不少热血青年纷纷回国参战，参加祖国建设。改革开放 30 余年，华侨、华人和归侨、侨眷更是发扬爱国爱乡的光荣传统，为改革开放、统一祖国，为建设中国特色的社会主义倾注了极大的热情，作出了巨大的贡献。归侨侨眷中的优秀代表人物有新中国地质事业的奠基人李四光、新中国“导弹之父”钱学森、“原子弹之父”钱三强、著名数学家华罗庚、著名科学家钱伟长等。

享誉环球的万金油大王胡文虎是以销售虎标良药而发家致富的，故其慈善事业，也以捐资医药方面为最巨，他在国内捐资兴办的医院就有南京中央医院、汕头医院、福建省立医院、厦门中山医院、广东军医院、广州民众医院、广西梧州医院、香港虎豹救伤处等 12 所。在国外东南亚地区捐资兴办的医院又有 15 所。此外，他还在国内外创办了许多养老院、孤儿院、麻风院等。由于他的慷慨捐助，1950 年英皇特授予他圣约翰救伤队爵士勋位。香港大学也于 1951 年年初设立“胡文虎妇产科病系奖学金”。

“爱国是华侨的天职”，这是胡文虎的一名句言。抗日战争期间，为支援祖国抗战，胡文虎在捐款、赠药和认购公债、慰劳伤兵、保育儿童等方面都作出了巨大贡献。国内外人士一致公认他是华侨中捐资献物较多的一个。抗日战争胜利以后，胡文虎精神振奋，大声疾呼，号召华侨回国投资参加经济建设。

胡文虎从早年艰苦创业、发家致富后热心社会公益事业及提出“千所小学、百座医院”的计划，到抗战时慷慨力助国难，再到晚年发起“经建运动”，开发桑梓，无不表现出艰苦奋斗、乐善好施、爱国爱乡的精神。作为华侨企业家，他为开发南洋，建设侨居地作出了重大的贡献，写下了中国华侨开拓东南亚的美丽篇章，而他在祖国的企业活动，对推动民族经济发展，对祖国文化教育卫生事业的建设，都有着深远的影响。

（资料来源：罗英祥：《飘洋过海的客家人》，开封：河南大学出版社 1994 年版。）

① 刘华：《华侨国籍问题与中国国籍立法》，广州：广东人民出版社 2004 年版，第 150 页。

遍布世界的华侨是促进祖国现代化建设的重要力量，是实现祖国统一大业的重要桥梁，是增进祖国人民同世界各国人民团结友好的有力纽带。华侨对祖国所作出的种种贡献，已经深深载入中国史册。2007 年 10 月，党的十七大报告中指出：“认真贯彻党的侨务政策，支持海外侨胞、归侨侨眷关心和参与祖国现代化建设与和平统一大业。”报告还涉及“弘扬中华文化，建设中华民族共有精神家园”的精神。十七大在经济全球化的背景下，高度肯定了改革开放 30 年来我国侨务工作所取得的成就，海外侨胞与中国改革开放的历史进程紧密相连。

《2009 年世界华商发展报告》指出，2007 年，全球华商总资产约 3.7 万亿。2008 年，受全球金融危机和经济衰退的影响，世界华商企业资产比 2007 年缩水了三分之一，比 2007 年减少了 1.2 万亿美元，约为 2.5 万亿美元。在 2009 年，受全球新兴市场地区资产泡沫再起、美元贬值、中国经济率先复苏等因素拉动，全球华商企业总资产恢复增长到 3.9 万亿美元，比 2008 年增长了大约 56%。

广州是我国重要的侨乡城市，也是全国华侨最多的大城市。据 2002 年广州市侨情调查数据显示，广州市有华侨华人、港澳同胞和归侨、归侨眷属、港澳眷属共计 352.35 万人。其中海外华侨华人 106.08 万人，港澳同胞 87.72 万人，分布在世界众多国家和地区；市内归侨 1.68 万人，归侨眷属、港澳眷属 156.87 万人。这一丰富的侨力资源在广州市可持续发展中一直发挥着积极作用。广大华侨、外籍华人、港澳同胞热心支持祖国和家乡建设，改革开放以来，他们积极发挥桥梁和媒介作用，为广州开拓国际市场、发展远洋贸易、推进与世界各地的经济和文化交流作出了贡献。同时，他们热心帮助祖国家乡兴办公益事业，兴建了一批学校、医院、敬老院、托儿所、幼儿园等。1978 年以来，广大华人华侨参与中国经济建设的资金之多，范围之广，时间之长，前所未有。对于经济发达、海外华人华侨众多的广州，尤为突出。广州在改革开放 1979 年至 1990 年期间共吸收外资 15.93 亿美元，其中港澳侨商资金就占了 80%。从全国来说，海外华人华侨和港澳台同胞投入的资金，也差不多占了实际利用外资总额的 60%。在经济建设之外，海外华人侨胞、港澳同胞也积极参与祖籍国的社会公益事业，总计累积也向广东捐赠了慈善公益项目 3 万多个，捐赠总额超过 400 亿元人民币，占全国的 70%。

（资料来源：陈杰：《先行一步：改革开放中的广州社会与华侨华人、港澳同胞》，《特区经济》，2010 年第 8 期。）

三、侨务政策

新中国成立初期，适逢冷战时期，东南亚华侨国籍与待遇问题使中国与当地国家的外交关系产生紧张和困难。同时，“双重国籍”是当时西方阵营指责华侨为“第五纵队”的“证据”。这也是东南亚国家怀疑华侨忠诚的主要根据之一。显然，新中国如果不及时妥善解决“海外华侨问题”，不仅不利于中国与这些国家关系的发展，而且也不能保障华侨在所在国的安全和正当权益。在这种情况下，中国政府作出决定：①放弃多年以血统为准的国籍；②鼓励华侨加入所在国的国籍，但必须根据自愿。1955 年 4 月 27 日，周恩来在印度尼西亚雅加达会见当地华侨时却给他们泼了冷水。他说："如果在我们国内，有几百万外国侨民，他们也是双重国籍，我们政府好不好办事呢？凡事都要推己及人。"不过，为打消华侨们的顾虑，他强调："选择了别的国籍，朋友仍然是朋友，兄弟仍然是兄弟。"他甚至还多次说这是"亲戚关系"，"你们入了当地国籍回中国，就像出嫁的女儿回娘家一样"，并随时"欢迎你们回娘家嘛"。③不赞成实行双重国籍。1980 年颁布的《中华人民共和国国籍法》继承这一精神，明确规定不承认双重国籍。

中国政府对于国外侨务工作的一贯政策是，赞成和鼓励华侨在自愿的基础上加入侨居国国籍。加入外国籍的华人，属于外国公民，不再是华侨，但他们仍然是我们的亲戚。许多外籍华人在国内还有亲戚朋友、父母兄弟，还有祖坟、祖屋，同故国故乡有着深厚的感情。他们保留着中华民族固有的文化、风俗、习惯，忘不了自己是炎黄子孙，不能把他们等同于一般的外国人。要区别不同场合、不同国家、不同对象恰当地对待；鼓励他们团结互助，和当地人民和睦共处，在国外长期生存和发展。对他们在国内的亲属和房产等问题，应按华侨政策同样对待。另外，为尊重不愿加入外国国籍的华侨的愿望，中国反对强迫其改变国籍。对于那些自愿保留中国国籍的侨胞，中国政府一贯教育和鼓励他们遵守侨居国的法律、法令，不得干涉居住国的内政，尊重当地习俗，与当地人民友好相处，促进侨居国经济发展，促进中国与侨居国之间的友谊。中国政府在外交上有责任保护华侨的正当权益，也希望华侨侨居国政府尊重和保障华侨的正当合法权益。

1978 年之后，各地在落实华侨私房政策方面做了大量工作，多数地方已经基本清退"文革"期间挤占、没收的华侨私房。但对土地改革中没收、征收和私房社会主义改造中错改造的华侨私房以及代管的华侨私房，长期没有归还。对此，归侨、侨眷和海外侨胞反应十分强烈。国务院侨务办公室于 1984 年出台了《关于加快落实华侨私房政策的意见》，规定：①在土地改革中，农村和城镇没收、征收的华侨私房，一律退还华侨房主。对农村历次运动中没收、征用的华侨私房遗留问题，参照上述办法处理。②在私房社会主义改造时错改造的华侨私房，包括原自住房、改造起点以下的出租房、不属镇建制的集镇的出租房、经机关团体动员出租的借用的房屋、所收房租用于公益事业的房屋、解放后用侨汇购建的房屋被错改造的，应一律撤销改造。改造起点以上的出租房屋，一律不再改造。

1999 年，七届全国人大第十五次会议正式通过了《中华人民共和国归侨侨眷权益保护法》，全面贯彻了党对归侨侨眷实行的"一视同仁、不得歧视，根据特点、适当照顾"的原则，把我国长期以来经过实践检验证明是正确的侨务政策予以规范、提高和升华。该法的出台适应了时代的需要，是有利于祖国和平统一大业和社会主义现代化建设，有利于凝聚侨心、汇集侨智、发挥侨力的一部重要法律，是依法护侨的基石，它的诞生在我国侨务工作发展史上有着里程碑的意义。2000 年，九届全国人大常委会根据新时期开展侨务工作的需要，对这部法律进行了修改和完善，进一步明确了华侨享有回国定居权，归侨侨眷享有政治、财产、社会保障、就业、捐赠、继承、出境、诉讼等多方面的权利，规定对侵犯华侨利益的行为追究法律责任。2004 年颁布的《归侨侨眷权益保护法实施办法》在 1993 年《实施办法》的基础上，进一步细化了权益保护的内容。

问题思考

1. 如何理解当代世界的“和平与发展”两大主题？
2. 如何正确理解独立自主的外交政策？
3. 什么是和平共处五项原则？
4. 简述华侨对祖国的贡献。

参考书目

1. 王逸舟：《中国外交新高地》，北京：中国社会科学出版社2008年版。
2. 张历历：《当代中国外交简史》，上海：上海人民出版社2009年版。
3. 凤凰卫视：《唐人街的故事》，北京：中国友谊出版公司2005年版。
4. 罗英祥：《飘洋过海的“客家人”》，开封：河南大学出版社1994年版。
5. 刘华：《华侨国籍问题与中国国籍立法》，广州：广东人民出版社2004年版。

第十二章

民惟邦本　本固邦宁

——促进人和社会的全面发展

美的真谛应该是和谐。这种和谐体现在人身上，就造就了人的美；表现在物上，就造就了物的美；融汇在环境中，就造就了环境的美。

——冰心

经验表明，一个国家坚持什么样的发展观，对这个国家的发展会产生重大影响，不同的发展观往往会导致不同的发展结果。凡是符合科学发展观的事情就全力以赴地去做，不符合的就毫不迟疑地去改，真正使促进发展的各项工作都经得起历史和人民的检验。

——胡锦涛

目标导向

通过本章的学习，了解科学发展观的内涵及意义，分析可持续发展的社会机制，认识到以人为本的根本价值，增强学生促进人和社会全面发展的使命感和责任感。

要点提示

科学发展观是坚持以人为本，全面、协调、可持续的发展观。以人为本，就是要把人民的利益作为一切工作的出发点和落脚点，不断满足人们的多方面需求和促进人的全面发展；全面，就是要在不断完善社会主义市场经济体制，保持经济持续快速协调健康发展的同时，加快政治文明、精神文明的建设，形成物质文明、政治文明、精神文明相互促进、共同发展的格局；协调，就是要统筹城乡协调发展、区域协调发展、经济社会协调发展、国内发展和对外开放；可持续，就是要统筹人与自然和谐发展，处理好经济建设、人口增长与资源利用、生态环境保护的关系，推动整个社会走上生产发展、生活富裕、生态良好的文明发展道路。

第一节　以人为本的科学发展观

一、科学发展观提出的背景

发展观是人们关于发展的本质、目的、内涵和要求的总的看法和根本观点。有什么样的发展观，就会有什么样的发展道路、发展模式和发展战略，就会对发展实践产生根本性、全局性、长期性的重大影响。

在中国不断改革开放的发展进程中，工业化、信息化、城镇化、市场化、国际化不断深入，人均国民收入稳步增加，经济结构转型加快，市场需求潜力巨大，资金供给充裕，科技和教育整体水平提升，劳动力素质改善，基础设施日益完善，体制活力显著增强，政府宏观调控和应对复杂局面的能力明显提高，社会保障体系逐步健全，社会大局保持稳定，有利于推动经济社会发展和综合国力再上新台阶。同时，必须清醒地看到，我国发展中不平衡、不协调、不可持续问题依然突出，主要是经济增长的资源环境约束强化，投资和消费关系失衡，收入分配差距较大，科技创新能力不强，产业结构不合理，农业基础仍然薄弱，城乡区域发展不协调，就业总量压力和结构性矛盾并存，社会矛盾明显增多，制约科学发展的体制机制障碍依然较多。我们必须科学判断和准确把握发展趋势，充分利用各种有利条件，加快解决突出矛盾和问题。

十六大报告确立了全面建设小康社会的战略目标。这一目标包含着三大文明、六个“更加”，是中国特色社会主义经济、政治、文化全面发展的目标，已经充分体现了全面、协调、可持续发展的思想。十六大之后，特别是经过抗击非典的斗争，中国对社会全面发展有了更加深刻的认识。在 2003 年 11 月的中央经济工作会议上，胡锦涛指出：牢固确立和认真落实以人为本，全面、协调、可持续的发展观，对于提高党领导经济工作的水平和驾驭全局的能力，实现全面建设小康社会的宏伟目标至关重要。这既是我国经济工作必须长期坚持的重要指导思想，也是解决当前经济社会发展中诸多矛盾必须遵循的基本原则。

二、科学发展观的内涵

科学发展观的内涵非常丰富，涉及经济、政治、文化、社会发展各个领域，既有生产力和经济基础的问题，又有生产关系和上层建筑的问题。它既是个重大的理论问题，又是个重大的实践问题。

以人为本，就是要把人民的利益作为一切工作的出发点和落脚点，不断满足人们的多方面需求和促进人的全面发展。坚持以人为本，就是要以实现人的全面发展为目标，从人民群众的根本利益出发谋发展、促发展，不断满足人民群众日益增长的物质文化需要，切实保障人民群众的经济、政治和文化权益，让发展的成果惠及全体人民。

全面，就是要在以经济建设为中心，保持经济持续快速协调健康发展的同时，加快政治文明、精神文明的建设，形成物质文明、政治文明、精神文明相互促进、共同发展的格局，全面推进经济、政治、文化建设，实现经济发展和社会全面进步。

协调，就是要统筹城乡协调发展、区域协调发展、经济社会协调发展、国内发展和对外开放，推进生产力和生产关系、经济基础和上层建筑相协调，推进经济、政治、文化建设的各个环节、各个方面相协调。

可持续，就是要统筹人与自然和谐发展，处理好经济建设、人口增长与资源利用、生态环境保护的关系，实现经济发展和人口、资源、环境相协调，保证一代接一代地永续发展，推动整个社会走上生产发展、生活富裕、生态良好的文明发展道路。

全面、协调、可持续发展，是经济政治文化社会等各方面的发展与人的全面发展的统一，是经济、社会与人口、资源、环境的统一，是物质文明、政治文明和精神文明建设的统一。科学发展观在回答“为什么要发展”、“为谁发展”、“靠谁发展”的基础上，全面回答了“怎样发展”的问题。

坚持全面、协调、可持续发展，要正确处理以经济建设为中心与社会其他各个领域共同发展的关系，牢牢抓住经济建设这个中心，这个指导思想任何时候都不能变，同时，又要把其他方面的事业抓好，保持平衡、协调的良性互动关系。要正确处理速度和结构、质量、效益的关系，在优化结构、保证质量、提高效益的基础上保持一定的发展速度，实现速度、结构、质量、效益的统一。要正确处理当前发展与长远发展的关系，既遵守社会规律，又遵守自然规律，控制人口增长，合理利用资源，保护环境，促进生态平衡，坚持走新型工业化道路，实现人与自然的协调发展。要正确处理三大文明之间的关系，不断推进物质文明的发展，同时又要加强政治文明和精神文明建设，在社会主义现代化建设的进程中实现三个文明的统一。

无论全面、协调还是可持续，都要归结到发展上。没有发展，其他一切都谈不上。发展是硬道理。发展是执政兴国的第一要务。这个道理没有丢，也不能丢。科学发展观的第一要义是发展。科学发展观，是用来指导发展的，不能离开发展这个主题。讲发展观，不是为了影响发展，而是为了更好更健康地发展。没有发展，也就没有了发展观。在任何时候任何情况下，我们都要紧紧扭住经济建设这个中心不放松，坚定不移地推动经济持续快速协调健康发展。

三、以人为本的科学发展观的理论和实践意义

坚持以人为本，是科学发展观的本质和核心。以人为本在当代中国具有特定的内涵。十七大报告明确指出：科学发展观，核心是以人为本。胡锦涛指出："坚持以人为本，就是要以实现人的全面发展为目标，从人民的根本利益出发，谋发展，促发展，不断满足人民群众日益增长的物质文化需要，切实保障人民群众的经济、政治和文化权益，让发展的成果惠及全体人民。"这个概念科学地揭示了以人的什么为本，以什么人为本以及人在科学发展观中的地位和作用，突出强调了发展依靠谁，发展为了谁，发展成果由谁来共享的问题，其核心是正确处理发展与人民群众及其根本利益的关系。这是理论上的一个新发展。胡锦涛在2004年12月3日曾明确指出，坚持以人为本是科学发展观的本质要求，突出强调了以人为本在科学发展观中的重要意义。

"以人为本"不仅包含了发展"为了谁"的价值内涵，而且也包含了发展"依靠谁"的深刻内容。"以人为本"，既强调为最广大人民的利益谋发展，又强调依靠最广大人民的力量谋发展，坚持了历史唯物主义的基本原理。

以人为本是总结我国改革与发展实践教训而提出的一种发展理念。改革开放30多年来，我国的现代化建设取得了巨大的成就，但也付出了不小的代价，很多前所未有的新矛盾逐渐暴露，有的甚至相当严重。突出地表现为：城乡差距扩大；东部、中部、西部地区差别扩大；经济社会发展不协调；生态环境总体恶化趋势未能得到根本改变；国际上激烈的竞争对我国发展造成的压力日益加大；一些行业盲目的扩大投资，使资金、原材料、能源等供求比例严重失调，结果在旧的产业结构调整取得部分成效的同时，又产生了新的产业结构不合理；失业、就业形势严峻和贪污腐败难以遏制，这两个涉及广大人民群众切身利益和人心向背的重大社会问题所造成的压力等。这些问题的产生存在着多方面的原因，其中包括人们对发展的片面的认识，主要表现在把经济社会发展等同于经济发展，只知道发挥机器、设备、资本等的有限效用，不知道人是生产力中最活跃、最革命的因素，因而不能充分调动最广大人民群众的积极性、主动性和创造性，充分发挥人的最大效用，也就不能产生最大的经济效益和社会效益；把经济发展等同于GDP增长，忽视了经济发展同社会进步之间的密切关系；为单纯追求眼前的经济指标，采用杀鸡取卵、竭泽而渔的发展方式，不惜破坏生态环境和子孙后代的根本利益，以牺牲最广大人民群众的长远和整体利益为代价；忽视了经济发展与人的全面发展的密切关系，从而在一定程度上影响了经济社会发展与人的全面发展。世界发展实践表明，发展绝不仅仅是经济增长，而应包括经济、政治、文化、社会和人的全面发展，应该是人与自然和谐的可持续发展。①

① 陈柏竹：《铁岭：以人为本是科学发展观的本质和核心》，民心网，2009年5月9日。

2009 年，广州市番禺区因为规划建设垃圾焚烧发电厂而遭到周围居民的强烈反对，政府为此举行了专家论证会，并且承诺环评不通过坚决不开工，原选址番禺会江村的垃圾焚烧发电项目已经停止。广州市番禺区将在广泛征求民意、科学调研的基础上，重新修编垃圾处理的系统规划。2011 年年初，该区召开方案介绍会，通报番禺解决垃圾处理问题的计划步骤与思路。在垃圾处理项目的选址与建设问题上，不排除重新论证和选点的可能。在选址上，将听取三类人群意见，一类是规划、国土、环保等政府部门，一类是专家学者，一类是市民代表。初步的设想是选出若干个点，进行公示，公开征求意见。估计这一步骤将在 2012 年完成。番禺“垃圾门”已成为市民参与重大民生决策的一个“标本”，体现了“以人为本”的价值理念。

因此，2004 年 2 月，温家宝在省部级主要领导干部树立和落实科学发展观专题研究班结业式上的讲话中指出：“以人为本就是要把人民的利益作为一切工作的出发点和落脚点，不断满足人们的多方面的需求和促进人的全面发展。具体地说，就是在经济发展的基础上，不断提高人民群众的物质文化生活水平和健康水平；就是要尊重和保障人权，包括公民的政治、经济、文化权利；就是要不断提高人们的思想道德素质、科学文化素质和健康素质；就是要创造人们平等发展，充分发挥聪明才智的社会环境。”

最近一个时期，一些地方连续发生食品安全事件和生产安全事故，严重损害人民生命健康，造成了极其恶劣的社会影响，教训十分深刻。必须把食品安全和安全生产工作摆到重要的日程上来，任何时候都不能松懈，这是贯彻落实科学发展观的要求。绝不能以损害人民生命健康来换取企业发展和经济增长。要强化行政问责制，出了问题必须严格追究领导责任。要加强公民道德、职业道德、企业道德、社会道德建设，在全社会形成诚信守法的良好环境。要切实加强对食品研发、生产、流通、消费各个环节的监管，大力整顿食品行业市场秩序，坚决打击违法犯罪行为，确保食品质量安全，让人民群众吃得放心。

（温家宝）

经济社会的发展以及实现人的自由而全面发展是一个过程，人的自由而全面发展的程度也主要取决于经济社会发展的程度。发展是解决中国所有问题的关键，发展是硬道理。树立和落实科学发展观必须坚持以经济建设为中心，聚精会神搞建设，一心一意谋发展。因此，在我国能否做到以人为本，必须以一定的物质为基础，必须以生产力的发展为前提。以经济建设为中心与坚持以人为本并不矛盾。以人为本是经济建设的目的，它不仅体现在经济建设的结果上，也体现在经济建设的全过程中。以经济建设为中心则是实现和落实以人为本的手段。

关注民生是以人为本的重要体现。民生问题事关广大人民群众的根本利益，影响国家改革、发展、稳定的大局，是全面建设小康社会和构建社会主义和谐社会的基础性问题。

坚持以人为本，就必须把生存、发展等基本民生问题摆在各项工作的首位。党的十七大报告指出："社会建设与人民幸福安康息息相关。必须在经济发展的基础上，更加注重社会建设，着力保障和改善民生，推进社会体制改革，扩大公共服务，完善社会管理，促进社会公平正义，努力使全体人民学有所教、劳有所得、病有所医、老有所养、住有所居，推动建设和谐社会。"通过经济社会的发展，让广大人民群众共享发展的成果，是社会主义本质的必然要求。

对人的主体地位的认定和维护，是实现人与自然、社会和谐发展的重要前提。注意关心人、理解人、尊重人，切实保障全体人民的政治、经济、文化权益。健全民主法制，逐步扩大公民有序的政治参与，保证人民依法实行民主选举、民主决策、民主管理和民主监督。尊重和保障人权，保障人民在教育、就业、收入、财产和发明创造等方面的合法权益。[①]

经过两年多的调查研究、征求意见，国务院法制办会同住房城乡建设部于2010年1月29日全文公布《国有土地上房屋征收与补偿条例（征求意见稿）》，拟取代原有的《城市房屋拆迁管理条例》，征求社会各界意见。条例首次限定"公共利益"范围，规定房屋征收应听取公众意见，房屋征收与补偿应当遵循决策民主、程序正当、补偿公平、结果公开的原则，危房改造须被征收人90%以上同意。拆迁新政凸显"以人为本"。

第二节　塑造可持续发展的社会机制

一、可持续发展的来源

可持续发展（Sustainable Development）是20世纪80年代提出的一个新概念。1987年世界环境与发展委员会在《我们共同的未来》报告中第一次阐述了可持续发展的概念，得到了国际社会的广泛认可。

可持续发展是指既满足现代人的需求而又不损害后代人满足其需求的能力。换句话说，就是指经济、社会、资源和环境保护协调发展，它们是一个密不可分的系统，既要达到发展经济的目的，又要保护好人类赖以生存的大气、淡水、海洋、土地和森林等自然资源和环境，使子孙后代能够永续发展和安居乐业。可持续发展与环境保护既有联系，又有区别。环境保护是可持续发展的重要方面。可持续发展的核心是发展，但要求在严格控制人口、提高人口素质和保护环境、资源永续利用的前提下进行经济和社会的发展。

① 陈柏竹：《铁岭：以人为本是科学发展观的本质和核心》，民心网，2009年5月9日。

资料来源：潘旭编译（新华/法新9月9日发）。

二、我国实施可持续发展战略的指导思想

2003年7月，由国家发展和改革委员会会同科技部、外交部、教育部、民政部等有关部门联合制定《中国21世纪初可持续发展行动纲要》。纲要总结了10年来我国实施可持续发展的成就与问题，提出了可持续发展的指导思想、目标与原则，规定了可持续发展的重点领域，提出了实现可持续发展目标的保障措施，是进一步推进我国可持续发展的重要政策文件。

我国实施可持续发展战略的指导思想是：坚持以人为本，以人与自然和谐为主线，以经济发展为核心，以提高人民群众生活质量为根本出发点，以科技和体制创新为突破口，坚持不懈地全面推进经济社会与人口、资源和生态环境的协调，不断提高我国的综合国力和竞争力，为实现第三步战略目标奠定坚实的基础。

可持续发展应坚持以下几项基本原则：

——持续发展，重视协调的原则。以经济建设为中心，在推进经济发展的过程中，促进人与自然的和谐，重视解决人口、资源和环境问题，坚持经济、社会与生态环境的持续协调发展。

——科教兴国，不断创新的原则。充分发挥科技作为第一生产力和教育的先导性、全局性和基础性作用，加快科技创新步伐，大力发展各类教育，促进可持续发展战略与科教兴国战略的紧密结合。

——政府调控，市场调节的原则。充分发挥政府、企业、社会组织和公众四方面的积极性，政府要加大投入，强化监管，发挥主导作用，提供良好的政策环境和公共服务，充分运用市场机制，调动企业、社会组织和公众参与可持续发展。

——积极参与，广泛合作的原则。加强对外开放与国际合作，参与经济全球化，利用

国际、国内两个市场和两种资源，在更大空间范围内推进可持续发展。

——重点突破，全面推进的原则。统筹规划，突出重点，分步实施；集中人力、物力和财力，选择重点领域和重点区域进行突破，在此基础上，全面推进可持续发展战略的实施。

21 世纪初我国实施可持续发展战略的重点领域包括：

（一）经济发展

在经济发展方面，要按照“在发展中调整，在调整中发展”的动态调整原则，通过调整产业结构、区域结构和城乡结构，积极参与全球经济一体化，全方位逐步推进国民经济的战略性调整，初步形成资源消耗低、环境污染少的可持续发展国民经济体系。

以加快转变经济发展方式为主线，是推动科学发展的必由之路，符合我国基本国情和发展阶段性新特征。加快转变经济发展方式是我国经济社会领域的一场深刻变革，必须贯穿经济社会发展的全过程和各领域，提高发展的全面性、协调性、可持续性，坚持在发展中促转变、在转变中谋发展，实现经济社会又好又快地发展。

中国打响 18 亿亩耕地保卫战　防止流失成大难题

随着经济的快速发展，中国土地变得越来越金贵。如何使用它，是用来种菜、种粮食，还是用来建厂、建房子，已经成为考验国家智慧和勇气的难题。在“十一五”期间，由于“18 亿亩红线”的设定，使这一难题变得更为纠结、复杂。地方与中央目标的分歧，政府与农民的利益冲突，凡此种种俱沉积在“寸土”与“寸金”的计算、较量之中。

“十五”末期，中国耕地存量已经降至 18.27 亿亩，且以每年 1 240 亩的速度减少；中国人均耕地面积只有 1.38 亩，其中有 9 个省区人均耕地面积低于 1 亩，3 个省区人均耕地面积低于 0.5 亩。在全世界 26 个人口超过 5 000 万的国家中，我国人均耕地量仅比孟加拉国和日本略多一点，排在倒数第三位。一时间，对于“土地危机”的担心弥漫全社会。2006 年 3 月 5 日，十届全国人大四次会议上通过的《国民经济和社会发展第十一个五年规划纲要》明确提出，18 亿亩耕地是未来 5 年一个具有法律效力的约束性指标，是一条不可逾越的红线。2007 年 3 月 5 日，温总理强调：在土地问题上，我们绝不能犯不可改正的历史性错误，遗祸子孙后代，一定要守住全国耕地不少于 18 亿亩这条红线。

（资料来源：董伟，摘自《中国青年报》。）

（二）社会发展

在社会发展方面，要建立完善的人口综合管理与优生优育体系，稳定低生育水平，控制人口总量，提高人口素质；建立与经济发展水平相适应的医疗卫生体系、劳动就业体系和社会保障体系；大幅度提高公共服务水平；建立健全灾害监测预报、应急救助体系，全面提高防灾减灾能力。

（三）资源与生态环境保护

在资源保护方面，要合理使用、节约和保护水、土地、能源、森林、草地、矿产、海洋、气候等资源，提高资源利用率和综合利用水平。建立重要资源安全供应体系和战略资源储备制度，最大限度地保证国民经济建设对资源的需要。

在生态保护方面，要建立科学、完善的生态环境监测、管理体系，形成类型齐全、分布合理、面积适宜的自然保护区，建立沙漠化防治体系，强化重点水土流失区的治理，改善农业生态环境，加强城市绿地建设，逐步改善生态环境质量。

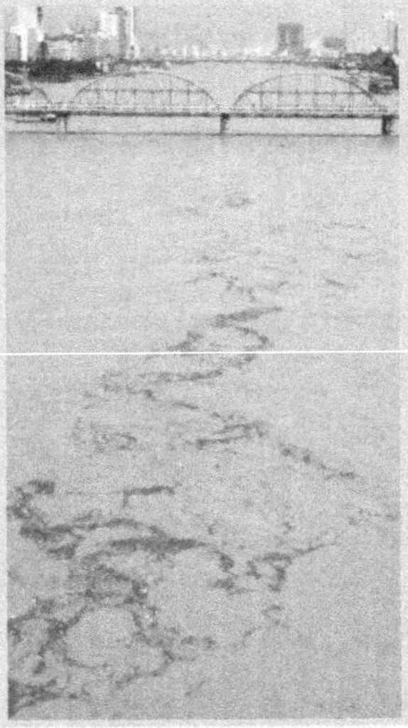

左图：2007年6月17日，一场大雨过后，黄河兰州段又遭污染，而这次污染源是大量的生活垃圾，整个污染带长数十千米。

右上图：兰州市安宁污水处理厂。该污水处理厂于2007年9月30日正式运行，日处理能力20万吨。兰州花费74亿元治理黄河污染。

在环境保护方面，要实施污染物排放总量控制，开展流域水质污染防治，强化重点城市大气污染防治工作，加强重点海域的环境综合整治。加强环境保护法规建设和监督执法，修改完善环境保护技术标准，大力推进清洁生产和环保产业发展。积极参与区域和全球环境合作，在改善我国环境质量的同时，为保护全球环境作出贡献。

（四）能力建设

在能力建设方面，要建立完善人口、资源和环境的法律制度，加强执法力度，充分利用各种宣传教育媒体，全面提高全民可持续发展意识，建立可持续发展指标体系与监测评价系统，建立面向政府咨询、社会大众、科学研究的信息共享体系。

为了落实上述任务，《纲要》提出了六项保障措施：一是运用行政手段，提高可持续发展的综合决策水平；二是运用经济手段，建立有利于可持续发展的投入机制；三是运用科教手段，为推进可持续发展提供强有力的支撑；四是运用法律手段，提高全社会实施可持续发展战略的法制化水平；五是运用示范手段，做好重点区域和领域的试点示范工作；六是加强国际合作，为国家可持续发展创造良好的国际环境。

既要金山银山，更要绿水青山——江西探索协调发展之路

生态资源历来是江西的骄傲，江西森林面积已达1.43亿亩，森林覆盖率高达59.7%，高出全国平均水平43.15个百分点；水资源总量全国第七，为全国平均量的1.5倍……能否在经济发展的同时，维持并扩大江西生态大省的优势？以开放型经济和工业化为方向的发展思路会不会影响甚至破坏江西固有的生态资源优势呢？考虑到对环境和资源的保护，江西在招商引资中要有所选择，必须坚持“三个不准”原则：严重污染环境的项目坚决不准搞；严重危害人民生命健康和职工安全的项目坚决不准搞；黄、赌、毒的项目坚决不准搞。从保护到利用，江西也由此开始逐步摆脱传统发展模式，跳出了“先污染后治理”的怪圈。

在“中国最美的乡村”婺源，这里的大鄣山茶连续7年通过欧盟检测，已占据欧盟有机绿茶市场70%以上的份额；江西全省已有28家食品企业的42种产品通过了国家有机食品认证，通过的数量和有机食品生产基地面积，均居全国第一。江西提出的成为“全国人民旅游休闲后花园”的定位也正是建立在其生态优势上的。婺源一个名叫“晓起”的村庄，从村后600多棵古树名木中看到了商机，2003年该村仅旅游门票收入就逾百万元；仅在2004年春节黄金周期间江西就接待游客191.79万人次，实现旅游综合收入6亿多元人民币，同比增长11%。拥有了生态环境这个“聚宝盆”，江西省更加重视生态环境与经济的协调发展。目前，江西省已经被国家列入全国首批8个建设生态试点省份之一。为此，江西省推出一系列制度和措施，全力打造生态江西。

（资料来源：《半月谈》，2004年第4期。）

三、建立健全可持续发展的社会机制

在现实中，经济、社会、人、自然是紧密联系在一起的，无论哪一方面的发展，都不可能离开其他方面而独自进行，否则就要受到社会和自然发展规律的惩罚。

2010年10月18日通过的《中共中央关于制定国民经济和社会发展第十二个五年规划的建议》，是“十二五”时期（2010—2015年）全面建设小康社会、深化改革开放、加快转变经济发展方式的重要指导性文件。

要坚持科学发展观，必须处理好以下三个层次的关系：

一是要处理好经济发展与社会发展的关系，坚持以经济建设为中心，努力实现经济与社会全面、协调、可持续发展，或者说努力实现经济、政治、文化的全面、协调、可持续发展，物质文明、政治文明、精神文明的全面、协调、可持续发展。马克思主义认为，物质生产是人类最基本的实践活动，物质生产力是人类社会发展的最终决定力量，同物质生产力一定发展阶段相适应的生产关系的总和，构成有法律的和政治的上层建筑竖立其上，并有一定的社会意识形态与之相适应的该社会的经济基础。物质生活的生产方式制约着整个社会生活、政治生活和精神生活的过程。所以，一定要把解放和发展生产力作为自己的根本任务，把包括发展生产力和调整改革生产关系在内的经济建设作为自己的中心工作。对此一定要坚定不移而不能有丝毫动摇。因为只有如此，才能抓住社会发展的主要矛盾，才能为社会发展提供必要前提和坚实基础。但是，经济建设并不是社会发展的全部，也离不开社会其他方面的发展，否则社会将变得畸形，经济建设本身也将受到阻滞和破坏。这一点在人类社会发展中并非没有前车之鉴，在我们自己的发展中也有过经验和教训。因此，我们谋求的发展，从社会结构的角度来看，是以经济建设为中心的经济、政治、文化的全面、协调、可持续发展；从社会文明的角度来看，是以物质文明为基础的物质文明、政治文明、精神文明的全面、协调、可持续发展。这样的发展，既突出了重点又照顾了全面，既坚持了唯物论又体现了辩证法。

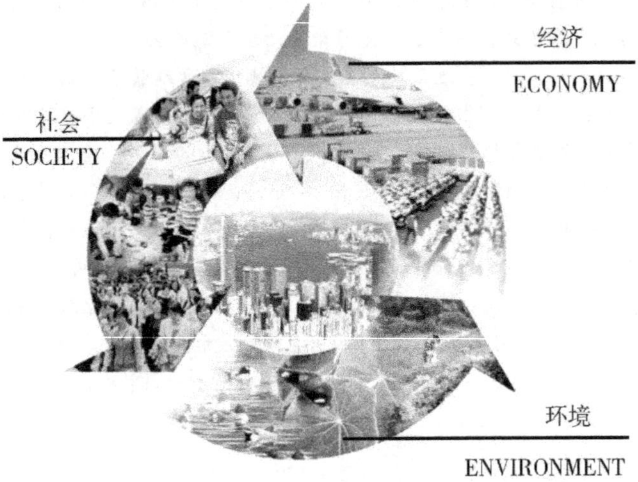

循环：可持续发展

二是要处理好经济社会发展与人的发展的关系，坚持以促进人的全面发展为根本着眼点，努力实现经济、社会与人的全面、协调、可持续发展，或者说在不断推进物质文明、政治文明、精神文明的同时不断推进人的全面发展。人类社会发展的历史证明，人的发展同社会的发展是紧密联系、不可分割的。首先，人的发展离不开社会的发展。因为人的基本特性就是社会性，人的本质是一切社会关系的总和，只有人赖以生存和发展的社会关系包括经济关系、政治关系、文化关系等得到了发展，人才能发展。其次，社会的发展也离不开人的发展。因为人的发展既是社会发展的条件又是社会发展的目的。社会不能脱离人而存在，社会的发展没有人的发展也将难以实现，社会发展既是出自人的需要也是为了满足人的需要。人们日益增长的物质生活、政治生活和精神生活的需要推动着社会经济、政治、文化的发展。人们所具有的物质方面和精神方面的素质，一方面是社会发展的结果，一方面又决定着社会的继续发展。实践表明，离开人的发展的“发展”既不是我们需要的发展也是实现不了的发展。要实现科学的发展，必须坚持人与社会的统一，人的发展与社会发展的统一，在经济社会发展过程中不断提高人的物质生活和精神生活水平，不断提高人的素质，努力做到经济社会的全面发展与人的全面发展相辅相成。

三是要处理好经济、社会、人的发展与自然的发展的关系，坚持人与自然的和谐统一，努力实现经济、社会、人与自然的全面、协调、可持续发展，或者说使人类社会的发展变化同自然界的发展变化相适应、相融合、相一致。中国古代就有“天人合一”的伟大思想，主张人与自然相和谐，人类社会与自然界相统一。但是，由于人类生产活动的开展，而又如马克思所说“一切生产都是个人在一定社会形式中，并借这种社会形式而进行的对自然的占有”，这种和谐统一逐渐发生了变化，特别是进入资本主义大生产以后，人与自然的矛盾、对立和分裂日益明显，并且愈演愈烈，终于使人类不断受到自然界的抗拒和惩罚。中国作为一个正在崛起的发展中大国，在现代化进程中一定要汲取别国和本国在对待自然界方面的经验教训，注意控制人口，注意保护生态和环境，走经济、社会、人与自然和谐统一的可持续发展之路。① 坚持把建设资源节约型、环境友好型社会作为加快转变经济发展方式的重要着力点。深入贯彻节约资源和保护环境的基本国策，节约能源，降低温室气体排放强度，发展循环经济，推广低碳技术，积极应对气候变化，促进经济社会发展与人口资源环境相协调，走可持续发展之路。

第三节 构建社会主义和谐社会

一、中外各民族对和谐社会的向往和追求

社会和谐自古以来就是人类的愿望。古今中外，和谐思想源远流长，在西方社会，启蒙思想呼唤用理性的阳光驱散现实的黑暗，集中力量批判封建主义、教权主义，号召消灭专制王权、贵族特权和等级制度，追求政治民主、权利平等和个人自由。提出、宣扬天赋人权、三权分立、“社会契约”论、“人民主权”说，自由、平等、民主与法制等思想原则得到广泛传播。

在我国传统文化的宝库中，“和合”是我国思想文化中被普遍接受和广泛认同的人文精神，它贯穿整个中国思想文化发展的全过程，从一定意义上讲，和合集中体现了我国传统思想文化的特殊价值和内在精髓，是我国传统思想文化中最完善、最富生命力的表现形式。和与合两字，最早分别见于甲骨文和金文。和的初义是声音相应和谐；合的本义是上下唇的合拢。殷周时期，和与合是独立的概念；春秋时期，和合二字联用，构成了和合范畴。和合的和，意指和谐、和平、祥和等；合即合作、合好、融合。和合是指自然、社会、人际、心灵、不同文明间的相互冲突与相互融合，以及在冲突、融合的动态进程中和合生成的新生命、新事物、新结构的总和。和合即是认可世界的和谐本质，以和平合作的方式解决问题，获得利益，达到一种和睦乃至大同的理想境界。②

中国文化中的和谐思想更是博大精深。从《诗经》对“乐土”世界的向往，到康有为《大同书》对大同世界的描述，和谐理念贯穿其中。中国人自古以来不仅崇尚物和、事和、人和、家和，还形成了“小康社会”、“大同社会”、“协和万邦”等和谐理想，展示

① 赵存生：《坚持以人为本的科学发展观》，《中国教育报》，2004 年 3 月 9 日。

② 姜朝晖、孙泊：《论“和合”文化范畴意蕴下的和平发展战略》，《南京政治学院学报》，2010 年第 6 期。

着中国传统文化追求天、地、人和的大境界。[①] 孔子曾言“和为贵”，墨子提出了“兼相爱”、“爱无等差”，孟子描绘了“老吾老以及人之老，幼吾幼以及人之幼”的和谐的社会状态。

二、中国构建和谐社会的时代背景

2006 年 10 月 11 日通过的《中共中央关于构建社会主义和谐社会若干重大问题的决定》指出，社会和谐是中国特色社会主义的本质属性，是国家富强、民族振兴、人民幸福的重要保证。构建社会主义和谐社会，是我们党以马克思列宁主义、毛泽东思想、邓小平理论和“三个代表”重要思想为指导，全面贯彻落实科学发展观，从中国特色社会主义事业总体布局和全面建设小康社会全局出发提出的重大战略任务，反映了建设富强民主文明和谐的社会主义现代化国家的内在要求，体现了全党全国各族人民的共同愿望。

和谐社会思想与中国推进政治体制改革相适应，是实行民主政治建设、走中国特色的民主科学之路的必然需求。中国的政治体制以往深受苏联模式的影响，也存在权力过度集中的弊病。自 1978 年实行改革开放以来，中国已经在发展党内民主、党际民主和人民民主方面迈出了坚实的步伐。加强了集体领导，废除了领导人终身制，实行了干部离退休制度，在地方试行了党代表大会年会制与常任制，人民代表大会的作用日益加强，民族区域自治和基层群众自治制度得到发展，村民自治委员会普遍实行了民主直选。中国的民主政治建设是采取逐步渐进式发展的方式。多层次、多方位、多形式的民主政治成了中国社会主义特色的民主政治制度。这样才能保证社会的稳定与和谐。[②]

经济体制改革不仅为多种经济主体的存在提供了空间，而且还打破了传统的社会利益结构，从而形成了各种各样的利益群体。不同利益群体具有相对独立甚至相互冲突的政治经济利益，因而也相应产生了他们的利益表达和政治诉求。这种利益表达和政治诉求权利的实现需要有相应的社会政治条件来予以保证。因此，随着我国经济体制改革的深入和社会主义市场经济的发展，必然要求我们不断推进政治体制改革，建立和完善有利于各类经济主体和利益群体发展的政治体制和政治认同机制。如何正视利益分化、承认利益多元、协调利益冲突，目前已经成为我国社会转型过程中亟待解决的政治问题。而民主与法治在承认利益多元化、社会主体独立和平等的前提下，遵循少数服从多数的原则，并建立起一系列程序化的制度，显然是多元利益主体能够最大限度达成社会政治认同，公正、稳妥地解决利益矛盾，维护社会秩序，防止和消减不和谐因素的最佳途径，是解决众多利益主体间矛盾与冲突的重要政治方式。[③]

三、构建社会主义和谐社会的目标、任务

到 2020 年，中国构建社会主义和谐社会的目标和主要任务是：社会主义民主法制更

① 陆水明：《从历史传承到现实构想——对构建社会主义和谐社会的再思考》，《南京政治学院学报》，2009 年第 4 期。
② 高放、胡应南：《和谐社会思想是适应当今社会发展需求的中国化马克思主义》，《科学社会主义》，2010 年第 6 期。
③ 徐东：《民主与法治：社会主义和谐社会政治认同的基础》，《理论月刊》，2010 年第 12 期。

加完善，依法治国基本方略得到全面落实，人民的权益得到切实尊重和保障；城乡、区域发展差距扩大的趋势逐步扭转，合理有序的收入分配格局基本形成，家庭财产普遍增加，人民过上更加富足的生活；社会就业比较充分，覆盖城乡居民的社会保障体系基本建立；基本公共服务体系更加完备，政府管理和服务水平有较大提高；全民族的思想道德素质、科学文化素质和健康素质明显提高，良好的道德风尚、和谐的人际关系进一步形成；全社会创造活力显著增强，创新型国家基本建成；社会管理体系更加完善，社会秩序良好；资源利用效率显著提高，生态环境明显好转；实现全面建设惠及十几亿人口的更高水平的小康社会的目标，努力形成全体人民各尽其能、各得其所而又和谐相处的局面。

2011年1月，广东省委书记汪洋在广东省委第十届八次全会上提出，在“十二五”期间GDP年均增长8%以上，低于过去五年，并计划把工作重心放在建设“幸福广东”上。为此，广东提出要落实“十项民生实事”，让群众的钱包和幸福感鼓起来，并计划从调整经济结构下手，为百姓创造福祉。

政协委员陆大祥根据自己的思考，把自己理解的幸福指数划分为10个方面。这10个方面包括：一是物质生活问题，包括收入和消费；二是要有精神生活、家庭生活、文化生活和宗教信仰；三是社会环境、社会团体、人文环境和市场环境指数；四是自然环境和环保问题；五是人际关系的问题，包括家庭成员、同事之间的关系、朋友关系以及陌生人之间的关系；六是工作环境，包括工作硬件和工作软件环境，上下级之间的关系；七是健康问题，这是一个幸福指数的核心指标，包括客观健康状态和个人主观感受；八是医疗保健水平，包括客观的医疗条件和对医疗条件的评价；九是政治诉求，不同人的不同政治诉求，能不能达到目的；十是人生价值的体现。

（资料来源：《羊城晚报》。）

四、构建社会主义和谐社会的原则

任何社会都不可能没有矛盾，人类社会总是在矛盾运动中发展进步的。构建社会主义和谐社会是一个不断化解社会矛盾的持续过程。我们要始终保持清醒的头脑，居安思危，深刻认识我国发展的阶段性特征，科学分析影响社会和谐的问题及其产生的原因，更加积极主动地正视矛盾、化解矛盾，最大限度地增加和谐因素，最大限度地减少不和谐因素，不断促进社会和谐。

构建社会主义和谐社会，要遵循以下原则：

（1）必须坚持以人为本。始终把最广大人民的根本利益作为一切工作的出发点和落脚点，实现好、维护好、发展好最广大人民的根本利益，不断满足人民日益增长的物质文化需要，做到发展为了人民、发展依靠人民、发展成果由人民共享，促进人的全面发展。

（2）必须坚持科学发展。统筹城乡发展，统筹区域发展，统筹经济社会发展，统筹人与自然和谐发展，统筹国内发展和对外开放，转变经济增长方式，提高发展质量，推进节约发展、清洁发展、安全发展，实现经济社会全面协调可持续发展。

（3）必须坚持改革开放。坚持社会主义市场经济的改革方向，适应社会发展要求，推进经济体制、政治体制、文化体制、社会体制改革和创新，进一步扩大对外开放，提高改革决策的科学性、改革措施的协调性，建立健全充满活力、富有效率、更加开放的体制机制。

（4）必须坚持民主法治。加强社会主义民主政治建设，发展社会主义民主，实施依法治国基本方略，建设社会主义法治国家，树立社会主义法治理念，增强全社会法律意识，推进国家经济、政治、文化、社会生活法制化、规范化，逐步形成社会公平保障体系，促进社会公平正义。

（5）必须坚持正确处理改革发展稳定的关系。把改革的力度、发展的速度和社会可承受的程度统一起来，维护社会安定团结，以改革促进和谐、以发展巩固和谐、以稳定保障和谐，确保人民安居乐业、社会安定有序、国家长治久安。

（6）必须坚持在党的领导下全社会共同建设。坚持科学执政、民主执政、依法执政，维护人民群众的主体地位，团结一切可以团结的力量，调动一切积极因素，形成促进和谐人人有责、和谐社会人人共享的生动局面。

构建社会主义和谐社会是一个不断化解社会矛盾、正确处理社会矛盾的过程。当前，我国社会总体上是和谐的，但随着社会主义市场经济的不断发展，随着工业化、城镇化和经济结构调整的逐步加快，我国经济社会发展面临的矛盾和问题日益复杂、日益突出。比如，城乡之间、区域之间、经济社会之间发展不平衡，就业、社会保障、收入分配、教育、医疗、住房、安全生产、社会治安等方面关系群众切身利益的问题比较突出，体制机制尚不完善，民主法制尚不健全，一些社会成员诚信缺失、道德失范，一些领导干部的素质、能力和作风与新形势、新任务的要求还不相适应，腐败现象在一些领域还比较严重，等等。①

构建社会主义和谐社会的过程，是一个妥善处理各种利益关系、消除不和谐因素、增进社会和谐的过程。建立健全能够全面表达、有效平衡和科学调整社会利益的利益协调机制，有利于妥善处理复杂的利益关系，为构建社会主义和谐社会奠定基础。

第一，建立健全利益表达机制。随着改革开放的深入发展，我国社会利益格局发生了很大变化，各种社会矛盾的复杂性明显增强。建立健全能够全面表达社会利益的机制，既是促进社会不断走向文明进步的重要内容，也是构建社会主义和谐社会的重要环节。针对群众关心的热点和难点问题，建立公开、公正、透明的行政机制；对公益性项目、重大基础设施项目推行听证制度，实行公开招投标，主动接受群众监督。

第二，建立健全利益平衡机制。让广大人民群众共享发展成果，是构建社会主义和谐社会的必然要求。在实际工作中，各级领导干部应想群众之所想、急群众之所急，诚心诚意为群众办实事、办好事，千方百计解决群众生产生活中的实际困难。应努力建立健全有效平衡社会利益的机制，从解决群众最现实、最关心、最直接的利益问题入手，推出一系列为民、爱民、利民的措施，包括关心困难群众的生产生活，扩大城市低保覆盖面并提高补助标准，全面推行农村最低生活保障制度；积极促进就业，制定统筹城乡劳动力就业的措施，加大对困难群众就业再就业的援助力度；做好老龄工作，对农村困难老人实行特殊

① 闫志民、王寿林：《科学发展观重大理论和实践问题研究》，北京：北京大学出版社2009年版，第201页。

津贴保障政策，提高老年人的生活质量；加强教育事业，奖励一线执教教师、农村中小学教师和有突出贡献的优秀教师，等等。

第三，建立健全利益调整机制。构建社会主义和谐社会，必须坚持统筹城乡发展，努力缩小城乡差距，形成科学调整社会利益的机制。当前，统筹城乡发展，关键在于认真落实以工促农、以城带乡的方针，积极推动公共财政向农村倾斜、基础设施向农村延伸、社会保障向农村覆盖、现代文明向农村辐射，大力促进社会主义新农村建设，还应加快农村公共事业建设。针对农民群众看病难、看病贵的问题，推行新型农村合作医疗，不断改善乡村办医条件，建立覆盖城乡的小病不出村、大病不出乡、难病不出市、得病有钱治的疾病预防、控制和救护体系。①

问题思考

1. 如何理解“以人为本”？
2. 科学发展观的内涵和基本原则是什么？
3. 作为当代大学生，应该为中国的可持续发展做些什么？
4. 如何深刻理解和把握构建社会主义和谐社会的科学内涵？

参考书目

1. 田海舰、邹卫：《社会主义核心价值观论纲》，北京：人民出版社2010年版。

2. 郭祥才、李一、亢安毅：《科学发展观的哲学底蕴与当代发展的哲学思考》，北京：人民出版社2009年版。

3. 李文生：《科学发展观的历史演进和时代意蕴》，北京：中国农业出版社2007年版。

4. 联合国人居署编著，吴志强译制组译：《和谐城市：世界城市状况报告2008/2009》，北京：中国建筑工业出版社2008年版。

5. 傅治平：《和谐社会导论》，北京：人民出版社2005年版。

① 刘宝玲：《建立促社会和谐的利益协调机制》，来源于人民网。

后　记

《中国社会发展导论》一书的出版是暨南大学优化本科课程体系，加快港澳台侨生人才培养模式改革的成果之一。本书以文化自觉为理念，通过对中国社会的国情、时代和发展三个角度的梳理，帮助学生了解中国国情、认识当今时代、明确社会发展，以培养学生对国家和民族的情感，增强民族自信心和民族自豪感。

本书的出版缘于两方面：一方面，我们在教学实践中对中国社会发展进行深入观察和研究，对教学内容有了更进一步的认识和体悟。我们的责任感促使我们把这种新的收获表达出来，与师生交流。另一方面，学校一直以来坚持以人为本的教学理念，以学生全面发展为中心，把培养学生精神成人和创新能力作为教学改革的突破点和关节点。我们的荣誉感促使我们把这种改革成果呈现出来，与同行共享。

本书由主编设计框架和拟订大纲，各位作者对大纲的丰富完善提出了宝贵意见。本书写作分工情况如下（以章节为序）：杜应娟：第一章、第九章；程京武：第二章、第七章；张龙平：第三章、第十章；卢宁：第四章、第五章；郭海宏：第六章、第八章；李静：第十一章、第十二章。最后由主编统一审阅修订。

在本书的编写过程中，我们得到了许许多多无私的帮助、鼓励和具体的支持。学校党委书记、国家级教学名师蒋述卓教授不仅规划和设计了学校国情教育的整体思路和课程体系，还对本书的写作给予了大力支持并为之作序；学校教务处自始至终具体指导了“中国社会发展导论”课程的开设，并把该教材列入学校“十二五”规划教材，制订了整体优化的教学计划；学校出版社一直以来鼎力支持国情教育教材的出版，本书的顺利出版，也是出版社一如既往支持的结果。尤其要感谢本书的责任编辑李艺女士为出版本书所作的努力和无私的贡献。编写本书时，我们参考和借鉴了同类教材，吸收了学术界多位专家学者的研究成果，引用了新华网和人教版中学教科书的相关图片，在此，我们对原作者的原创性成果深表谢意。

由于教材编写有一定难度，加之作者水平有限，本书难免存在这样或那样的不足，诚恳希望老师和同学们在使用过程中及时反馈意见和建议，更期盼同行批评指正，以便我们及时弥补不足，更好地与当代大学生对话。

编　者

2011 年 3 月 23 日